U0643939

睿文館

CAPITALISM AND MODERN SOCIAL THEORY

An Analysis of the Writings of Marx, Durkheim and Max Weber

Anthony Giddens

资本主义与现代社会理论

对马克思、涂尔干和韦伯著作的分析

〔英〕安东尼·吉登斯 著 郭忠华 潘华凌 译

上海译文出版社

群像与融通：吉登斯现代性思想溯源[①]

（译者序）

启蒙运动以来，现代性挟其在社会变迁中表现出来的力量感和问题性，一开始就为思想家们所感知和思考。以马克思、涂尔干和韦伯等为代表的经典思想家从各自所处的社会背景出发，对启蒙运动以来的社会发展进行了深刻的分析和批判，对现代社会的未来做出预测，对后世社会理论的发展产生了深远的影响。20 世纪 70 年代，为了重建现代性理论范式，吉登斯对三大思想家的著作进行了长达十年的反思，系统总结了古典现代性理论的三条明显主线：资本主义、工业主义和理性化，并在此基础上，结合晚期现代性社会的时代背景，重新建立起现代性理论范式。本书即是在这种背景之下写成的，集中反映了吉登斯对三大思想家著作的反思和重释，为其现代性理论范式的提出打下了坚实的基础。

一、古典现代性理论群像

要理解吉登斯对三大思想家现代性思想所做的反思和重释，首先必须理解他对现代性含义的看法。因为在他看来，三大思想家的现代社会理论也属于现代性的理论范畴，代表了古典现代性理论的基本范式。对于现代性的含义，吉登斯曾指出："我是在很宽泛的意义上使用'现代性'这个术语的，它首先意指在后封建的欧洲建立而在 20 世纪日益具有世界历史性影响的行为制度与模式。‘现代性’大略等同于‘工业化世界’，只要我们认识到工业主义并非仅仅是在其制度维度上。”[②]“现代性指社会生活或组织模式，大约17世纪出现在欧洲，并且在后来的岁月里，程度不同地在世界范围内产生着影响。”[③] 1998年，在接受皮尔森访谈的过程中，他又说:“在其最简单的形式中，现代性是现代社会或工业文明的缩略语。比较详细地描述，它涉及:（1）对世界的一系列态度、关于实现世界向人类干预所造成的转变开放的想法；（2）复杂的经济制度，特别是工业生产和市场经济；（3）一系列政治制度，包括民族国家和民主。”[④] 由此可见，吉登斯是在非常宽泛的意义上使用现代性概念的。现代性就是现代社会，包括现代社会的政治、经济制度及与此相适应的思想观念等。正是在这种认识的基础上，在吉登斯那里，所有有关现代社会形成、发展等方面的理论也就成了“现代性理论”，尽管马克思等人并没有将自己的理论看作关于现代性的理论，但在吉登斯那里却名副其实地属于现代性理论的范畴。

作为古典现代性理论的基本范式，马克思是从资本主义角度对现代性进行解释和展望的。这一范式的连贯思路是：第一，现代性的产生以资本主义生产方式的出现为标志。资本主义起源于“两种商品化”的盛行：产品商品化和劳动力商品化。前者表现为产品转变为商品、财产转变为资本和货币使用的扩张等，从而大大促进了资本的时空伸延能力。后者表现为劳动力成为商品、劳动者与土地等生产资料相分离等，并因此而剪断了劳动者与传统生产和生活方式的关联。“两种商品化”盛行

① 本文的主要观点曾以“群像与融通：吉登斯对现代性理论范式的重建”为题发表于《天津社会科学》，2006年第1期，这里进行了较大的修改。

② 安东尼·吉登斯：《现代性与自我认同》，北京三联书店，1998年，第16页。

③ 安东尼·吉登斯：《现代性的后果》，译林出版社，2000年，第1页。

④ 安东尼·吉登斯、克里斯托弗·皮尔森：《现代性——吉登斯访谈录》，新华出版社，2001年，第69页。

的结果是社会关系商品化，商品关系成为整个社会关系的基础。第二，现代性发展的动力源于对剩余价值的追求及由此产生的资本积累动力。资本主义生产的目的在于获得剩余价值，为此，资本家必须不断提高资本的积累率以扩大再生产。资本主义从而具有一种内在扩张性，并由此超越城市和国家的边界而扩展到整个世界。第三，资本主义的矛盾、危机、异化和阶级斗争等是现代性问题的表现。社会化大生产与生产资料私人占有制之间的矛盾是资本主义自身难以逾越的矛盾，它只有通过周期性危机的方式才能得到暂时的解决。异化则是内在于资本主义生产方式的社会问题。同时，资本主义的矛盾、危机和异化最终还引发了政治上的冲突，导致了无产阶级与资产阶级之间空前激烈的斗争。第四，社会主义和共产主义是重建现代性社会的蓝图。在这一蓝图中，分工、剥削、压迫和匮乏等将得到超越，人类将生活在一个真正自由的“历史”时代。①

涂尔干的主要著述年代尽管比马克思晚近半个世纪之久，但在吉登斯看来，在解释和预测现代社会的发展方面，他的学说也代表了古典现代性理论的基本范式，即“工业主义”范式。“在圣西门传统的影响下，涂尔干把现代制度的性质主要归结为工业主义的影响。”② 这一范式的总体思路是：第一，在现代性的起源方面，法国大革命和工业革命是现代社会滥觞的表征。前者唤起了个人自由主义的理想，后者则导致了高度分工的社会现实。现代社会本质上是以工业主义和劳动分工为基础的新型工业社会。第二，社会“失范”是现代性所隐含的问题之所在，这是因为，在从传统社会向现代工业社会转型的过程中，社会分工的发展和个人主义的强化日益消解了传统社会的宗教、道德、习惯等整合纽带，但在社会转型时期，新的社会整合纽带还处于形成过程中，从

① 参阅本书，第 83 页起。

② 安东尼·吉登斯：《现代性的后果》，译林出版社，2000 年，第 10 页。

而造成公民道德信仰匮乏、行为失去外在约束和欲望变得毫无节制等后果。第三，在关于走出社会失范状况的手段和方式上。社会失范的根本原因在于道德信仰的缺失。因此，必须增强国家在培育道德和信仰方面的职能，同时，强化以地方群体和职业群体为主体的民主机制，重建社会的道德信仰，实现社会整合纽带从“机械团结”向“有机团结”的过渡。第四，在关于现代社会发展的理想蓝图上。涂尔干认为，劳动分工是现代社会发展的必然结果。分工越严密，个人也就越贴近社会；个人活动越专门化，他也就越成为个人。现代社会发展的关键在于在高度分工的基础上，重建社会的道德纽带，最终建立一个以高度分工、有机团结和道德个人主义为基础的现代工业社会。①

韦伯是一位与马克思、涂尔干齐头比肩的伟大思想家。他以一种与马克思、涂尔干大异其趣的方式勾画了现代社会的轮廓，吉登斯把它归结为“理性化”范式。②这一解释范式的总体概貌是：首先，现代性起源于资本主义的来临。但是，韦伯站在马克思的对立面，他把资本主义的起源归结为精神动力的结果，即资本主义精神的推动。资本主义精神起源于宗教改革运动中的新教伦理。在新教伦理的“天职”观念和“预选”观念中产生出一种理智、冷峻、自律和忠贞不渝的态度。尽管这些态度起源于本质上并不理性的精神信仰，但在世俗生活中，它们却促进了经营活动的理性化和再生产活动的规范化，从而使资本主义生产方式应运而生。其次，现代性的发展本质上是理性化发展的表现。随着理性资本主义的发展，理性化将渗透到社会生活的各个领域，包括日常生活、科学技术、文化艺术和政治组织等方面，使整个社会日益走上理性化的轨道。再次，在现代性所带来的问题方面，随着理性化的肆意扩

① 参阅本书第 105—111 页。

② 安东尼·吉登斯：《民族-国家与暴力》，胡宗泽、赵力涛译，北京三联书店，1998 年，第164 页。

张，整个社会将无可避免地要生活在官僚制的“铁笼”之中。之所以如此，主要是因为官僚制具有无所不在的合理性。它是所有社会组织类型中最为理性化的一种。在社会生活中，它很容易被建立，而且一旦建立，又最不容易受到挑战，因而成为一种“永不消逝”的现象。最后，在现代社会的未来方面，三大思想家当中韦伯的思想表现得最为灰暗，认为人类文明的一切价值，如自由、创造性等，都将泯灭在官僚制的“铁笼”当中。[①]因此，他寄希望于“超凡魅力型”政治领袖的出现，利用其“恺撒”般的气质、独创性和个人魅力而不断引入新的政策，以打破官僚制“铁笼”的控制。

行文到此，似乎有必要对诠释与过度诠释的问题略加说明。通读本书，可以发现，其中有关现代性的语汇显得寥若晨星，而吉登斯在诠释三大思想家著作的过程中，也似乎没有以这种清晰和连贯的线条将三大思想家的古典现代性思想展现在读者的面前。因此，就出现了本书是否可以看作吉登斯对三大思想家古典现代性理论之反思的问题，也出现了吉登斯的现代性思想能否溯源到本书的问题。对于这些问题的解决，我们一方面必须联系吉登斯对现代性概念含义所做的界定，另一方面也必须联系20世纪90年代以后他所出版的一系列有关现代性主题的著作。后一个方面将在下文得到详细的论述，这里仅就前一个方面稍做说明。如前所述，对于现代性的含义，吉登斯是从一个非常宽泛的层面进行界定的。他把现代性看作“现代社会”或“工业文明”的同义词。如果从这一角度考察，可以看出，本书对三大思想家有关现代社会理论的反思和重释，其实也就是对现代性理论的反思和重释。其实，更重要的是，读者在阅读本书的过程中，可以明显从中提炼出这三条主线。

① 参阅本书第十三章。

二、古典现代性理论的融通

在吉登斯看来，古典现代性理论普遍存在着化约论的倾向。也就是说，它们都把复杂的现代社会化约为某种单一的维度，把社会变迁的动力归结为某种单一的动力。他指出：“社会学中最著名的理论传统，包括那些从马克思、涂尔干和韦伯的著作引申出来的观点，在解释现代性的性质时都倾向于注意某种单一的驾驭社会巨变的动力。”① 对于这样一种非此即彼的化约论态度，吉登斯是坚决反对的。在他看来，现代性是多维的，三大思想家所阐明的动力在现代性发展过程中都发挥了各自的作用，代表了现代性的特定维度。他指出：“现代性在制度性的层面上是多维的，每一个被各种传统详细说明的要素都发挥着自己的作用。”② 正是在这种认识的基础和立场上，吉登斯提出了自己的现代性理论范式。这一范式明显融合了三大思想家的现代性思想，同时又针对晚期现代性的社会现实加入了新的解释因素。

吉登斯对现代性理论范式的重建经历了一个发展的过程。1985 年，他出版了被誉为“现代社会理论三部曲”的第二部，即《民族-国家与暴力》。在对国家进行历史社会学分析的基础上，他初步提出了其现代性理论范式：现代性存在四个制度性维度，即与阶级相关联的“私有财产”、与多元政治相关联的“监控”、与武装力量相关联的“军事暴力”和与人造的环境相关联的“特性的转变”。

这仅仅是吉登斯重建现代性理论范式的第一次尝试。在概念方面也还存在许多不成熟之处，但从中依然可以看出它与古典现代性理论之间的某些继承关系。进入 20 世纪 90 年代以后，吉登斯已把学术研究的精

---

① 安东尼 · 吉登斯：《现代性的后果》，译林出版社，2000 年，第 9—10 页。

② 同上书，第 10 页。

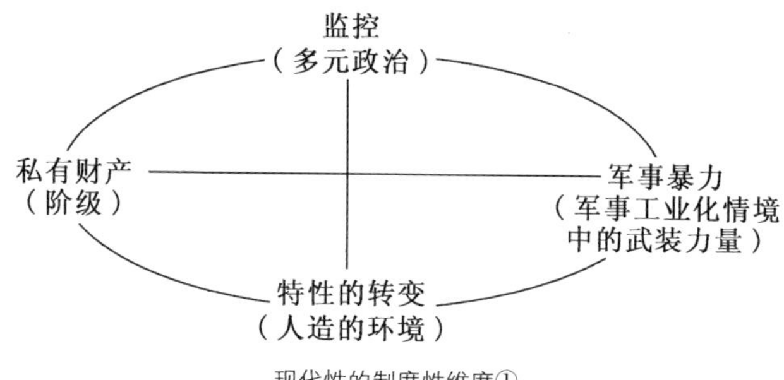

现代性的制度性维度①

力完全集中在现代性这一主题上了。1990 年，他出版了标志其此后学术发展方向的总括性专著——《现代性的后果》。在这一提纲挈领的著作中，他不仅反复强调经典思想家现代性思想的相容性，而且在此基础上，再一次完整地提出其现代性理论范式，认为现代性是由资本主义、工业主义、监控②和军事力量等四个基本维度组成的。现代性四维说的提出明显融合了古典现代性理论，同时也展现了晚期现代性社会的时代特征。

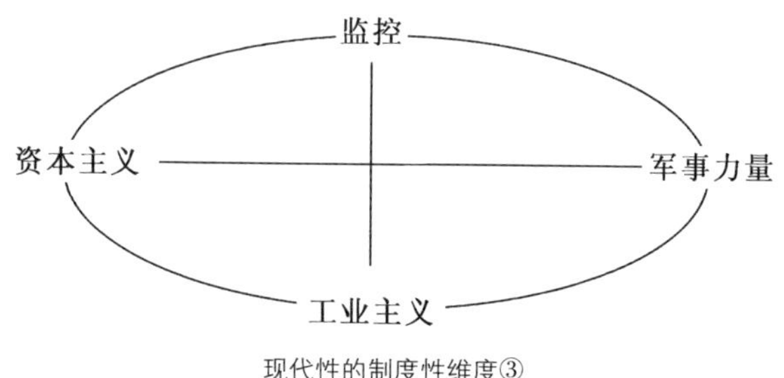

现代性的制度性维度③

① 安东尼・吉登斯：《民族-国家与暴力》，北京三联书店，1998 年，第 362 页。其中，"人造的环境"在原文中被译为"被创建的环境"。英文原文为"the created space"，按照吉登斯所表达的意思，应为"人造的环境"之含义，表示启蒙运动以来人类对自然的改造所导致的完全人化的环境。

② 此处"surveillance"一词在《民族-国家与暴力》和《现代性的后果》中分别被译为"监控"和"监督"。监控包含了监督和控制的意思，更符合吉登斯现代性思想的原意。为了准确表达吉登斯现代性思想的原意，本文在引用《现代性的后果》一书的相关所指时，使用"监控"而不是原书的"监督"概念。

③ 安东尼・吉登斯：《现代性的后果》，译林出版社，2000 年，第 52 页。

首先，资本主义。它明显体现了对马克思思想的继承。按照吉登斯的定义，“资本主义指的是一个商品生产的体系，它以对资本的私人占有和无产者的雇佣劳动之间的关系为中心，这种关系构成了阶级体系的主轴线。”① 这一维度的特征主要是：资本主义企业的激烈竞争和扩张性；持续和普遍的技术创新动力；经济关系对其他领域的支配；私有财产的基础性地位；无产者被雇用和被剥削的事实；国家受制于资本积累的动力等。从中可以看出，吉登斯从马克思那里受惠良多。他有关资本主义的内在扩张性、经济基础的决定性作用、资本主义的剥削和阶级关系以及资本主义国家的工具性等观点，明显是马克思某些思想在其现代性理论范式中的再现。吉登斯也承认：“马克思的著作对于理解现代世界之塑造的那种无所不在的力量至关重要，这种力量当然就是资本主义……”②当然，这并不意味吉登斯是在照搬马克思的思想，相反，这种继承完全是选择性的。例如，在马克思那里，资本主义是决定整个现代社会发展的惟一力量，这在吉登斯看来根本不是那么回事，资本主义仅仅是现代性的发展动力之一。他甚至不无尖锐地指出：“今日的批判理论，应该实质性地描述现代性的起源及其全球影响，而不是把一切东西都一劳永逸地塞进‘资本主义’这个百宝箱中。”③

其次，工业主义。它体现了对涂尔干思想的继承。按照吉登斯的定义，工业主义是“在商品生产过程中对物质世界的非生命资源的利用，这种利用体现了生产过程中机械化的关键作用”④。与涂尔干的见解类似，吉登斯也认为，不能把工业主义仅仅看作资本主义竞争的产物或附属品，它也是塑造现代世界的独立力量，它使人类获得了改造和征服自

① 安东尼·吉登斯：《现代性的后果》，译林出版社，2000 年，第 49 页。
② 安东尼·吉登斯：《民族-国家与暴力》，北京三联书店，1998 年，第 1 页。
③ 同上书，第 386 页。
④ 安东尼·吉登斯：《现代性的后果》，译林出版社，2000 年，第 49 页。

然的能力。同时，工业主义也与劳动分工、生产集中等现象密切相关。当然，吉登斯的工业主义维度也体现出明显的差异。从前面的诠释中可以看出，涂尔干从工业主义的角度解释了现代性的所有方面。这在吉登斯看来也是化约论的表现，与马克思并无二致，他们都建立在一种错误的认识论前提之上，即“要么把工业主义看作资本主义的附属品，或者正相反”[①]，而没有认识到它们其实代表了两种迥然相异的现代性维度。另外，在工业主义所负载的价值色彩方面，涂尔干站在社会发展的角度看待工业主义，因此赋予它明显乐观、明快的色彩，认为它预示了一种以个人自由主义为基础的新型社会的出现。而吉登斯则不仅把工业主义主要看作机械化的发展，而且即使赋予它价值，那也是一种明显灰暗的色彩，工业主义与生态灾难、环境破坏等后果紧密关联。

再次，监控。它在某种程度上体现了对韦伯官僚制思想的继承。“监控指的是：在政治领域中，对被管辖人口的行为的指导，尽管作为行政权力的基础，监控的重要性绝不是只限于政治领域。监控可以是直接的，但更重要的特征是，监控是间接的，并且是建立在对信息控制的基础之上的。”[②] 也就是说，尽管监控主要集中于政治领域，但它也可以遍布经济和社会生活领域，监控既可以是直接的，如监狱等情况，也可以是间接的，如对公民年龄、性别、教育、血型等资料的积累。在韦伯悲观的现代性发展前景中，未来社会的人们将不可避免地生活在官僚制的“铁笼”当中。在吉登斯看来，当代的情况虽然未必尽如韦伯所言，但官僚制所表现出来的监控力量是毋庸置疑的，当今社会人群除了顺应官僚制的支配之外，无能为力。“在官僚组织的支配下，绝大部分人群都对那些影响其日常生活进程的决策变得无能为力，这种现象的确成为

① 安东尼・吉登斯：《现代性的后果》，译林出版社，2000 年，第 49 页。
② 同上书，第 51 页。

我们所面临的不可抗拒的力量。”①

最后，军事力量。在吉登斯看来，经典思想家们在讨论现代性的性质时主要集中在资本主义、工业主义和理性化方面，而且还对后世社会理论的建构产生了很大的影响。他们都没有注意到军事力量在形塑现代社会方面所存在的巨大影响。尽管韦伯对军事力量有过某些论述，但他也没有预见到晚期现代性社会的毁灭性军事力量。②然而，参考启蒙运动以来的人类历史，可以发现，它在形塑社会景观方面所起的作用丝毫不亚于经典思想家们所强调的动力。战争催生了现代民族国家、国家主权、国际关系等政治现象。尤其是发生在20世纪的两次世界大战，不仅深刻地塑造了现代民族国家体系，而且还对公民权利、多元政治和国际关系等方面产生了深远的影响。吉登斯认为：“20世纪的战争对一般化变迁模式的作用是如此突出，以致要想理解这些模式而不求诸战争是非常荒唐的。”③ 正因为如此，在他看来，军事力量不可避免地要成为现代性的维度之一。

资本主义、工业主义、监控和军事力量构成了吉登斯现代性理论范式的四个维度。在他看来，这些维度之间还彼此关联、相互促进。资本主义的竞争为工业主义的兴起和发展注入了动力，而工业主义反过来又为资本主义的发展提供了技术支持，两者的联合形成“工业资本主义”。同时，对于工业化生产、军事力量和民族国家而言，监控的作用也是根本的，这些组织的运转丝毫不能脱离监控的实施。另外，工业主义与军事力量也互相融合，形成当代社会的“军事工业主义”。它不仅急剧改变了军事力量的性质，使之进入核武器时代，而且还改变了现代

① Anthony Giddens: *Social Class and the Division of Labor*, Cambridge University Press, 1982, p. 38.

② 安东尼·吉登斯：《民族-国家与暴力》，北京三联书店，1998年，第3页。

③ 同上书，第290页。

战争的性质，使之成为“工业化的战争”。因此，在吉登斯的现代性理论框架中，资本主义、工业主义、监控和军事暴力等四个维度与工业资本主义、军事工业化等现象结合在一起，共同组成一幅缤纷的现代性图景。

三、关于本书的地位与翻译

1997 年，吉登斯就任伦敦政治经济学院院长之职，上任伊始，他接受了英国著名学者克里斯托弗·皮尔森的采访，访谈过程中，他不仅系统回顾了自身的学术发展历程，而且还谈到了他对于未来世界的看法。在谈到自身知识发展的连贯性时，他指出：“我从一开始就始终不渝地追求同一个研究课题。我想要重新考察经典社会思想以往的发展，为社会科学建立一个新的研究方法框架，分析现代社会的突出特性。”① 对三大思想家社会理论的反思与现代性研究之间的关系昭然若揭。更有甚者，他还在一系列著作中广泛阐述了现代性在其思想发展中所处的核心地位，阐述了现代性作为社会学研究之核心的看法。②现代性在吉登斯思想体系中的地位可见一斑。

因此，如果说现代性是吉登斯思想发展中始终不渝的连贯主题，那么，他对古典现代性理论所做的深切反思则处于一种基础性地位，而本书更是这种基础性地位的集中体现。通过本书的研究，吉登斯针对 20 世纪晚期的高度现代性社会现实，试图以一种超越于三大思想家视野的高度去重建现代性的理论范式。因为在三大思想家所生活的时代，现代性

---

① 安东尼·吉登斯、克里斯托弗·皮尔森：《现代性——吉登斯访谈录》，新华出版社，2001 年，第 25 页。

② 有关这一点的系统论述请参阅郭忠华：“现代性·解放政治·生活政治：吉登斯的思想地形图”，载《中山大学学报》（社会科学版），2005 年第 6 期。

还处于上升和扩展的阶段，现代性的问题也才刚刚显露。因此，他们根本无法想象高度现代性社会的状况。而且在他们的时代，他们所面对的任务更多的是如何对现代社会做出合理的解释。因此，他们的现代性理论尽管彼此迥异，但立场基本一致，那就是从某种单一的视角出发解读现代社会，以建立起一套完备的理论体系。而吉登斯则生活在晚期现代性的社会背景之中，这使他有可能更深切地体验到现代性所存在的问题和张力，也使他处于一种验证三大思想家现代性理论的有利地位。这种背景和地位赋予他超越三大思想家视野的条件，使他能够将他们所阐述的现代性动力有机地融合在一起，并在参考晚期现代性社会背景的基础上，重新建立起现代性的理论范式。从这种意义上说，吉登斯的现代性思想的确是站在“巨人的肩膀”之上。

其实，吉登斯受惠于三大思想家的还不止智识这一方面，对三大思想家著作的诠释还为吉登斯带来了巨大的学术声望，使他从此在西方学术界立身扬名，并逐渐跻身于全球著名的思想家行列。詹弗兰科·波吉在谈到本书给吉登斯带来的思想灵感和学术声望时，曾中肯地指出：“吉登斯在各个方面都受惠于古典思想家，他从三种意义上把他们的著作当作‘巨人的肩膀’：一是他使用他们的著作作为建构自身理论框架的基础；二是通过对他们的著作进行深刻的诠释，他使自己从此声名大振；三是古典思想家的著作表明了特定的历史社会学视野，但吉登斯是从超越这一视野的高度去诠释它们的。因为与20世纪中晚期的‘发达社会’相比，经典思想家们简直就无法想象今天的状况，因为在他们写作的年代，这些现象根本就不存在。”① 波吉的评价应该经得起时间的考验。而本书在吉登斯思想发展中，也堪称其庞大思想体系的奠基石和敲门砖。

① Jon Clark, Celia Modgil and Sohan Modgil (ed.), Anthony Giddens: *Consensus and Controversy*, Falmer Press, 1990, p. 12.

同时，本书的意义不只体现在吉登斯个人身上，而且还体现在对西方学术界所产生的重大影响上。1971 年甫一出版，它就在西方学术界引起了持久的思考和争论。它一方面使学者们看到了经典思想家著作当中许多重要而又长期被忽视的东西，如涂尔干的“道德个人主义”；另一方面，吉登斯所做的独特诠释也引起了学术界的持久争论，如把涂尔干归结为“工业主义”范式的做法等。但无论如何，本书的学术价值还是得到了普遍的认可。它不仅被誉为“了解社会学三大古典传统的系统入门书”，而且还被誉为“本科生、研究生教材的‘生命线’”，自出版以来几乎每年重版。马丁·奥布赖恩在评价本书时说道：“1971 年，吉登斯的《资本主义与现代社会理论》一书出版。该书在大约十年里一直是他最著名的著作。这本书迄今仍然是了解马克思、韦伯和涂尔干思想的最宝贵来源之一。”①

在吉登斯思想研究已得到学者们日益重视的背景下，在国内已存在大量吉登斯著作汉译本的今天，希望本书的出版能为进一步推动对吉登斯思想的了解和研究尽绵薄之力。本书能够翻译出版，首先得益于作者吉登斯爵士的帮助，他不仅对本书能被译成中文表现出极大的兴趣，而且对笔者在翻译过程中所提出的问题不厌其烦、有求必应。当笔者谈到欲编译出版其《政治社会学论文集》时，他慨然应允了版权，并对我提出的篇目进行了改定，提供了他的思路。同时，复旦大学国际关系与公共事务学院洪涛先生也为本书的出版提供了热心的帮助。2004 年仲夏，当笔者与洪先生谈起本书的意义和翻译的想法后，他不仅为本书联系了出版社，而且还时时关心本书的翻译进程。另外，我还要感谢我的老师和作为本书译者之一的潘华凌先生。本书是笔者与潘先生合作的结晶，潘先生承译了本书的第二、三、四篇和后记部分，笔者承译了序言、导

① 马丁·奥布赖恩：“导论：安东尼·吉登斯的社会学”，载安东尼·吉登斯、克里斯托弗·皮尔森：《现代性——吉登斯访谈录》，新华出版社，2001 年，第 7—8 页。

论、第一篇并负责全书的校译工作，文中的错误和问题当由笔者承担。最后，我还要向在本书翻译和出版过程中给予帮助和支持的中山大学政务学院院长任剑涛教授、副院长肖滨教授、政治科学系主任何高潮教授表达由衷的谢意，他们为我提供了一个不可或缺的环境和氛围，而且与肖滨教授的经常交流更使我厘清了对许多相关问题的看法。我也向上海译文出版社马胜先生、赵凤珍女士表达诚挚的感谢，没有他们的辛勤工作，也就没有本书中文版的面世。

此外，还必须说明的是，本书作者为当代西方著名学者，书中某些观点仅供读者参考。

郭忠华

本书系中山大学行政管理研究中心“公民身份与现代国家”研究成果。

目 录

致　谢

我谨向下列人士表示衷心的感谢，他们阅读或口头评论过我在本书部分章节基础上形成的论文，他们是：约翰・巴恩斯、巴兹尔・伯恩斯坦、约翰・卡罗尔、珀西・科恩、诺伯特・伊莱亚斯、杰弗里・伊厄姆、特里・约翰逊、加文・麦肯齐、伊利娅・诺伊施塔特，以及欧文・蔡特林。我尤其要感谢那些完整阅读过本书草稿的人士，他们是：马丁・奥尔布罗、汤姆・博托莫尔、戴维・洛克伍德、史蒂文・卢克斯，以及约翰・雷克斯。同时，我要向芭芭拉・伦纳德、劳蕾特・麦肯齐、布丽吉特・普伦蒂斯以及我的妻子简・吉登斯表达诚挚的谢意。

序　言

理性向来就存在，只不过它不是永远以理性的形式出现而已。

——马克思

在本书的写作中，作者相信，社会学家们都普遍认为当代社会理论必须进行彻底的修正。而要做这种修正，就必须对现代社会学主要参考框架的建构者们的著作重新加以思考。在这一方面，有三个人位于所有其他人之上：马克思、涂尔干和韦伯。在本书中，我的目标是双重的：首先，对三位作者的社会学理念进行简洁而又全面的分析；其次，检视马克思的观点与其他两位作者之间的主要分歧。我这里并不试图对“马克思主义”与“资产阶级社会学”之间的关系做任何整体性的评估，然而，在讨论这一问题时所引起的各种断言与反驳已经深深地纠缠在了一起，我希望本书能为厘清它们而做一些准备性的工作。当然，我已无可避免地涉及了大量为人们所熟知的见解。最近已出现了有关三位作者的著作的基本阐述，我相信本书的分析将迥异于圈内已有的著作。

当然，我并不是说只有本书所讨论的三位作者的著作，才代表了社会学中所体现的有意义的社会思想脉络。相反，在从 1820 年至 1920 年的百年之间，社会思想的最突出特征在于各种理论百花齐放，它们都发端于这一时期。与马克思同时代的那些人物，如托克维尔、孔德、斯宾塞等人的著作，与现代社会学中的问题也存在着一定的关系，因此，在本书所详细讨论的主题中，把这些作者也包括进来似乎才更合乎逻辑。但我决定放弃这样一种做法，一方面是出于篇幅的限制，另一方面是由于马克思在当今所造成的影响远远超过了这些作者(如果从马克思著作具有更深刻的知识内容的角度来说，情况也同样如此)。而且，现代社会理论中的最主要流派，都可以追溯到本书所集中讨论的三位作者身上，尽管其间出现了无数的修正和推演。显然，马克思的著作是当代各种形式的新马克思主义的主要源头，涂尔干的著作则是“结构功能主义”的主要灵感来源，而某些现代版本的现象学则直接或间接地起源于马克斯·韦伯的著作。更有甚者，在某些更加专门的社会学领域，如社会分层研究、宗教等领域，马克思、涂尔干和韦伯的影响也可以说是根本性的。

正如涂尔干本人在为阿姆兰(他的同事和朋友)一本有关康德的著作作序时所指出的那样，任何人如果想要描绘与他不同时代的人的思想，都必然会遭遇某种困境。如果他保留了原作者在其作品中所使用的术语，那么，他就要冒行文老套的危险，从而与现代毫无关联；而如果他有意识地使自己的术语现代化的话，那么，他又面临着他的分析有不忠实于原作者思想的危险。在谈到上述三位作者的社会思想与当代的关联时，这种困境的确道尽了本书的难处，不过，在分析他们的著作时，这种困境倒也不是无法解决的。凡是遇到这种困境的地方，我都选择保留原来的术语。在分析三位作者的著作时，本书所遇到的真正困难在于，那些原来在法文或德文中具有独特文化意义的术语，在翻译成英文时很难处理，比如 *Geist* 或 *représentation collective* 便没有令人满意的英文对应词，但它们却表达了本书所涉及的关于英国、法国和德国的社会发展的差异。我一方面尽可能注意原文字里行间所表达的特定含义，同时在引文的过程中时时修正现有的英译文，以便应对这种难题。

本书并不是一本批判性的著作，而是一本诠释性和比较性的论著。

在行文过程中我尽可能使用现在时，目的在于强调这些作者与当代的关联。我并不试图去指认马克思、涂尔干和韦伯著作中的缺陷或含混之处，而是尝试去展现三位作者中可以辨认得出的内在连贯性。同时，我也尽可能避免去做那些艰苦的学术性工作，去追寻存在于三位作者著作中的各种思想根源。但由于三位作者都是以辩论的方式从事写作的，所以我也无可避免地要引征到其他作者的思想或其他思想传统。同时，我还在某种程度上强调了三位作者的社会、历史“根源”，因为这对于充分诠释他们的著作来说具有根本性的意义。当然，三个人的性格在各个方面都表现出戏剧性的对比，而且还无疑与他们所建构的社会理论密切相关。这点我忽略不谈，因为我的分析目标并不是要去详细分析他们写作的“缘起”，我的目标在于厘清三位著者之间存在的复杂的知识联系。

在结论篇里，我并未试图将涂尔干与韦伯进行直接对比，而是以马克思的著作为参照点来与两者进行对比。由于马克思早期著作出版上的延误，我们不太容易廓清他与其他两个人的著作之间存在的一致(convergence)与分歧。在时隔写作时间几乎一个世纪以后，那些对于评估马克思思想具有重要意义的著作才得以首次出版，因此，直到涂尔干(1917 年)和韦伯(1920 年)去世约十年以后相当晚近的时期，人们才能根据这些早期作品来评估马克思著作的思想内容。在分析马克思著作的过程中，我尽可能摆脱有关“青年”马克思著作和“成熟”马克思著作这种二分法，这种分法毒害了二战以来的大部分马克思主义研究。只要仔细检视马克思 1857—1858 年间所写作的《政治经济学批判大纲》(*Grundrisse der Kritik der politischen Ökonomie*)——作为《资本论》(*Capital*)的最初基础——我们无疑可以发现，马克思并没有放弃过其早期作品中的主要观点。但在对马克思思想进行实际分析的过程中，那些即使承认这一点的学者也仍然侧重于马克思著作的一部分，而排斥了其他部分。但我尝试进行更加平衡和整合的分析，同时保留了《资本论》在马克思毕生著作中的基础性地位。

除马克思以外，很少有像涂尔干那样持续遭到误解的社会思想家。在涂尔干的有生之年，大多数批评家认为，他的理论性著作体现着一种令人无法接受的形而上学概念——“群体心理”（group mind）。最近一些同情性的理解很大程度上抛弃了这种误解，但取而代之的是对涂尔干功能主义的强调。在本书中，我把涂尔干作为一位历史思想家拯救出来。涂尔干始终强调历史维度在社会学中所具有的极端重要的意义，而我则相信，对于这一点的理解，将会形成与一般的涂尔干思想评价完全不同的评价。涂尔干主要关注的并不是“秩序的问题”（the problem of order），而是特定社会发展观念下的“秩序的变化性质”（the *changing* nature of order）的问题。

在本书的分析材料中，韦伯的著作或许是最复杂的，它们无法在一般的层次上轻易得到处理。我想，一些二手的分析之所以未能把握韦伯著作中的基本一致性，也正是由这一事实所致。用一个显然矛盾性的说法来讲，韦伯著作的差异性正好表明了贯通其所有作品的认识论原理。他彻底的新康德主义立场将其不同领域的著作整合进了一个连贯的框架。在社会学理论的某些重要方面，正是韦伯所持的这一立场，使他与涂尔干和马克思产生了无法弥合的分歧，我已经在结论篇里对其中的一些分歧进行了分析。

最后，还有一点也许应该提一下，我认为，社会学家必须对社会理论赖以形成的背景时刻保持清醒。但是，强调这一点并不意味着完全接受相对主义的立场，按照这一立场，一个概念只有在形塑它的情境中才是“有效”的。马克思著作的遭遇正好印证了这一点。我已经指出过，马克思的理论形成于资本主义发展的早期，而随后西欧先进国家的经验则有助于形成一种与马克思原来观点截然不同的“马克思主义”。每一种形式的实践理论都存有一个使徒保罗，在某种限度上，这种情况可以说是无法避免的。但是，承认这一点并不意味着接受这样一种陈腐的观点，即后来资本主义的发展“推翻”了马克思的理论。即使在今天，马克思的著作仍然提供了一种社会历史观念，相对于后来其他作者的观念而言，它体现出弥足珍贵的价值。我并不认为这些分歧可以通过传统的方式得到解决，即通过经验实证的方式来表明科学理论是“已证实的”或“无效的”。但是，它们又不像哲学理论那样，完全无视经验事实的检验。虽然社会学与社会哲学之间的界线难以划清，但这种界线仍然是存在的。我敢肯定，如果社会学家仅仅将他们学科的范围局限在易于用经验事实进行验证的那些领域，那一定是错误的。这是一条前方毫无结果的形式主义之路，使社会学与真实的生命和生活疏离化（*lebensfremd*），使它与那些社会学视角原本最能有所贡献的课题变得毫不相关。

安东尼·吉登斯

1971 年 3 月 3 日

导　论

1895 年，阿克顿爵士在剑桥大学发表的就职演说中表达了他的信念：现代欧洲与其过往时代之间存在着一条“显而易见的界线”。现代与中世纪之间并不是一种“以合法、正统的表面符号为载体的正常继替”。

> 始料未及的是，在变革法则的支配下，自古以来的延续性纽带被剪断了，现代世界建立在新秩序的基础之上。在那些日子里，哥伦布颠覆了人们的世界观，改变了生产、财富和权力的存在条件；马基雅弗利把政府从法律的限制中解放出来；伊拉斯谟将古代的学说潮流从世俗引入基督教的渠道；路德打破了权威和传统锁链中最坚实的环节；哥白尼则更是激起了一种惊人无比的力量，为未来的进步树立起永恒的标记……这是新生命的觉醒，世界在一种前所未知的力量的影响下，运转在一条与往昔截然不同的轨道上。①

阿克顿继续说道，欧洲传统秩序的瓦解正是历史科学发展的根源。所谓传统社会，也就是以过去为基础的社会，过去就是现在。正因为如此，历史才不为人们所关注，昨天与今天的延续使得“曾是”（was）与“是”（is）之间缺乏清楚的划分。因此，历史科学的存在预设了一种普遍变化的世界，更为重要的是，预设了一种过去在某种程度上已成为负担，必须把人们从中解放出来的世界。在现代时期，人们已不再把与生俱来的境遇作为其终生必须接受的生活条件，而是为了使未来屈从于他所希望的模式，反而把自己的意志强加在现实之上。

如果说欧洲文艺复兴造成了人们对历史的关注，欧洲的工业革命则为社会学的兴起创造了条件，1789 年的法国大革命则是这两个重大而复杂的事件的催化剂。按照通常标准，英国是第一个开始具有某种民主政府的国家，尽管它是经过政治革命才实现了这一目标，然而，从社会和经济变化的过程来看，17 世纪以来英国的社会变迁可以说是相对渐进性的。与此形成对比的是，法国大革命戏剧性地推翻了代表特权和贵族秩序的旧制度(*ancien régime*)，而旨在建立一个能够实现正义、自由等普遍性原则的新社会。1789 年颁布的《人权宣言》提出："不知人权、忽视人权或蔑视人权是公众不幸的惟一原因。"因此，法国大革命将 16 世纪和 17 世纪的世俗理性主义最终延伸到了社会本身，至少在表面上看起来是如此。但 1789 年大革命所造成的政治变迁实际上更表明和标示了社会重组方面出现的天翻地覆的变化，在这一方面，英国再一次扮演了领先者的角色。从 18 世纪末开始，英国开始了从农业、手工业生产向建立在工厂和机器基础上的工业经济的转变，这种变化所造成的巨大影响在 19 世纪时期的英国和欧洲其他主要国家都有所感知。

当然，经常有人指出，法国大革命的政治氛围和工业革命所引发的经济变迁，两者结合在一起形成了社会学兴起的具体背景。然而，必须记住，自 18 世纪晚期以来，西欧各国的发展历程存在着多么大的分歧，因为正是在这一差异的框架下，形成了 19 世纪主要的社会思想传统。今天的社会学家经常草率地谈论 19 世纪时期欧洲"工业社会"的兴起，忽视了这一过程所涉及的复杂性。

---

① Lord Acton: *Lectures on Modern History*(London, 1960), p. 19.

对于英、法、德三个主要西欧国家而言，18 世纪末叶正是它们的经济走向繁荣的时期。18 世纪晚期英国经济的发展速度远远超过了其他国家，在那一时期，一系列影响深远的技术革新使棉纺工业的组织结构发生了剧烈的变化，使机械化和工厂生产迅速扩展开来。但即使到 18—19 世纪之交，工业革命对英国经济的直接影响也只停留在一个相对有限的领域。甚至在二十年以后，除了棉纺业从五十年前占整个经济体系中的微小部分跃升到处于英国工业生产的领先地位以外，情况并没有发生什么变化。[①]直到 19 世纪中叶，英国才可以真正称得上是“工业社会”。法国和德国的情况则大不相同。如果套用今天的说法把它们称作“欠发达”（under-developed）国家，将会是一个极大的错误。[②]在某些方面，如文化发展水平方面，尤其是文学、艺术、哲学等领域，这两个国家都超过了英国的发展水平。但从 18 世纪中叶开始，这两个国家的经济发展水平都明显滞后于英国，直到一个世纪以后，法国或德国才能在某种实质性程度上重新取得英国所占据的领先地位。[③]

而且，如果以英国为衡量标准的话，在 19 世纪上半叶，不论是德国还是法国都没有能够成为内部政治稳定的国家——即自由资产阶级在政府中处于强有力的地位。法国的复辟则是反动阶级的利益在受到沉重打击之后的实质性表现，它驱散了二十五年前雅各宾派所持的崇高和进步的理想。1789 年大革命所暴露出的社会政治裂痕与其说通过大革命及以后的一连串事件得到了解决，不如说反而进一步加深了，实际上，在 1870 年以后的法国政局中，没有哪个政府能够维持二十年以上。正如马

① Phyllis Deane and W. A. Cole：*British Economic Growth*（Cambridge，1969），pp. 182－192.

② 参阅 David S. Landes：*The Unbound Prometheus*（Cambridge，1969），p. 125。

③ 当然，英国与其他两个国家在经济进展水平方面的差异可以一直追溯到 18 世纪以前。如参阅 F. Cronzet：“England and France in the eighteenth century：a comparative analysis of two economic growths”，载 R. M. Hartwell：*The Causes of the Industrial Revolution in England*（London，1967），pp. 139－174。

克思在其早期学术生涯中所注意到的那样，德国“没有同现代各国一起经历革命，却同他们一起经历复辟”①。实际上，这个国家在19世纪早期根本就不是一个现代意义上的国家，只不过是君主国的松散组合而已：这种情况直到俾斯麦掌权以后才得以改善，普鲁士得以利用其优势地位来实现德国政治的完全统一。

德国的“落后”成为马克思早年建构历史唯物主义的根本性问题。作为“青年黑格尔派”的一员，马克思最初认为，对现存制度的理性批判将足以唤起根本性变革，从而使德国能够赶上和超过另外两个西欧先进国家。但是，正如马克思很快注意到的那样，这种激进的批判正好落入了德国典型的窠臼，那就是只关注“理论”而排斥“实践”。马克思写道：“德国人在政治上思考其他国家做过的事情。”② 黑格尔体系将整个人类的历史转化为精神和心灵的历史，代表了这种例子的最完美的哲学典范。马克思总结道：如果德国想要进一步发展，就必须以对物质力量的认识来取代哲学上的批判，因为这种力量总是在变化当中发挥其作用的，而不是仅仅停留在观念的层面上。

许多作者都已经相当正确地强调，马克思的著作存在着三个方面的影响。③在西欧三个先进国家不同的社会、经济和政治背景下，发展出了各种各样的思潮，马克思对它们做了强有力的综合。在整个19世纪时期的英国主流社会理论中，政治经济学与哲学实用主义紧密地结合在一起。马克思接受了亚当·斯密和李嘉图所提出的几个关键性论点，但将它们与法国社会主义各流派对于资产阶级社会的有限性的看法结合在一起。后者正是1844年马克思在巴黎写作《经济学哲学手稿》（*Economic*

① *EW*, p. 45.

② *EW*, p. 51.

③ 参阅 Lenin：“The three sources and three component parts of Marxism”, V. I. Lenin, *Selected Works*(London, 1969), pp. 20－32。

and Philosophical Manuscripts）时，设想未来社会的灵感来源。黑格尔辩证法则为马克思将政治经济学与社会主义整合进历史维度提供了方法。就这样，马克思的著作以一种连贯的方式将英、法、德三国的不同经验和认识结合在了一起，同时，又为从理论上解释这些国家在社会、经济和政治结构上的差异提供了基础。

在 1883 年马克思去世的时候，涂尔干和韦伯还是处于学术生涯起步阶段的年轻人。但也只有到这一时期，西欧三个主要国家的社会结构才真正与马克思提出其基本观点的时期大相径庭。在法国和德国——与英国相对照——具有潜在革命本质的工人运动在政治系统中扮演了重要的角色。但是，这些运动的影响却被一股不断高涨的民族主义运动所抵消，尤其是在德国，由于没有经历过成功的资产阶级革命，资产阶级屈从于由政府官僚、军队以及明确的等级制度所组成的专制秩序之下。在德国内部，尽管存在着反对社会主义的法律，社会民主党——1875 年以后是明确的马克思主义政党——的势力还是得到了不断壮大，但到 19 世纪末，社会民主党却发现自己所持的革命姿态与它们在社会中的真正地位越来越无法相容了，这个社会在很大程度上已经“自上而下”地变成了一个工业社会。

正是在这种背景下，在马克思去世前不久，恩格斯出版了一整套辩护性的著作，将马克思主义作为一套系统的学说加以阐发，其中最重要和最有影响力的篇章就是《反杜林论》（*Anti-Dühring*）。这部著作强调了马克思主义的社会主义所具有的“科学”性质，认为它不是一种乌托邦式的社会理论，也不是一种唯意志主义的社会理论。《反杜林论》为对马克思主义进行积极的诠释提供了基础，而且还支配了第一次世界大战之后的马克思主义学术圈，并成为苏联的官方哲学[1]。在马克思去世

① George Lichtheim：*Marxism*，*an Historical and Critical Study*（London，1964），pp. 238－243.

后的十年里——也正是涂尔干和韦伯为其毕生著述的主要观点打下基础的时期——马克思主义不论在政治还是知识领域都真正成了一股重要的势力。在恩格斯的影响下，哲学唯物主义被普遍等同于“马克思主义”，它为社会民主党提供的理论框架允许在理论和实践之间出现相当程度的分歧：社会民主党在本质上越来越成为改革主义的政党，尽管它们保留了革命性政党的称号。但是，也正因为如此，社会民主党的主要发言人没有能够看到变革——它有可能使德国迅速赶上英国所拥有的工业化地位——所具有的意义。

“观念”(ideas)对社会发展具有何种影响，这个在19—20世纪之交引起马克思主义者与其批判者之间持续争论的话题，必须在这种背景下加以理解。涂尔干和韦伯都以恩格斯、考茨基(Kautsky)、拉布里奥拉(Labriola)以及其他人所传播的哲学唯物主义思想作为他们批判马克思主义主张的对象。自由主义者与马克思主义者因此围绕着唯心主义与唯物主义这一古典二分法展开他们的争论。于是，对于马克思著作有效性问题的争论，便集中在观念是不是仅为某种“附带的现象”(epiphenomena)，在社会发展过程中不扮演独立的角色这一问题上。我在本书中所关注的问题之一就是：在将马克思与涂尔干、韦伯的著作作为不同类型的社会理论形式进行比较的时候，这种争论根本无关宏旨。马克思与后两者一样，都旨在打破传统哲学中有关唯心主义与唯物主义的划分，由于将这种流传已久的二元划分与马克思对唯心主义进行的“唯物论”批判混淆在了一起，马克思与“学院式”的或“资产阶级”的社会学之间的真正分歧的根源也被弄得模糊不清了。

这一问题只有在非常晚近的时候，即二战后西方马克思主义研究的普遍复兴过程中才变得明显。在梁赞诺夫(Rjazanov)所编辑的《马克思恩格斯全集》中，各种以前从未出版过的马克思、恩格斯著作的面世，在刺激这种复兴的过程中扮演了主要的角色。然而，像《1844年经济学哲学手稿》等著作的出版，虽然帮助解决了一些问题，但也引发了许多新的解释性问题。这既牵涉到马克思著作本身的“内在”本质和连贯性问题，也牵涉到马克思与其他社会思想家的理论立场之间存在着何种智识上的联系的问题。由这种情况所引起的错综复杂的难题很大程度上决定了本书的结构。在追溯马克思主义与“学院派”社会学之间的当代争论的根源时，作为前期性工作，似乎有必要首先重建主要思想家著作中的主要论点，因为正是他们的著作促成了现代社会理论的诞生。因此，本书前三分之二首先分析了马克思、涂尔干和韦伯各自建立的社会理论形式(第一章至第十二章)。由于必须以一种准确和连贯的方式解读每一位作者在其著作中所表达的核心论点，我无法对他们思想中的“逻辑”或实际“有效性”进行批判性的分析。

在结论篇的第一章(第十三章)，首先分析了涂尔干和韦伯将自身的观点与他们所认定的马克思观点区分开来的主要方式。但是，我们并不能将这些观点以其“表面价值”而简单地加以接受。因此，在第十四、十五章，我把涂尔干和韦伯在这方面的立场抽象出来，重新评估他们的著作与马克思著作之间部分主要的相似性与分歧。必须强调的是，在结论篇三章中，在马克思与涂尔干、韦伯之间的比较方面还存在其他几条重要的进路，但它们总体上都被忽略了。其中最明显的省略就是三位作者所倡导的方法论观点上的分歧：乍看起来，这似乎应该是本书中最基本的比较性课题。从某种意义上说，情况的确如此，但是，本书的基本内容在于表明这些作者的最主要旨趣，那就是描绘与以往社会大异其趣的现代“资本主义”的结构特征。在过去几十年里，社会学所重点强调的主要是如何寻求一种形式化的“一般理论”。这种目标也许存在其价值，但却偏离了现代社会思想奠基者们在其著作中的主要关注点，同时也模糊了这些作者置于社会理论前沿的问题所具有的意义。在本书所讨论的三位作者中，我并不认为有哪一位试图去建立一种无所不包的思想

“体系”，尽管人们通常把这样一种意图强加在他们身上，事实上，每一位作者都直截了当地否定了这一点。因此，尽管我强调了每一位作者著作中的内在一致性，我同时也尽力传达每一位作者在建构其合意观点和得出其结论时，所出现的偏颇和不完善之处。

书名缩略表

下面所列举的缩写词，是本书注释中经常引用到的书名。至于那些被引用到的特殊版本，则列举在书后的参考书目中。凡注明两个出处的地方，均表示所引原文为作者自译，或表示作者在现有英译文的基础上做了某些修正。两个出处中的第一个通常指英文版，第二个则指原著。

马克思与恩格斯的著作

Cap *Capital*

CM *The Communist Manifesto*

EW *Karl Marx, Early Writings*

GI *The German Ideology*

Gru *Grundrisse der Kritik der politischen Ökonomie*

SW *Selected Works*

We *Werke*

WYM *Writings of the Young Marx on Philosophy and Society*

涂尔干的著作

DL *The Division of Labour in Society*

DTS *De la division du travail social*

EF *The Elementary Forms of the Religious Life*

FE *Les formes élémentaires de la vie religieuse*

PECM *Professional Ethics and Civic Morals*

RMS *Les règles de la méthode sociologique*

RSM *The Rules of Sociological Method*

Soc *Socialism*

Su *Suicide*

LS *Le Suicide*

期刊

AS *Année sociologique*

RP *Revue philosophique*

韦伯的著作

ES *Economy and Society*

FMW *From Max Weber*: *Essays in Sociology*

GAR *Gesammelte Aufsätze zur Religionssoziologie*

GASS *Gesammelte Aufsätze zur Soziologie und Sozialpolitik*

GAW *Gesammelte Aufsätze zur Wissenschaftslehre*

GPS *Gesammelte politische Schriften*

MSS *Methodology of the Social Sciences*

PE *The Protestant Ethic and the Spirit of Capitalism*

RC *The Religion of China*

RI *Religion of India*

WuG *Wirtschaft und Gesellschaft*

第一篇

马 克 思

第一章　马克思的早期著作

从某种意义上说，马克思的著作跨越了整整三个世纪。他出生时，19世纪已差不多过了二十年，去世时这一世纪也行将结束，但其著作的巨大影响却主要是在20世纪的政治和思想领域。同时，他的著作又深深扎根于18世纪晚期由1789年法国大革命所带来的社会、政治的巨大变迁之中。因此，马克思的著作把法国大革命的粉碎性作用带入了现代，在1789年到1917年(俄国十月革命)这近一百三十年的历史之间架起了直接联系的桥梁。

当世的人们对马克思的童年知之甚少，在保存下来的少年时期的各种残篇和信件中，最早的是他在期末考试时写下的三篇短文。当然，这些短文并没有多少内在的旨趣或原创性，但它们却展示了一种启迪他成年以后诸多著作的慷慨激情。[①]三篇短文中最有新意的一篇当属“青年在选择职业时的考虑”，它所讨论的问题是：青年人在选择其终身所欲从事的职业时所拥有的自由度和道德义务。马克思的结论是：

> ……在选择职业时，我们应该遵循的主要指针是人类的幸福和我们自身的完美。不应认为，这两种利益会彼此敌对、互相冲突，一种利益必定消灭另一种利益；相反，人的本性是这样的：人只有为同时代人的完美、为他们的幸福而工作，自己才能达到完美。……历史把那些为共同目标工作因而自己变得高尚的人称为最伟大的

人物。[2]

大学时期，这种世界观最终把马克思引入对黑格尔的潜心研究。在黑格尔的哲学理论中，我们的确可以看到有关“自我实现”和“自身的完美”之顶点的理论。1837 年，马克思在写给他父亲的一封信中说道，他对康德和费希特的哲学感到非常不满，并最终抛弃了他年轻时期喜爱的抒情诗，“钻到”黑格尔的“大海里”[3]。但即使在黑格尔哲学体系的魅力最初吸引着作为大学生的马克思时，他也绝不是正统的青年黑格尔派的盲目追随者。在他于柏林上大学期间的哲学和法律笔记中，可见黑格尔主义对马克思产生吸引力的开端。[4]在马克思看来，将“实然”与“应然”分开的康德二元论，与希望将哲学用于实现其目标的人的要求似乎是完全不可调和的。对于这种看法马克思终生不渝。费希特的哲学也受到同样的批判：它将逻辑和真理的本质（就像数学和经验科学中的情况那样）与不断发展的世界中人类主体的干预活动分割开来。马克思认为，这种立场必须替之以另一种认识，即必须从发展的角度来研究对象本身，其间不可以有任意的分割，事物本身的基本原理（*Vernunft*）必须通过其矛盾来展示，并在自身中找到其一致性。[5]

马克思发现自己无法单独解决这些问题，正因为如此，他不可避免地要在自己的思想中重溯德国唯心主义哲学的整个演进历程，从康德、费希特再到黑格尔。[6]然而，黑格尔对马克思的吸引之处，既不在于前

---

① 值得注意的是，许多评论者试图从这些短文中找出一些成为马克思后期著作的根本主题来（参阅 A. Cornu：*Karl Marx et Friedrich Engels*, Paris, 1955, vol. 1, pp. 65－66），但这些短文的最显著特征还是传统的青少年理想主义。

② *WYM*, p. 39.

③ *WYM*, pp. 40－50.

④ *WYM*, pp. 42－47.

⑤ *WYM*, p. 43; *We*, *Ergänzungsband*（*Ergd*）, vol. 1, p. 5.

⑥ 参阅 Robert C. Tucker：*Philosophy and Myth in Karl Marx*（Cambridge, 1965）, pp. 31－69。

者哲学体系的宏大和深邃，也不在于其哲学前提的特定内容，而是黑格尔在终结德国古典哲学二元论倾向方面所产生的巨大影响，这一倾向是康德哲学遗产的结晶。黑格尔对马克思的冲击来源于两个相互分离的媒介，每一种都要求马克思将黑格尔主义与特定的政治立场相连接，① 这不同于黑格尔的保守主义态度：媒介之一是爱德华·甘思的教学，他在柏林期间的讲学给马克思留下了深刻的印象，甘思在黑格尔身上涂上了浓厚的圣西门主义色彩。②然而，可以肯定的是，马克思早年已经接触到了圣西门的思想，在马克思思想形成时期，圣西门与黑格尔的影响在某些方面几乎不相上下。③

柏林大学期间，马克思在“博士俱乐部”的经历成为他接受黑格尔的第二种媒介。在这个圈子里，马克思谙熟了黑格尔年轻追随者中各种路数迥异的思想，其中最突出者是布鲁诺·鲍威尔(Bruno Bauer)。④鲍威尔以及在他周围形成的“青年黑格尔派”都保留了对基督教神学的关注，而这种关注本来就内在于黑格尔著作之中。马克思的博士论文——关于德谟克利特与伊壁鸠鲁哲学的比较研究——表现出明显的鲍威尔印记。但与马克思提交博士论文几乎同时，费尔巴哈的《基督教的本质》(1841 年)出版了。⑤恩格斯后来在描述这一著作对青年黑格尔派所形成的影响时写道：“魔法被破除了；‘体系’被炸开并被抛在一旁了……那

① 有关“青年黑格尔派”的观点，参阅卢卡奇(Georg Lukács)：*Der junge Hegel*(Zurich and Vienna，1948)所做的分析，pp. 27 - 130。

② 参阅 Hanns Günther Reissner：*Eduard Gans*(Tübingen，1965)。

③ 在 Georges Gurvitch：“La sociologie du jeune Marx”一文中，这一观点得到了有力的阐述，该文载 *La Vocation actuelle de la sociologie*(Paris，1950)，pp. 568 - 580。在 1963 年第二版中，该章由另一篇更一般性的讨论所取代，题为“La sociologie de Karl Marx”。

④ 有关鲍威尔对马克思影响的最新论述，参阅 David McClellan：*The Young Hegelians and Karl Marx*(London，1969)，pp. 48ff 以及全书各处，另参阅同一作者所著的 *Marx before Marxism*(London，1970)。

⑤ Ludwig Feuerbach：*The Essence of Christianity*(New York，1957).

时大家都很兴奋：我们一时都成为费尔巴哈派了。"[1] 可以肯定，对于当时正在成长的马克思思想而言，与四十年后恩格斯的以上描述相比，这一著作对马克思所造成的直接影响更为复杂，也更为间接。[2]与对待黑格尔一样，马克思并没有随流行趋势而全盘接受费尔巴哈。[3]然而，毋庸置疑，到 1842 年末，费尔巴哈在青年黑格尔派中产生了支配性的影响。1843 年，马克思写作的有关黑格尔国家哲学的批判性作品显然受到了费尔巴哈的强烈影响，而在《1844 年经济学哲学手稿》中，费尔巴哈的立场更成为马克思的基本立足点。

在《基督教的本质》及随后出版的其他著作中，费尔巴哈试图把黑格尔哲学的唯心主义前提倒转过来，而直接指出，人性研究的出发点必须是生活在"真实的、物质的世界"中的"真实的人"。在黑格尔那里，"真实"是"神圣"的化身，而费尔巴哈则认为，"神圣"是"真实"的幻象；当人们在世界上行动之前，他不会对这一世界有所反映，在此意义上，存在(being)、实存(existence)先于思想："思想来自存在，而不是存在来自思想。"[4] 黑格尔从与自身割裂并对立于自身的神的角度来看待人的发展。但在费尔巴哈的哲学中，只有当人与自我分离，或者说只有当人被异化的情况下，神才能存在。神是一种被想象出来的东西，它被赋予最高的权力和本领，它代表完美无缺、无所不能，而人类自身则是有限的、不完美的。

---

① *SW*, vol. 2, p. 368.

② 参阅 McClellan: *The Young Hegelians and Karl Marx*, pp. 92 – 97, McClellan 认为，"恩格斯对此书影响的描述完全与事实不符"（p. 93），而是夸大其词。参阅 1842 年马克思早期所写的著名言论："只有通过'火流'才能走向真理和自由，其他的路是没有的。"（"Feuerbach" 字面的意思是"火流"。）*WYM*, p. 95.

③ 必须指出的是，费尔巴哈个人的观点中也存在许多根深蒂固的含糊不清之处，并且在 1834 年至 1843 年期间，其观点也经历了某些变化。参阅 Feuerbach: *Sämmtliche Werke*, vols. 1 – 3。（在这一文集中，存在一些将文章与年份错置的谬误。）

④ *Ibid*. vol. 2, p. 239.

费尔巴哈同时还认为，人与神之间的深刻对比成为唤起人类自我实现能力的积极资源。哲学的任务在于通过倒转黑格尔的哲学观念，把物质世界置于首位，通过这种转化性的批判来克服自我的异化。必须用人本主义取代宗教，从而对神所投入的爱也将集中到人身上，形成对人类自身的爱，这将使人类重新成为一致整体，使人成为他自己。“旧哲学认为，没有思想，也就无所谓存在。而新哲学则相反，认为凡不被爱的、不能被爱的，也就不存在。”①

对费尔巴哈观念的吸收使马克思重新回到黑格尔那里，试图从中挖掘出新的、尤其能够运用于政治领域的观念含义。从本质上说，费尔巴哈吸引马克思的哲学要素与黑格尔当初吸引马克思的哲学要素相同，即融分析与批判于一炉的可能性，也即“实现”（realising）哲学②的可能性。通常认为，马克思早期有关工业和政治领域中的异化现象的著作，不过是费尔巴哈“唯物主义”在社会领域的延伸，只不过后者没有去做而已。然而，这种观点是误导性的，无论如何，马克思都没有接受费尔巴哈的哲学的首要意义——即它为人们提供了哲学上的另一种选择，并因而成为黑格尔哲学的替代品。即使在最热衷于费尔巴哈的时刻，马克思也始终把他与黑格尔同等对待。正因为如此，马克思成功地保留了作为黑格尔哲学核心的历史视角，而这一点，即使不是出于有意，实际上大部分也为费尔巴哈所抛弃。③

---

① *Sämmtliche Werke*, vol. 2, p. 299.

② 所谓“实现”哲学，即在马克思看来，哲学的意义并不在于成为纯粹形而上学意义上的思辨，成为重建本体论的努力，哲学的使命在于成为人类解放的精神武器，成为改造现实的力量。——译者

③ 在 1843 年写给卢格（Ruge）的一封信中，马克思也说到费尔巴哈“过多地强调自然而过少地强调政治。然而这一联盟是现代哲学能够借以成为真理的惟一联盟”。*We*, vol. 27, p. 417.

国家与“真正的民主”

马克思对黑格尔国家哲学的批判写于1843年，这是我们分辨得出的孕育历史唯物主义概念[①]的处女之作，此书同时还是异化研究的起点，一年以后，在《经济学哲学手稿》中，他以更大的篇幅对这一问题进行了研究。通过对黑格尔著作进行细致的文本分析，马克思像费尔巴哈那样把黑格尔“倒转”过来。他指出，“黑格尔把谓语、客体变成某种独立的东西，但是这样一来，他就把它们同它们的真正的独立性、同它们的主体割裂开来。”[②] 因此，马克思的分析重点是要重新认识真正的主体(行动的、生活在“真实”的“物质”世界中的个体)，同时追溯个体在国家政治制度中被“对象化”(objectification)的过程。[③]真实世界并不是从理念(ideal)研究中推断出来的，相反，理念必须被看作真实世界的历史结果。对黑格尔而言，市民社会(*bürgerliche Gesellschaft*)包含了所有经济和家庭关系，它外在于国家的政治和法律机构，本质上属于无限制的利己主义(egoism)领域，在这一领域，每一个人都深陷于彼此争斗之中。从人能够接受内在于国家——国家作为普遍化的领域切断了与市民社会中人类自利行为的联系——的秩序而言，人是理性的，是一种秩序化的动物。因此，在黑格尔哲学中，国家不仅与市民社会中的个人生活断绝了关系，而且在逻辑上也先于个人而存在。行动的个人，作为历史的真实创造者，从属于国家所体现出来的政治参与理念，国家俨然

① 众所周知，“历史唯物主义”概念并不为马克思所应用，而是首先出现在恩格斯的著作中。这里在使用它的时候，它所隐含的理论封闭性含义可能远远超出了马克思在历史研究过程中所愿意容忍的限度。

② *WYM*, p. 166; *We*, vol. 1, p. 224.

③ 有关“批判”一文的较有见地的讨论可参阅 Jean Hyppolite:“La conception hégélienne de l'Etat et sa critique par Karl Marx”，载 *Etudes sur Marx et Hegel*(Paris, 1955), pp. 120–141。

是社会发展的动力源泉。

马克思继续指出，费尔巴哈已表明，在宗教中，人是以替身方式参与到一个和谐、优美和令人满意的幻想世界中去的，而实际上，他无时不生活在一个充满痛苦和灾难的世界中。国家也一样，国家是一种异化了的政治活动，表现为普遍性的“权利”，与宗教理想化世界同等虚幻。黑格尔以下述理念为基础，即政治代表权是市民社会个人主义与国家普遍主义之间的媒介。但马克思强调指出，在现实国家中，根本不存在这样一种政治制度形式，普遍参与的政治生活仅是一种理想而已，现实政治生活无非是追求特定利益的体现。因此，在马克思那里，黑格尔所描述的那种与市民社会特定个人利益相脱离，并且高于它们的政治领域，实际上就是市民社会的衍生物。“政治制度到现在为止一直是宗教的领域，是人民生活的宗教，是同人民生活现实性的人间存在相对立的人民生活普遍性的上天。”①

在希腊城邦，每个人——每个自由公民——都是政治性动物：社会与政治紧密结合，不存在单独分离出来的“政治”领域。私人生活与公共生活并无区分，“私域的个人”仅仅指那些缺乏参与公共生活所必需的公民身份的奴隶。欧洲中世纪与之形成对比，在中世纪，市民社会中的各种阶层本身就成为政治活动的能动者(agencies)②：政治权力直接依赖和反映了社会分化状况，并使后者建立起稳定的社会-经济秩序。③

① *WYM*, p. 176.

② 在吉登斯庞大的社会学理论体系中，agency、agent 和 actor 都是其结构化理论的基本概念，它们的含义经常相互重叠，难以分清。但它们之间还是存在着某种差别：agent 一般指“行动者”或“能动者”，强调具有能动作用的主体；agency 一般指“能动”，强调主体的能动性；而 actor 一般就指能够产生特定行为活动的人。参阅 Anthony Giddens：*Central Problems in Social Theory* 或《社会的构成》等著作。本文翻译过程中根据不同的情况把 agency 翻译为“能动者”或“能动”，请读者细致区分。——译者

③ 参阅马克思有关封建等级(*Stände*)制转型的研究，*We*, vol. 1, pp. 273ff。

"一切私人领域都有政治性质，或者都是政治领域；换句话说，政治也是私人领域的特性。"[①] 在这样一种社会形态下，所有社会阶层都变得政治化了，但"私人领域"、"个人领域"与"政治领域"之间依然没有分离。只有在近代，"国家"观念才变得与市民"社会"相分离，因为只有进入后中世纪时期，市民社会的利益领域，尤其是经济利益，才成为个人"私人权利"的一部分，才变得与"政治"公共领域分离开来。此后，财产的分配被假定存在于政治权力的体制之外。然而，实际上，财产所有权很大程度上仍然决定了政治权力，但不是以中世纪法律化的方式来进行，而是披上了一层普遍政治参与的外衣。[②]

根据马克思的分析，"真正的民主"的实现在于克服个人与政治共同体之间的异化，这种克服必须通过解决市民社会的个体利益与政治生活的"社会"特性之间的二元分裂来实现。而这又只有通过影响国家与社会之间关系的具体变迁才能实现，例如，使目前还只是理想的(普遍政治参与)成为现实。"黑格尔从国家出发，把人变成主体化的国家。民主制从人出发，把国家变成客体化的人……在民主制中，形式的原则同时也是物质的原则。"[③] 马克思指出，普选是实现这一目标的手段。普选使市民社会的每一个社会成员都成为相应的政治存在，从而使"政治"不再成为一个分离的领域。"由于有了无限制的选举权和被选举权，市民社会第一次真正上升到脱离自我的抽象，上升到作为自己的真正的、普遍的、本质的存在的政治存在。"[④]

① *WYM*, p. 176; *We*, vol. 1, p. 232.
② *WYM*, pp. 187 – 188.
③ *WYM*, pp. 173 – 174.
④ *WYM*, p. 202; *We*, vol. 1, p. 326.

革命实践

有关马克思《批判》一文的见解与后来写于 1844 年那部著作[①]之间的关系历来存在争论。[②]显然，《批判》代表的仅仅是马克思对国家和政治进行初步分析的序曲，而且原稿也没有完成，文中马克思提出了展开某些观点的打算，但实际上并没有做到。而且，马克思分析的进路也指向激进的雅各宾主义(Jacobinism)，为了超越当前的国家形式，那就必须实现 1789 年法国大革命所展现的抽象理想。毋庸置疑，马克思此后一直没有放弃过《批判》一文所包含的理念。事实上，它为理解马克思的国家理论和国家消亡理论提供了钥匙，其所含概念存在于马克思整个成熟著作体系之中。但在马克思的这一发展阶段，正如费尔巴哈所指出的那样，他与青年黑格尔派的其他人一样，是从"意识变革"(reform of consciousness)的必要性角度来进行思考的。就在 1843 年 9 月，马克思离开德国前往法国之前，在他写给卢格的信中指出，他深信，所有的"教条"都必须受到怀疑，不论它们是宗教性的，还是政治性的：

> 因此，我们的口号必须是：意识改革不是靠教条，而是靠分析连自己都不清楚的神秘的意识，不管这种意识是以宗教的形式还是以政治的形式出现。那时就可以看出，世界早就在幻想一种只要意识到便能真正掌握的东西了。……人类要使自己的罪过得到宽恕，就只有说明这些罪过的真相。[③]

---

① 前者指马克思的《黑格尔法哲学批判》一文，写于 1843 年，后者则指《1844 年经济学哲学手稿》。——译者

② 对于这一问题的不同看法，参阅 Lichtheim，pp. 38 – 40；Shlomo Avineri：*The Social and Political Thought of Karl Marx*(Cambridge，1968)，pp. 33 – 40。

③ *WYM*，pp. 214 – 215.

1843 年末写作的“《黑格尔法哲学批判》导言”一文表明了马克思在巴黎期间，法国社会主义对他的直接影响。[①]这篇文章所阐述的大部分论点都围绕马克思此前《批判》一文所阐发的主题，但他放弃了对“去神秘化”（demystification）主题的强调——这是为鲍威尔所热衷，并且成为早期马克思对黑格尔进行批判的一个主题。马克思承认，“对宗教的批判是其他一切批判的前提”，但这一任务当前已很大程度上完成了，目前必要而且紧迫的任务是直接转移到政治领域。

> 废除作为人民的虚幻幸福的宗教，就是要求人民的现实幸福。要求抛弃关于人民处境的幻觉，就是要求抛弃那需要幻觉的处境。因此，对宗教的批判就是对苦难尘世——宗教是它的神圣光环——的批判的胚芽。[②]

然而，马克思继续指出，单有“批判”本身还不够。没有哪个地方会像德国这个落后的国家那样，表现得如此明显。对德国政治结构进行抽象的、哲学上的“否定”，与实现德国转变的现实要求毫无关系：“即使对我国当代政治状况的否定，也已经是现代各国的历史废旧物品堆藏室中布满灰尘的史实。”[③] 德国对欧洲国家社会前进的贡献仅限于观念领域。德国人是“当代的哲学同时代人”，而不是“当代的历史同时代

---

① 本文最初收录在卢格于 1844 年 2 月出版的 *Deutsch-französische Jahrbücher* 中；*WYM*, pp. 249 - 264；类似的观点也出现在这一期刊中马克思的其他文章中，“On the Jewish Question”, *WYM*, pp. 216 - 248；后一篇文章的译文可以在 *EW* 中找到，pp. 3 - 31。

② *EW*, p. 44; *We*, vol. 1, p. 379；所有马克思著作中有关宗教、国家、异化或整个资本主义等的“废除”（Aufhebung［又译“扬弃”］），都必须从 *aufheben* 这个动词所具有的三重含义（废除、保留、提升）上来加以理解。因此，有关宗教的“废除”也不是简单意义上的消灭，而是辩证意义上的超越。

③ *EW*, p. 45.

人”。既然哲学与现实之间存在着断层，试图通过哲学批判来废除现有状况也就是徒劳的了。知识层面矛盾的揭露不会导致现有状况的消除，于是就有必要着手于“只有用一个办法即实践(*Praxis*)才能解决的那些课题”。①

如果德国要经历变革，渐进改革的方式是无法实现的，而必须以激进革命的方式进行，方可实现一个“不但能把德国提高到现代各国的正式水准，而且提高到这些国家最近的将来要达到的人的高度”的革命②。德国社会构成的落后性正好构成了德国跃至欧洲其他国家前列的条件。然而，这种变革是无法达到的，除非对政治的“理论”批判能够与特定社会团体的体验结合起来，这一团体由于其所处的社会地位而具备革命性。正是在这里，马克思首次提到了无产阶级。然而，他又指出，德国经济发展水平的落后意味着工业无产阶级才刚刚出现。但随着它的进一步发展，再加上德国政治、社会结构中的特有落后形式，将给无产阶级提供一个推动德国超越其他欧洲国家的环境组合。③

马克思在无产阶级身上找到了黑格尔在其理性国家中致力寻找的理想的“普遍性质”(universal character)。无产阶级是“一个被戴上彻底的锁链的阶级”；它“形成一个由于自己遭受普遍苦难而具有普遍性质的社会领域，这个领域不要求享有任何特殊的权利，因为威胁着这个领域的不是特殊的不公正，而是普遍的不公正(unqualified wrong)”。无产阶级集所有社会罪恶于一身。它生活在一种极端贫困的状态，这种贫困并不是由于物质资源匮乏而导致的自然贫困，而是当代工业生产组织所导致的“人为”结果。既然无产阶级身上汇集了所有的社会非理性，无产阶级的解放从而也就是整个社会的解放：

---

① *EW*, p. 52；*We*, vol. 1, p. 385.

② *EW*, p. 52.

③ *EW*, pp. 57 – 59.

> 人的完全丧失……只有通过人的完全回复才能回复自己本身。……无产阶级宣告迄今为止的世界制度的解体，只不过是揭示自己本身的存在的秘密，因为它就是这个世界制度的实际解体。……哲学把无产阶级当作自己的物质武器，同样，无产阶级也把哲学当作自己的精神武器。①

从1844年早期起，马克思开始对政治经济学进行集中的研究，这一研究的初步成果记录在一系列残篇中，直到1932年，它们才以《经济学哲学手稿》之名面世。在这一研究的激励下，马克思的思想发展方向与其他青年黑格尔派成员的分歧越来越大，其中特别值得一提的是恩格斯，他在引导马克思的注意力投向经济研究方面功不可没。出于如下几个方面的理由，《手稿》在马克思整个著作体系中具有突出重要性：从本质上说，它们是马克思在出版《资本论》一书以前的最早数篇草稿。在《手稿》所撰写的序言当中，马克思勾画了一个颇具雄心的研究计划，但他最终未能完成这一计划。这一马克思知识生涯相对早期的计划无可置疑地表明，尽管《资本论》最终是以如此冗长和详尽的面目问世，它仅仅是马克思旨在从一个更宽广的视野对资本主义进行批判的要素之一。他最初打算出版“不同的单独小册子”分别讨论“批判法、道德、政治”，然后再将这些小册子整合起来，形成一本总结性的、综合性的论著。②在《手稿》中，马克思着手研究的仅仅是那些直接受经济关系影响的制度领域。因此，这一著作是马克思在政治经济学领域进行批判的最早尝试。

《手稿》还有另一种内在重要性，那就是马克思在书中明确处理了一些问题，但由于不同的原因，这些问题此后不再成为他直接关注的对

① *EW*, pp. 58 – 59; *We*, vol. 1, p. 391.

② *EW*, p. 63.

象。其中一些问题后来便再没有出现在马克思的著作中了，因为他认为，相对于对现代资本主义进行理论批判这一最高目标而言，这些问题已经得到了圆满解决。宗教分析就是其中之一，《手稿》成为马克思仍高度关注宗教的最后著作。当然，也有其他一些原因导致《手稿》的一些突出主题在马克思随后的著作中消失，其中最为重要的一个就是对异化的研究。异化是《手稿》的核心。尽管异化概念很少出现在1844年以后的著作中，但它无疑仍是马克思成熟著作的根基。在这以后，马克思把《手稿》中异化概念所包含的各条线索分别梳理出来。异化概念，由于它所具有的马克思不愿再卷入的抽象和哲学性质，也就成为多余的了。然而，《手稿》对异化所做的直接研究提供了一条宝贵线索，它使我们能够窥透潜蛰在马克思后期思想中的最重要主题。

异化与国民经济学理论

在《手稿》中，马克思对国民经济学(political economy)进行批判所依据的假设主要如下。国民经济学家的著作必须受到两方面的主要批判。一是他们假设资本主义特有的生产条件可以适应于所有经济形式。以私有财产和交换经济为前提开始讨论，经济学家们认为，利己主义和追逐利润是每个人的天性。马克思认为，实际上，交换经济的出现仅仅是历史过程的结果，而资本主义则是特定历史条件下的一种生产制度，它仅仅是此前众多生产制度当中的一种，与它前面的其他生产制度一样，它也不会是最后的一种。国民经济学家们的第二种错误假设是把“经济”关系看作纯粹“抽象”(*in abstracto*)的关系。当他们谈到“资本”“商品”“价格”等事物时，好像它们都存在于人的媒介之外而具有独立的生命。但实际上显然不是这样一种情况。例如，从独立于人而存在的意义上说，硬币是一种客观实在物，而只有当它成为特定社会关系中的因素时，它才被称作“货币”。但经济学家却试图把所有这些方面都化约为“经济”，而回避不能从这一方面来处理的其他方面。

> 因此，国民经济学不知道有失业的工人，不知道有处于劳动关系之外的劳动人。小偷、骗子、乞丐，失业的、快饿死的、贫穷的和犯罪的劳动人，都是些在国民经济学看来并不存在，而只有在其他人眼中，在医生、法官、掘墓人、乞丐管理人等的眼中才存在的人物；他们是一些在国家经济学领域之外游荡的幽灵。①

每一种“经济”现象同时也总是一种社会现象，特定类型的“经济”同时预设了特定类型社会的存在。②

而这些错误思想的病症正在于经济学家把工人视为资本家的“成本”，因此也就等同于其他资本开支。国民经济学声称把社会中的人作为分析“对象”的观点是不合适的；正是出于这一原因，经济学家得以掩蔽他们对资本主义生产方式的阐释中实际上固有的东西：资本主义建立在以无产阶级或工人阶级为一方，以资产阶级为另一方的阶级划分之上。在工业生产的成果分配方面，两个阶级处于根深蒂固的斗争之中。一方的工资和另一方的利润都取决于“资本家和工人之间的敌对的斗争”，在这种斗争关系中，资本家由于其所拥有的资本而较容易处于支配性地位。③

马克思对资本主义生产中异化现象的研究以一个“当前的经济事实”作为出发点：资本主义越向前发展，工人就变得越贫困。这一出发

① *EW*, pp. 137 – 138; *We*, *Ergd*, vol. 1, pp. 523 – 524.
② *EW*, pp. 120 – 121.
③ *EW*, p. 69.

点同样是其早期阐述的主题，而后在《资本论》中得到详尽分析。资本主义生产方式所创造出来的巨大财富都被土地和资本所有者所占有。劳动者与其劳动产品的分离并不仅仅是一个征收本来应当属于劳动者的物品的问题。马克思研究所关注的基本点是，在资本主义社会，劳动者所生产出来的产品与劳动者一样被同等对待，就如纯粹理论层面上国民经济学的看法一样。“工人创造的商品越多，他就越变成廉价的商品。物的世界的增值同人的世界的贬值成正比。”① 这牵涉到马克思所说的一种“对象化”（*Vergegenständlichung*）的扭曲。工人通过劳动对自然世界进行改造，就这一点而言，产品本来应当是他与外在世界交互作用的结果。但在资本主义的条件下，工人（主体，创造者）却变成与其创造的产品（客体对象）同类的东西了。②

因此，生产过程即对象化表现为“对象的丧失和被对象奴役”的形式，工人“成为自然界的奴隶”。③在资本主义经济中，当劳动者的生产能力随着资本主义的扩张而不断提高，他却越来越不能控制其生产出来的产品时，异化现象也就产生了。与在政治领域中形成的异化一样，这在宗教领域也形成相应的异化。基督教伦理所赋予上帝的特性由此脱离了人类的控制范围，而成为一个强加于人们身上的外在能动者。与此同理，工人的产品是“一种与他相异的东西……并成为同他对立的独立力量；意味着他给予对象的生命是作为敌对的和相异的东西同他

① *EW*, p. 121.

② *EW*, p. 123；从一个更广的认识论层面而言，马克思批判黑格尔弄错了异化与对象化之间的本质关联。马克思指出，黑格尔唯心主义的根本前提在于，把“物性”（thinghood）与“异化的自我意识”等同，因此，只有人类的自我异化才可能导致对象化的结果。马克思断言，事实上，这完全是另外一回事：异化的存在预设了对象化的现象，而且（以马克思的概念来说）异化是资本主义对象化这一特定扭曲形式所形成的结果。不幸的是，后来许多作者都未能把握对象化与异化之间的本质差异。

③ *EW*, pp. 122 & 123.

相对立”[①]。因此，资本主义的对象化与异化是同一回事，它是资本主义一切劳动所具有的必然特征，都涉及将劳动力置换到它所创造出来的对象上去。换言之，劳动产品“外在于”工人，不仅是就本体论意义而言，而且还有更深层、更特定的意义，即“凡是成为他的劳动的产品的东西，就不再是他自身的东西”[②]。

劳动者与其产品的异化有许多不同的形式。在谈及这些问题时，马克思大量借用了费尔巴哈的术语，但很显然，他是从具体角度来思考资本主义作为一种特定的、历史的生产方式所产生的影响的。马克思主要从以下几个维度来讨论异化的问题：

1. 工人无权处置其产品，由于他生产的产品都为别人所占有，他也就无法从中受益。市场经济的核心原则是，生产出来的商品必须用来交换。在资本主义生产中，商品的交换与分配完全受自由市场的支配，工人自己也像商品一样在市场上被买卖，他当然无力决定其产品的命运。市场的运作就是以牺牲工人的利益为代价来提高资本家的收益。因此，“工人生产得越多，他能够消费的越少；他创造价值越多，他自己越没有价值、越低贱”。

2. 工人在工作本身中异化：“如果劳动的产品是外化，那么生产本身必然是能动的外化，或活动的外化，外化的活动。”[③] 工作并不会使工人产生内在满足感，使工人“自由地发挥自己的体力和智力”，因为这种劳动仅仅是由外在环境所强加的。工作成为达成某种目标的手段，而不是目的本身，这一点可以从如下事实中看出：“只要肉体的强制或其他

---

① *EW*, p. 123；马克思用了两个术语来讨论这一背景下的异化（alienation），即 *Entfremdung*（estrangement，疏离）和 *Entäusserung*（externalisation，外化），在马克思的分析中，这两种用法可以交互使用。

② *EW*, p. 122.

③ *EW*, pp. 123 – 124.

强制一停止，人们会像逃避瘟疫那样逃避劳动。”①

3. 既然所有经济关系同时也就是社会关系，那么劳动的异化也就必然带来直接的社会后果。这又使马克思回到其出发点：在资本主义社会，人际关系有被化约为市场机制的趋势。这直接印证了货币在人类关系中所具有的意义，货币促进了社会关系的理性化，因为它提供了一种抽象的准则，使那些即使性质完全不相同的东西也可以进行比较，或相互化约。“谁能买到勇气，谁就是勇敢的，即使他是胆小鬼……所以，从货币持有者的观点看来，货币能把任何特性和任何对象同其他任何即使与它相矛盾的特性或对象相交换……”②

4. 人类生活在一个与自然界积极交互的关系当中，技术和文化既是这种交互关系的结果和表现，也是人类区别于动物的主要特征。当然，有些动物也会生产，但那不过是一种机械的适应性行为。异化劳动把人类的生产活动降格为一种适应性行为，而不是一种积极主动地征服自然的行为。这使个体与其“类存在”（*Gattungswesen*）相分离，与作为有别于其他动物的人类生命相分离。③在这一点上，马克思的论述与费尔巴哈密切呼应，但含义却大不相同。许多后来对马克思1844年《手稿》中有关异化问题的分析，通过将马克思的立场与费尔巴哈的立场混为一谈，而使对马克思的分析较其实际内涵带有更浓的“乌托邦”色彩。④马克思是从这一层面使用费尔巴哈式词语的：相对于动物的“片面”生产而言，人的“生产是全面的”，动物受限于其生物构造中本能因素所形成的生产环境。不过，马克思的分析要比这一术语所表现的更为具体

① *EW*, p. 125; *We*, *Ergd*, vol. 1, p. 514.

② *EW*, p. 193.

③ 费尔巴哈：《基督教的本质》，pp. 1–12。马克思也灵活地使用了 *Gattungsleben* 这个术语，字面意义为“类生活”（species-life）。

④ 两个不同的例子，参阅 H. Popitz: *Der entfremdete Mensch* (Frankfurt, 1967)；以及 Tucker。

和明确。

按照马克思的观点，人类与动物的区分在于人的技能、能力和品位都通过社会而得到形塑。“孤立的个人”仅仅是功利主义理论的一种虚构：任何活着的个体都降生在这个运转中的社会，并且为其所塑造。每个人都是前代累积文化的承受者，并且在他与生活于其中的自然和社会交互作用时，进一步改造了那个同样为其他人所体验的世界。“人的个人生活和类生活并不是各不相同的，”马克思认为，“……人是特殊的个体……同样，人也是总体，是观念的总体，是被思考和被感知的社会的自为的主体存在。”① 所以，正是作为社会成员的身份，以及支撑这个社会、使社会成为可能的一套技术与文化装置，使人获得了“人性”，使人与动物相区别。一些动物也有类似于人的感官，不过对视觉中或听觉中、艺术中或音乐中美的感受是人类所特有的，也是社会的产物。对人类来说，食色行为不仅是为了满足生理的冲动，在社会发展过程中，在与自然交互的过程中，它们已转化成为使人类获得多方面满足的行为。②“五官感觉的形成是以往全部世界历史的产物”，但“不仅五官感觉，而且连所谓精神感觉、实践感觉（意志、爱等），一句话，人的感觉、感觉的人性，都是由于它的对象的存在，由于人化的自然界，才产生出来的”③。

在资本主义社会，人以各种特定方式与赋予他们“人性”的社会形成疏离。首先，异化的劳动使“类生活和个人生活异化”，其次，“把抽象形式的个人生活变成同样是抽象形式和异化形式的类生活的目的”。④ 在资本主义社会，无论在理论上还是在实际上，与作为社会成员的身份

---

① *EW*, p. 158; *We*, *Ergd*, vol. 1, p. 539.

② 参阅本书下文第 30—31 页。

③ *EW*, p. 161; *We*, *Ergd*, vol. 1, p. 541. 关于这一点的进一步讨论与涂尔干相联系，参阅本书下文第 302—308 页。

④ *EW*, p. 127.

相比，个体的生命和需求似乎是一种独立的“既存物”。政治经济学就明显表现出这种理论倾向(而且以某种稍微不同的方式，在马克思以前所批判过的黑格尔市民社会理论中也可以发现这点)，它将社会理论的基础建立在孤立个体自利的追求上。这样，国民经济学就将“私有财产纳入了人的根本本质”①。这不但使“个体”与“社会”相分离，而且还使后者从属于前者。社会生产资源只是用来维持——生活在贫困中的大多数人——机体生存的最低需求。雇佣劳动者群体的生存状况就是，他们的生产活动完全出于其最基本生理需要的驱使：

> 人又退回到洞穴中居住，然而是在一种异化的、敌对的形式下退回到那里去的。野人在自己的洞穴——这个自由地给他们提供享受和庇护的自然要素——中并不感到陌生，反而感到如同鱼在水中那样自在。但是，穷人的地下室住所却是敌对的、“具有异己力量的住所，只有当他把自己的血汗献给它时才让他居住”。②

因此，马克思对资本主义的分析表达的是人异化于“类存在”这一含义，而且相当程度上，这种异化是不对称的，也就是说，异化效应透过阶级结构而表现出来，为无产阶级所集中体验。马克思《手稿》的基调是：把黑格尔和费尔巴哈普遍本体论意义上的“异化”范畴移植到特定的社会历史语境中去。然而，马克思不认为异化仅仅只限于雇佣劳动者身上，从私有财产和金钱支配了其自身的实存这一规律而言，资本家自身也受役于资本。工业家们只能是“实干的、清醒的、朴素的(节俭的)”：

① *EW*, p. 148.
② *EW*, p. 177.

他的享受仅仅是次要的事情，是一种服从于生产的休息；同时，他的享受是精打细算的，从而本身就是一种经济的享受，因为资本家把自己的享受也算入资本的费用。因此，他为自己的享受所挥霍的钱只限于这笔花费能通过会带来利润的资本再生产而重新得到补偿。可见，享受服从于资本，享受的个人服从于资本化的个人，而以前［封建社会］的情况恰恰相反。①②

《手稿》只是一些最初的笔记而不是一本完整的著作。大量事实表明，1844 年，当马克思在讨论异化问题的时候，他仍在摸索建立其独特的观点。尽管其中有关异化的主题并不难辨认，但他在陈述的过程中却显得含蓄而简略。当他分析经济学家们的著作时，他使用的是国民经济学的语言；而当他直接谈论异化问题时，他使用的又是费尔巴哈的语汇。毫无疑问，在这一时期，马克思还没有成功地把这些来自两个不同源头的概念整合起来，而在《手稿》中，这两者处于一种彼此不安稳的状态。然而，《手稿》还是提供了一个对资本主义进行批判性分析的框架，这些片断式的笔记已真正包含了马克思所有重要思想的萌芽，这些思想在他后期著作中得到进一步深入和细致的发展。

通常认为，当 1844 年《手稿》中说到人“被降到动物的水平”和人在资本主义生产条件下异化于其“类存在”时，马克思是从抽象意义上来思考“人”这一概念的，即人被异化于作为一个类的生物特质。因此，人们认为，在马克思思想发展的早期阶段，他相信人本质上是一种创造性的动物，但其自然属性为资本主义限制性所否定。其实，情况正

① *EW*, p. 179；在其他一些地方，马克思回应摩西·赫斯(Moses Hess)时写道：“私有制使我们变得如此愚蠢而片面，以致一个对象，只有当它为我们拥有的时候，也就是说，当它对我们说来作为资本而存在，或者它被我们直接占有，被我们吃、喝、穿、住等的时候，总之，在它被我们使用的时候，才是我们的……”(p. 159)

② 方括号中的内容为作者所加，马克思原文并无此语。——译者

好相反，马克思认为，资本主义巨大的生产力使人类的未来发展成为可能，而在此前的生产形式中，这是不可能达到的。而资本主义生产背后的社会关系组织又在实际上使历史上产生出来的这些可能性无从实现。异化的劳动这一概念所表明的并不是“自然人”（没有被异化）与“社会人”（被异化的）之间的张力，而是表明一种特定的社会形式——即资本主义——所蕴含的潜力与这种潜力实现之不可能性之间的张力。把人与动物分开的并不仅仅是由于人与其他物种之间存在生物性的差异，而是人类社会长期进步所创造出来的文化成就。尽管人的生物性特征是取得这些文化成就的必要条件，但充分条件仍是社会本身的进步。把人与其“类存在”分离的异化就是人与社会里产生的性质和特征之间形成的社会性分离。①

早期共产主义观

《手稿》中还包括马克思对共产主义的首次广泛讨论，这一讨论与马克思早先对黑格尔国家哲学批判中“真正的民主”的分析之间有着明显的连续性。但是，在《手稿》的论述中，无疑可以看见法国社会主义的痕迹。马克思还抛弃了“民主”一词而替之以“共产主义”。②他宣称，只有在消灭私有财产的基础上才能消除异化。由于生产过程中的异化是所有其他形式异化的基础，如宗教、国家等，所以，仅有“真正的

① 有一些说法，例如迈尔认为马克思“把人类假定为高贵而又聪明的，只是他们的优点和智商在文明化的过程中给毁了”（Alfred G. Meyer：*Marxism*，*the Unity of Theory and Practice*，Ann Arbor，1963，p. 57）是相当不合适的。正如梅萨罗什所说：“在（马克思的）概念中没有对大自然或感伤或浪漫的怀念。他的计划……不是要回归‘自然’，回到自然的、原始的简单需求中去……” István Mészáros：*Marx's Theory of Alienation*（London，1970）.

② 马克思提到了德国社会主义的影响，但是他论证说“德国人在这门科学方面内容丰富而有独创性的著作”只有赫斯、魏特林（Weitling）和恩格斯的著作。*EW*，p. 64.

民主”的建立是不够的，而必须在根除当代私有财产和雇佣劳动之间关系的基础上彻底重构社会。

马克思将其共产主义观念与“原始共产主义”（crude communism）观念相区分。[①]原始共产主义观念主要表现为：对私有财产的憎恶，主张所有人都应化约到一个大体相似的层次，每个人都拥有相等的财产。马克思认为，这不是真正的共产主义，因为这与国民经济学理论中所出现的问题一样，都以扭曲了的劳动对象化为理论基石。这种原始共产主义被推到原始禁欲主义的道路上去，在这里，是整个社群成为资本家而不是个体成为资本家。在原始共产主义中，财产规则依然起着支配作用，只不过是消极作用罢了：

> 普遍的和作为权力而形成的忌妒，是贪欲所采取的并且仅仅是用另一种方式来满足自己的隐蔽形式。……对整个文化和文明的世界的抽象否定，向贫穷的、需求不高的人——他不仅没有超越私有财产的水平，甚至从来没有达到私有财产的水平——的非自然的简单状态的倒退，恰恰证明对私有财产的这种扬弃绝不是真正的占有。[②]

马克思继续写道，原始共产主义没有指明积极超越私有财产的可能性。私有财产的废除当然是向新社会形式转换的必要条件，但未来社会主义社会的组织原则必须把重点放在“私有财产即人的自我异化的积极的扬弃，因而是通过人并且为了人而对人的本质的真正占有”；这将涉及“它是人向自身、向社会的（即人的）存在的复归，这种复归是完全

---

① 还不完全清楚马克思在此指的是谁，有可能是指巴贝夫（Babeuf）和卡贝（Cabet）的追随者，恩格斯在“欧洲大陆上社会改革运动的进展”中论述了这些群体。*We*, vol. 1, pp. 480 – 496.

② *EW*, p. 154; *We*, *Ergd*, vol. 1, pp. 534 – 535.

的、自觉的而且保存了以往发展的全部财富的”。[1]如《手稿》所表明的那样，复归人类实存的社会性质是马克思共产主义信念中不可或缺的部分。未来的共产主义社会将不会建立在经济学家所假定的个人利己主义基础之上，而是建立在个人与社会共同体之间相互依存关系的清醒认识基础之上。马克思强调指出，人的社会属性深深渗入其存在的根源中，而且绝不简单地表现在人与他人的直接交往中。然而，共产主义不会否定任何人的个性，相反，马克思所表达的全部重要意义在于，共产主义社会将允许个体的特殊天赋和能力得到充分发展，而这在此前的生产体系中是不可能实现的。对马克思而言，这里不存在任何矛盾。只有在社会共同体中，通过使用集体生产的劳动成果，人才能实现其个性化的存在。

这一精彩而又令人激动的信念与他一再强调的青年黑格尔派“批判哲学”的局限性言论是连贯的。仅仅从理论上废除私有财产，仅仅以共产主义“思想”来代替私有财产是不够的，共产主义真正的实现“将经历一个极其艰难而漫长的过程”[2]。

① *EW*, p. 155; *We*, *Ergd*, vol. 1, p. 536.
② *EW*, p. 176; *We*, *Ergd*, vol. 1, p. 553.

第二章　历史唯物主义

马克思与恩格斯合作的第一项成果是那本具有强烈辩论性质的《神圣家族》（*The Holy Family*），该书始著于1844年的下半年，出版于1845年的岁末。书的主体部分由马克思完成，它标示着马克思与青年黑格尔派其他人物的最后决裂。紧接着，写于1845—1846年间的《德意志意识形态》也最终完稿，它同样是一部批判性的论著，但在该书中，马克思第一次对历史唯物主义的原则进行了一般性的概述。从此以后，马克思的一般性观点几乎很少出现什么改变，他将毕生心血用在对这本书所提出观点的理论探讨和实践应用上。

在马克思或恩格斯的有生之年，《德意志意识形态》从来没有出版过完整的版本。1859年，当马克思回顾写作该书的日子时，他写道，他和恩格斯从来就没有因为该书不能出版而失望过：他们"情愿让原稿留给老鼠的牙齿去批判了"，既然其"自己弄清问题"的主要目标已经达到了。①不过，马克思明确提到了他对于黑格尔的"批判"，并把1844年作为其学术生涯中最具意义的一道分水岭。在马克思为《政治经济学批判》一书所写的导言中，他指出，正是对黑格尔国家哲学的批判，使他得出了如下结论："法的关系正像国家的形式一样，既不能从它们本身来理解，也不能从所谓人类精神的一般发展来理解，相反，它们根源于物质的生活关系……"②

恩格斯后来在评论《德意志意识形态》时说道，那本书中对历史唯物主义观念所做的阐述，“只是表明当时我们在经济史方面的知识还多么不够”[③]。然而，尽管马克思当时的经济史知识的确很欠缺——其中生产体系发展“阶段”的架构后来做了相当大的修正——但该书所论及的历史唯物主义与马克思后来在其他场合所做的描述极其一致。所有对马克思著作做精确划分的做法都是主观的，尽管《德意志意识形态》有时被当作马克思的“早期”著作之一，但把它看作马克思成熟时期的第一本重要著作要更为适当。

马克思写于1843—1844年之间的著作对其成熟的历史唯物主义观念有何重要性，这一问题自这些著作于1929—1932年出版以来就引起了持续的争论。这种争论带有明显的政治性质，而且很难假定所涉问题能得到使争论各方都满意的解决。但实际上，在对黑格尔的“批判”、1844年的《手稿》和马克思的成熟思想之间还是存在着明显的连贯线索。马克思在其早期著作中所提出的最重要主题，在他以后的著作中也得到了体现。它们分别如下：

1. 人类渐进性“自我创造”（self-creation）的概念，这一概念很大程度上得益于黑格尔。就像马克思在1844年《手稿》中所说的那样：“整个所谓世界历史不外是人通过人的劳动而诞生的过程……”[④]

2. 异化的观念。在1844年以后的著作中，马克思很大程度上放弃了“异化”这一术语，主要原因当然是他希望自己的立场与抽象哲学决定性地区别开来。因此，在1848年的《共产党宣言》中，马克思戏谑性

① *SW*, vol. 1, p. 364；对于后来恩格斯对其早期著作（追溯至《德意志意识形态》）的评价，参阅 A. Voden：“Talks with Engels”，载 *Reminiscences of Marx and Engels* (Moscow, n. d.), pp. 330ff。

② *SW*, vol. 1, p. 362；*We*, vol. 13, p. 8.

③ *SW*, vol. 2, p. 359.

④ *EW*, p. 166；关于马克思的“劳动”概念，参阅 Helmut Klages：*Technischer Humanismus* (Stuttgart, 1964), pp. 11－128。

地把为“人的本质的外化”而著书立说的德国哲学家称作“哲学的胡说”。①这些观念实质上在《手稿》中就已出现，而在《德意志意识形态》中则完整地提了出来，它们的主要含义是异化必须被当作一种历史的现象来加以研究，只有从特定社会形态的发展的角度才能得到理解。马克思研究了历史发展的各个阶段，追溯了社会分工的发展和私有产品的出现，随着欧洲封建制的瓦解，农民丧失对生产工具的控制，异化的过程也达到了其顶点。后一过程，即大批一无所有的雇佣劳动者的形成过程，在《资本论》中被描述为资本主义产生的必要前提。②

3. 国家理论的核心以及国家在未来社会形态中的消亡，可以见之于马克思对黑格尔国家哲学的“批判”中。在写《批判》一书时，尽管马克思对他所希望和将取代资本主义的社会秩序只有初步的构想，但通过消除“政治”这一分离领域来达到废除国家的目的这一主旨，一直内在于他后来对这一问题的看法中。

4. 从历史唯物主义基本原理的角度分析社会发展。尽管在马克思的早期著作中，他经常用黑格尔和费尔巴哈的语汇进行写作，但非常明显，马克思在认识论上与两位思想家产生了决定性的决裂，尤其是黑格尔。马克思并不是要用一种新哲学来取代旧的观点，相反，他抛弃了哲学而转向一种社会的和历史的途径。因此，在1844年的《手稿》中，马克思强调指出，资本主义扎根于一种特殊形式的社会中，这一社会的主要结构性特征就是无产阶级与资产阶级之间的根本对立关系。

---

① *CM*, p. 168; *We*, vol. 4, p. 486.

② 有关马克思在其晚期著作中取消了“异化”概念，从而与其早期著作形成明显断裂的观点，参阅 Louis Feuer:“What is alienation? The career of a concept”, *New Politics*, 1962, pp. 116－134; 以及 Daniel Bell:“The debate on alienation”, 载 Leopold Labedz: *Revisionism* (London, 1963), pp. 195－211。作为比较，参阅 Louis Althusser: *For Marx* (London, 1969), pp. 51－86 以及全书各处，这是从相反政治角度所做的论述。

5. 对革命性实践(*Praxis*)提出了一套总括性的观点。马克思对施特劳斯和鲍威尔(他们用抽象的"人的'自我意识'代替了'抽象的自然界'的实体")[①]的评论预示了他将在《神圣家族》和《德意志意识形态》中详细论述的观点:除了与革命运动的早期阶段相关外,批判哲学与任何其他事物都不相关(irrelevant)。只有把理论与实践相结合,只有把对理论的理解与实际上的政治活动结合在一起,才有可能推动社会的变化,这意味着对可能存在于历史中的转变的研究与可以实现这些转变的实际行动方案结合在了一起。

在1844年《手稿》与《德意志意识形态》之间发生转变的关键的一点,可以见之于1845年3月马克思就费尔巴哈所写的一系列批判性短论中,这些短论以《关于费尔巴哈的提纲》为名而闻于世。[②]马克思对费尔巴哈提出了数点批判。首先,费尔巴哈的方法是非历史的。费尔巴哈设想了一个先于社会而存在的抽象的"人":他不仅把人化约为宗教的人,而且没有看到"'宗教感情'本身是社会的产物,而他所分析的抽象的个人,是属于一定的社会形式的"[③]。其次,费尔巴哈的唯物主义停留在哲学学说的层面上,把观念仅仅看作物质真实的"反映"。然而,在实际上,意识与人类实践之间存在着持续的交互作用。与先前的许多唯物主义哲学家一样,费尔巴哈只把"物质真实"看作人类活动的决定因素,而没有分析"主体"对"客观"世界的改造,即客观世界为人的活动所改造。马克思则通过另一种方式突出了这一极端重要的观点。他说道:费尔巴哈的唯物主义学说无法解释这样一种事实,即革命活动乃是人类有意识地、意志坚定地行动的结果,相反,它是从物质真实对观

① *EW*, p. 195.

②《关于费尔巴哈的提纲》1888年由恩格斯首次出版,他评论说,这些提纲蕴含了"新世界观的天才萌芽"(*SW*, vol. 2, p. 359)。本书引自 *WYM* 一书中的译文,pp. 400-402。

③ *WYM*, p. 402.

念的“单面”影响的角度来描述世界的。然而，马克思指出：“环境是由人来改变的，而教育者本人一定是受教育的……”①

在马克思的眼里，费尔巴哈极具重要性的贡献就是表明了“哲学［如黑格尔哲学］不过是变成思想的并且经过思考加以阐述的宗教，不过是人的本质的异化的另一种形式和存在方式”②。但在这样做的时候，费尔巴哈所采取的是一种“冥想式的”或消极的唯物论，忽视了黑格尔所强调的“作为推动原则和创造原则的否定性的辩证法”③。正是这种存在于主(社会中的人)客(物质世界)之间的辩证法，人类逐渐将物质世界置于其目的之下，并随着目的的转化而生成新的需要，而这成了马克思思想的焦点之所在。

唯物主义的主旨

因此，《德意志意识形态》及以后著作所建立起来的历史唯物主义的一般观点，不仅与费尔巴哈的唯物主义大异其趣，而且与早期的哲学唯物主义传统也迥然不同。正如马克思所言，“唯物主义”并不是逻辑辩论上的本体论假设。④他无疑接受了一个“现实主义的”(realist)立场，根据这一立场，观念是人脑对可知物质世界进行感知的产物，它并不建立在独立于经验的人类心智的固有范畴之上。但这并不是说，必须用一个决定论的哲学唯物主义来解释社会发展。人类意识受主体和客体

---

① *WYM*, p. 401.

② *EW*, p. 197，方括号中的内容为笔者所加。

③ *EW*, p. 202；有关这一点的更充分论述，参阅下文 pp. 403 – 406。

④ 当然，这并不是说，马克思的立场就没有包含一定的本体论假设。参阅 H. B. Acton：*The Illusion of the Epoch*(London, 1955)。对于认为马克思是“一个传统意义上的唯物主义者”观点的有力反驳，参阅 Alfred Schmidt：*Der Begriff der Natur in der Lehre von Marx*(Frankfurt, 1962)；另参阅 Z. A. Jordan：*The Evolution of Dialectical Materialism*(London, 1967)。

之间的辩证性交互作用所限制，在这一交互过程中，人类积极形塑了他生长于其中的世界，同时，后者也形塑了前者。这可以由马克思在《关于费尔巴哈的提纲》一书中所提出的观察结论进行阐述：即便是我们对物质世界的理解也受到社会的限制。费尔巴哈没有看到，感性世界并不是永远都固定不变的和永恒的，而是被整合进这样一个现象世界之中，它：

> 是历史的产物，是世世代代活动的结果，其中每一代立足于前一代所奠定的基础上，继续发展前一代的工业和交往，并随着需要的改变而改变他们的社会制度。甚至连最简单的“感性确定性”的对象也只是由于社会发展、由于工业和商业交往才提供给他的。①

对于马克思来说，历史乃是人类需要不断创造、满足和再创造的过程。这是人区别于动物的所在，后者的需要是固定不变的。这就是为什么说劳动——一个人类与其自然环境之间的创造性相互转变的过程——是人类社会的基础。个体与其物质环境之间的关系以他所生长于其中的社会的特殊性质为媒介。因此，在研究人类社会发展的过程中，我们必须以对作为人类存在之必要条件的具体社会生活的经验考察入手。正如马克思在一篇值得详细引述的文章中所表述的那样：

> 这种观察方法不是没有前提的。它从现实的前提出发，它一刻也不离开这种前提。它的前提是人，但不是处在某种虚幻的离群索居和固定不变状态的人，而是处在现实的、可以通过经验观察到的、在一定条件下进行的发展过程中的人。只要描绘出这个能动的生活过

① *GI*, p. 57; *We*, vol. 3, p. 43.

> 程，历史就不再像那些本身还是抽象的经验主义者所认为的那样，是一些僵死的事实的汇集，也不再像唯心主义者所认为的那样，是想象的主体的想象活动。
>
> 在思辨终止的地方，在现实生活面前，正是描述人们实践活动和实际发展过程的真正的实证科学开始的地方。关于意识的空话将终止，它们一定会被真正的知识所代替。对现实的描述会使独立的哲学失去生存环境，能够取而代之的充其量不过是从对人类历史发展的观察中抽象出来的最一般的结果的概括。这些抽象本身离开了现实的历史就没有任何价值。它们只能对整理历史资料提供某些方便，指出历史资料的各个层次的顺序。但是这些抽象与哲学不同，它们绝不提供可以适用于各个历史时代的药方或公式。相反，只是在人们着手考察和整理资料——不管是有关过去时代的还是有关当代的资料的时候，在实际阐述资料的时候，困难才开始出现。①

在这一响亮的措辞中，马克思宣称，必须建立一门经验性的社会科学，这门科学建立在对人与自然之间创造性的、动态性的研究基础之上，也就是建立在对人形成自身的创造性过程的研究基础之上。

马克思有关社会发展主要“阶段”的观念，以及他著作中的其他几个基本领域，必须从零散的材料中加以重建。除了《德意志意识形态》给出的架构之外，马克思在其他地方并没有对他所区分的主要社会类型做完整的表述。然而，马克思用以解释社会发展的普遍性原则还是清楚的，他所区分的每一种社会类型都有其特有的内在动力或发展“逻辑”，但它们都只有通过事后的经验性分析才能被发现。这一点又为两方面的因素所加强：一是广义的理论性原理；二是更加明确地追溯从一种社会

① *GI*, pp. 38 – 39; *We*, vol. 3, p. 27.

类型到另一种社会类型的发展过程。马克思断言："历史不外是各个世代的依次交替。每一代都利用以前各代遗留下来的材料、资金和生产力；由于这个缘故，每一代一方面在完全改变了的环境下继续从事所继承的活动，另一方面又通过完全改变了的活动来变更旧的环境。"① 至于"后期历史是前期历史的目的"这样的观点，那完全是一种将"目的"塞给历史的目的论扭曲。②

当论及资本主义阶段是每一个现代社会建立共产主义的必要先决条件时，马克思也表达了相同的观点，他反对单一的直线论立场。他引用罗马作为早期历史的阐述性案例。某些后来在西欧资本主义形成过程中扮演了基本角色的条件，在罗马时期就已经存在，但这不但没有导致资本主义生产方式的出现，反而从内部瓦解了罗马经济。这表明："极为相似的事变发生在不同的历史环境中就引起了完全不同的结果。"马克思继续说道，如果我们分别研究这些情况，那么，这并不难理解。"但是，使用一般历史哲学理论这一把万能钥匙，那是永远达不到这种目的的，这种历史哲学理论的最大长处就在于它是超历史的。"③

马克思的社会类型学建立在追溯社会分工的逐渐分化基础上。就像他在 1844 年《手稿》中所说的那样，社会分工的扩展同时也是异化和私有财产不断扩展的过程。从财产共有的原始和未分化的体制中生长出阶级社会，当然依赖于分工的专业化，正是分工——将人等同于个别职

① *GI*, p. 60；另参阅 *The Holy Family*, or *Critique of Critical Critique* (Moscow, 1956), p. 125。

② *GI*, p. 60；马克思在论及蒲鲁东(Proudhon)对黑格尔辩证法的使用时也做了同样的批判。蒲鲁东只是用经济的范畴来代替黑格尔的观念的更替，因此而免于对历史发展做详细的研究。"蒲鲁东先生把种种经济关系看作同等数量的社会阶段，这些阶段互相产生，像反题来自正题一样一个来自一个，并在自己的逻辑顺序中实现着无人身的人类理性。" *The Poverty of Philosophy* (London, n. d.), p. 93.

③ 写给 *Otyecestvenniye Zapisky* 编辑的信件，译文见 T. B. Bottomore 与 Maximilien Rubel：Karl Marx：*Selected Writings in Sociology and Social Philosophy* (London, 1963), p. 38。

业的专门化(如雇佣劳动者)——否定了人作为“普遍”生产者的能力范围。因此,“分工发展的各个不同阶段,同时也就是所有制的各种不同形式。这就是说,分工的每一个阶段还决定个人与个人之间涉及劳动材料、劳动工具和劳动产品的相互关系。”①

前阶级体制

每一种类型的人类社会都预设了某些基本的社会分工。但在最简单的部落社会中,只存在某种最低程度的分工,主要是性别之间的分工:妇女,由于很大程度上以抚养孩子为业,故所履行的生产性角色较男人次要。人类最初是完全共产性的动物,个体化是随着社会分工的日益复杂化和专业化而出现的历史产物。与日益复杂的社会分工相携出场的,是能够生产出除满足基本需要以外的剩余产品的能力。这反过来又使交换成为必需,交换本身则又造成人类个体化的发展。在资本主义制度下,随着分工的高度专业化,以及货币经济和商品生产的发展,个体化过程也达到了其顶点。因此,只有依靠历史的过程,人类才会变得个体化:“人最初表现为类存在物,部落体,群居动物……交换本身就是造成这种个体化的一种主要手段。”② 财产最初也是公有的,私有财产并不是源自一种自然的状态,而是后来社会发展的结果。马克思断言道,设想人类社会最初存在的是这样一种状态,那里存在着分离的个人,每个人都拥有一小份私有财产,然后在某个日子里聚集在一起,通过某种契约性协议而建立起一种共同体,这样的说法完全是一种无稽之谈。“孤立的个人是完全不可能有土地财产的,就像他不可能会说话一样。诚

① *GI*, p. 33.

② *Pre-Capitalist Economic Formations* (London, 1964), p. 96; *Gru*, pp. 395-396.

然，他能够像动物一样，把土地作为实体来维持自己的生存。”① 个人与其所劳作的土地之间的关系，马克思强调指出，是通过共同体这个媒介而建立起来的。“生产者作为家庭、部落、特里布斯②等——它们后来和别的家庭、部落、特里布斯等相混合、相对立，而在历史上采取各种不同的形态——的一个成员而存在。”③

部落社会的一种最简单的社会形式代表着四处迁徙的生活，或者以狩猎和采集为生，或者以放牧为生。部落并不在某个固定的地方定居下来，而是在穷尽了一个地方的资源之后再搬迁到下一个地方。人类定居下来并不是出于他们的天性，只有当他们发展到一定的阶段，也就是从游牧群体变成稳定的农业共同体之后，他们才能够定居下来。一旦这种转变发生之后，就会有许多因素影响共同体如何向前发展，这既包括环境的物理条件，也包括部落的内在结构或者说“部落的特性”。随着人口增加，以及由于人口增加而使部落之间被迫接触，并形成各种冲突，再就是一个部落对另一个部落的征服等相关过程的发展，社会分工也得到了进一步的发展。④这就有可能形成一种以部族为基础(ethnically-based)的奴隶制度，体现为一个分化了层级体系，其中包括“父权制的部落首领，他们管辖的部落成员，最后是奴隶”⑤。社会与社会之间的接触既刺激了贸易的发展，也激起了战争。既然“不同的共同体在各自的自然环境中，找到不同的生产资料和不同的生活资料”⑥，产品交换也就得到了进一步的发展，这就刺激了职业领域的进一步分工，并开始了商

① *Economic Formations*, p. 81.

② 此处英文为“a grouping of his people”。中文译为“特里布斯”，是古罗马的行政单位。——译者

③ *Ibid.* p. 87；*Gru*, p. 389.

④ 参阅 *Cap*, vol. 1, pp. 87 – 89，与涂尔干类似的地方可加以注意。

⑤ *Pre-Capitalist Economic Formations*, pp. 122 – 123.

⑥ *Cap*, vol. 1, p. 351.

品生产的最初起源，也就是说，生产是为了市场交换中的销售目的。最初的商品包括奴隶、牲口以及金属等，它们是一种物物交换。但随着交换的扩大，随着商品种类的日渐增多，某些形式的货币也就开始出现了。交换关系从而促进了较大单位之间的相互依赖，使较大规模的社会得以出现。

在马克思的早期著作中，由于只使用来自欧洲的历史资料，因此只描绘了一条从部落社会向古代社会(希腊和罗马)发展的单一线索。后来，从部落制的发展中，马克思区分出了不止一条线索，其中特别包括了东方社会(印度和中国)。同时，马克思还区分出一种特殊类型的部落社会，即日耳曼部落，这一部落与解体中的罗马帝国一起，共同构成了西欧封建主义发展的纽带。

对于“亚细亚生产方式”(东方社会)的本质，马克思的看法曾经历了某些变化。从1853年开始《纽约论坛报》所刊发的马克思撰写的文章中可以看出，马克思相当强调气候和地理因素，这些因素导致农业领域的中央灌溉系统变得极端重要，从而促成了强大中央政府的出现，或者说“东方专制主义”(oriental despotism)的出现。[①]然而，马克思后来认为，这种现象更加根植于这种社会类型的内在特性之中，属于地方共同体本身的特性。东方社会高度抵制变化，这种停滞的倾向并不完全是中央政府机关严厉的专制控制的结果，同时还是(主要是)由农村公社内在的自给自足性质所决定的。小小的农村公社“完全能够自给自足，而且在自身中包含着再生产和扩大生产的一切条件”[②]。这种现象的历史起源尽管不甚了了，但无论它最早是如何形成的，它的结果是导致“生产的范围仅限于自给自足，农业和手工业结合在一起”，使进一步的分化

① *The American Journalism of Marx and Engels* (New York, 1966); *Articles on India* (Bombay, 1951); *Marx on China 1853–1860* (London, 1968).

② *Pre-Capitalist Economic Formations*, p. 70.

缺乏应有的动力。

在东方社会，人口增长的结果往往是“在未开垦的土地上按照旧公社的样子建立一个新的公社”。[①]导致这种情况出现的根本原因是土地私有制的缺乏。凡是土地私有制得到发展的地方，就像在欧洲的部分地方（尤其是罗马）那样，人口的增长会导致对所有权不断增大的压力，使之呈不断扩大的趋势。然而，在东方社会，“不存在个人所有，只有个人占有”，这种类型的社会并不必然是专制性质的，小型农村公社可以以一种环节型（segmentalised）松散群集的方式而存在。然而，在宗教的感召之下，在“想象中的部落神灵存在”的引导之下，公社会将其部分剩余产品贡献给专制君主。但是，统治者与其臣民结合成为一个整体，并不是因为广泛的经济相互依赖而凝结成整合的社会，它基本上仍然是一个由各个环节单元所组成的社会，单元之间主要由对专制君主个人形成的宗教性依附关系而结合在一起。

地方农村公社自给自足的性质，恰恰限制了城市的发展，不论在印度还是在中国，城市从来没有扮演过支配性的角色。[②]相反，在希腊和罗马所代表的社会类型中，城市具有十分重要的地位。马克思相当强调城市化的发展，把它看作社会分工中分化最清楚的指标。“城乡之间的对立是随着野蛮向文明的过渡、部落制度向国家的过渡、地域局限性向民族的过渡而开始的，它贯穿着文明的全部历史直至现在……”[③] 城市与乡村的分工为资本的成长提供了历史条件，它首先从城市中发展起来，并逐渐与土地所有制分离开来。在城市中，我们发现了“仅仅以劳动和交换为基础的所有制的开始”[④]。

---

① *Cap*, vol. 1, p. 358；在西方殖民主义的冲击下，亚洲生产方式的结构最终遭到破坏。

② 韦伯后来在谈到中国和印度时提出了这一点。

③ *GI*, p. 65；*We*, vol. 3, p. 50.

④ *GI*, p. 66.

以城市文明为基础的古代社会，是第一种明确的阶级社会形式。尽管亚洲社会也表现出某种程度的国家组织的发展，但马克思并没有把它们看作一种成熟了的阶级社会，因为在那些社会的地方层次，财产仍然具有完全公有的特征。①阶级得以存在的条件是，私人占有的财富剩余到足以让一群从内部选拔的人与其他生产者大众清楚地区分开来。即使在古代社会——尤其是希腊——“共有和公有的财产”仍然超过了私有财产。

古代世界

古代社会是“几个部落通过契约或征服联合为一个城市而产生的”②。与东方社会不同，城市是一个完整的经济体。组成城邦(city-state)的原始部落通常是侵略和好战的。城市最先是围绕着军事而组织起来的，在整个罗马和希腊的历史上，它表现出一种扩张的性质。马克思对古代社会的研究集中在对罗马的分析上。尽管罗马是一个城市社会，但它并非完全不受土地财产的影响，那些私人占有土地的人同时也是城市公民。马克思把这种情况描述为一种“简单形式，即农民成为城市居民”③。整个罗马历史时期，统治阶级都是建立在土地财产的所有权基础之上的。正是由于这种情况，人口的增长给土地扩张带来了压力，形成

① 魏特夫认为，马克思“没有能够从自己的理论立场出发而得出那无可避免的结论，即在亚细亚生产方式的条件下，负责农业管理的官僚体系构成了统治阶级”。Karl A. Wittfogel: *Oriental Despotism* (New Haven, 1957), p. 6. 既然马克思把俄罗斯看作“半亚细亚式”的社会，那么，“亚细亚生产方式”的阶级性质便具有相当程度的政治意涵。魏特夫对俄罗斯学者有关亚洲社会的讨论做了(缺乏同情的)评论(前引书第九章)。参阅 George Lichtheim:“Marx and the ‘Asiatic mode of production’”, *St Anthony's Papers*, No. 14, 1963, pp. 86-112。

② *GI*, p. 33.

③ *Pre-Capitalist Economic Formations*, pp. 79-80.

罗马社会变迁的主要根源，成为其结构中的主要“矛盾”：“这……本质上就属于社会的经济条件以内……能破坏社会所依据的实际联系。”①人口的增长，以及由此带来的军事冒险，促进了奴隶制的发展，也使土地财产日益集中。战争征服和殖民化，导致社会分化的界线日益清晰，也造成了奴隶阶层的日益膨胀。②奴隶承担了全部的生产性劳动，而土地贵族则越来越成为一个分离的统治阶级，掌控了对公共资金和战争的组织。“整个制度都是建立在人口的一定限度上的，超过这个限度，古代文明就有毁灭的危险。”这就引起了马克思所说的“强迫移民”的压力，“采取周期性地建立殖民地形式的强迫移民是社会制度的一个固定的环节”③。

由于缺乏从现存的资源中提高生产力的动机，导致土地稀缺的压力变得非常强大。在那个时候，不存在这么一种观念，它可以“推动”人们对谋取利润最大化产生兴趣：

> 财富不表现为生产的目的，尽管卡托(Cato)能够很好地研究哪一种土地耕地法最有利，布鲁土斯(Brutus)甚至能够按最好的利率放债。人们研究的问题总是，哪一种所有制方式会造就最好的国家公民。财富表现为目的本身，这只是少数商业民族中才有的情形……④

---

① *Pre-Capitalist Economic Formations*, p. 83.

② *Ibid.* pp. 92 – 93.

③ *American Journalism of Marx and Engels*, p. 77.

④ *Pre-Capitalist Economic Formations*, p. 84. 马克思注意到，古代世界所盛行的观点尽管以一种异化的形式存在，表现为“狭隘的民族的、宗教的、政治的”世界观，但依然把人放在中心位置，但在资本主义社会，人的目的却从属于生产和财富的积累。马克思继续说道：“事实上，如果抛掉狭隘的资产阶级形式，那么，财富不就是在普遍交换中产生的个人的需要、才能、享用、生产力等的普遍性吗？”因此，“稚气的古代世界”在某一方面尽管优于现代世界，那也只是从一个相对狭隘的人类潜能的范围来说的。*Ibid.* pp. 84 – 85.

财富并不因其自身的缘故而受到重视，而是由于它所能带来的“私人享受”，商业和制造业因而受到统治阶级的怀疑，甚至蔑视。更有甚者，劳动总体上也受到轻视，被认为配不上自由人。

在共和国的晚期，罗马城邦已经完全建立在“残酷剥削被征服的各行省”① 的基础之上，这是在皇帝的领导之下公开规范化地进行的一件事情。罗马社会内部的阶级冲突围绕着贵族与平民之间的斗争而展开。前者主要通过高利贷的方式对后者进行无耻的剥削，高利贷在罗马已经达到了一个相当高的发展程度，尽管它从未成为资本积累一般过程的一部分。在谈到高利贷所扮演的角色时，马克思在《资本论》的第三卷中指出，尽管高利贷在与其他条件的作用下，在资本主义的发展中扮演了重要的角色，但如果没有这些条件的帮助，它只会起到破坏经济的效果。这正是罗马所发生的情况；由于服兵役的缘故，平民不断面临破产的威胁，贵族便以非常高的利率贷款给他们，由此形成的结果是，高利贷不但没有使平民的真正需要获得满足，反而产生了一种破坏小农阶级的效应。“一旦罗马贵族的高利贷把罗马的平民、小农彻底毁灭，这种剥削形式也就到了末日，纯粹的奴隶经济就取代了小农经济。”②

奴隶制作为一种制度经历了罗马历史的多个发展阶段。它肇始于父权家长制的体系，其中，奴隶是小生产者的帮手，平民本身不断趋于衰落而使自身也不断进入到奴隶的阶层，这种情况导致了大庄园(*latifundiae*)的兴起，其中以市场为目的的农业生产以大规模的方式进行。但是，由于商业和工业的发展都没有能够超越一定的发展水平，再加上大部分人因被剥削而陷于贫困的境地，这意味着，大庄园本身也不再是一种合乎经济的生产方式了。贸易进一步衰退，城镇也因之而进一步衰败。仅存的商业也被国家官员所强加的重税所破坏，虽然他们试图

① 语出恩格斯，*SW*，vol. 2，p. 299。

② *Cap*，vol. 3，p. 582.

以此来维持日趋瓦解的城邦。奴隶制本身开始被废除，大种植园也被打破了，并被出租给生活在小农庄里的世袭佃户。小规模的种植再一次处于主导地位。

因此，罗马，这个在其顶峰时期曾积聚了大量财富的帝国，终于没落了，尽管其生产力曾达到了相当高的发展水平，但社会的内部构成阻止了它超越一定的发展限度。大量农民被剥夺了生产工具——在讨论资本主义的起源时，马克思重点强调了这一过程——但这并没有导致资本主义的发展，反而促成了一种以奴隶制为基础的体制的建立，这种体制最终从内部瓦解了。

封建主义与资本主义发展的起源

因此，野蛮人对罗马的猛烈攻击只是促使古代世界陷入崩溃境地的一个条件，真正的原因来源于罗马内部的发展。马克思显然并不把古代社会看作封建主义发展的必要阶段，[①] 但无论如何，在西欧，罗马帝国的瓦解的确构成了封建社会形成的基础。马克思从来没有详细描述过封建主义的早期阶段，但他或许会接受恩格斯在《家庭、私有制和国家的起源》一书中所提出的主要观点，恩格斯认为，由于面临着如何管理他们所获得的土地的任务，野蛮人被迫改进其政府体制，同时采纳罗马遗产中的某些要素。新的社会秩序以处于支配地位的军事长官作为其核心，并最终实现了从军事领导制向君主制的转换。[②]由此，围绕着一群作为个人扈从的军事家臣而形成了新的贵族，同时还加上一些从罗马化

---

① *Pre-Capitalist Economic Formations*, p. 70.

② 马克思的确曾在一个地方简要地提到，罗马以后的欧洲体制是一种综合体制，在这种综合体制中，两种制度彼此修正。*A Contribution to the Critique of Political Economy* (Chicago, 1904), p. 288.

了的官员和学者中选拔出来的受过教育的精英分子。西欧持续几个世纪的战火纷飞和内部动荡导致了构成蛮族军队核心的自耕农永远的贫困，同时还不断使他们沦为当地土地贵族的农奴。到公元9世纪的时候，农奴制已处于主导形式了。然而，马克思还在一个地方指出，在整个西欧封建时期，蛮族(日耳曼式的)古老的社会组织的基础仍然保留着，具体表现在地方层次上存在的财产公有制中。这种基础“在整个中世纪时期，成了人民自由和人民生活的惟一中心”①。

对于封建社会特性的描绘，马克思并没有多大的兴趣，他主要将精力集中在从封建主义向资本主义的转化过程上，虽然在这一环节上，他的论述也还存在巨大的间隙和模糊之处。现在所能收集到的有关马克思对欧洲封建社会成熟时期的看法，也完全符合他那个时代经济史研究中的标准观念。由契约制的(bonded)农奴所操持的小规模农业耕作构成了封建经济的基础，同时还得到了城镇家庭工业和手工业生产的补充。但是，封建制度本质上是农村性质的：“古代的起点是城市及其狭小的领地，而中世纪的起点则是乡村。”② 在农奴制中，尽管工人必须将其一小部分产出上交给地主，但生产者与其产品之间的异化程度还处于一个较低水平。农奴是他自己的所有者，基本上是为自己及其家庭的需要而生产。“封建领主并不力求从自己的地产取得最大可能的收益。相反地，他消费那里的东西，而心安理得地让农奴和租地农场主去操心新财源的开辟。”③ 对于马克思来说，资本主义早期阶段的历史，很大程度上也就是小生产者与其产品控制之间逐渐增强的异化的历史，换句话说，也就是他被剥夺生产工具以及相应地完全依赖于在市场上出卖其劳

① *Pre-Capitalist Economic Formations*, pp. 144 – 145.（引自《马克思给维·伊·查苏利奇的复信［三稿］》。）

② *GI*, p. 35.

③ *EW*, p. 115.

动力的历史。

封建主义的解体和资本主义的早期发展，与城镇的兴起紧密地结合在一起。马克思强调了12世纪城镇争取自治运动的重要性，认为它具有一种“革命的性质”，作为结果，它使城市共同体最终得以保持较高程度的行政自主性。①就像在古代一样，中心城市的发展与商业资本、高利贷资本以及这些资本赖以运作的货币制度是相携出场的，它们破坏了农业生产体制赖以建立的基础。②尽管在罗马帝国时期，的确有一些城市中心保存了下来，但城市中心发展成为富裕的商业和制造业中心仅仅是12世纪以后才开始的事情，并且主要是由解放的农奴所推动的。商业的发展使货币的使用以及相应的商品交换得到了更广泛的扩张，使它们扩张到以前曾是自给自足的农村经济领域。这种情况促进了城市借贷业的发展，使土地贵族的财富日趋没落，并允许较富裕的农民以货币的形式完成对贵族的义务，或使自己从后者的控制中完全解放出来。在英国，到14世纪结束时，农奴制实际上已经完全消失了。不论他们的封建身份是什么，在那个国家，广大的劳动人口从那个时期开始已成为自由的农业经营者了。当然，在欧洲的不同地方，农奴制的命运也相异迥然，某些地方的农奴制实际上还经历了“复兴”的时期。③

尽管早在14世纪的意大利和15世纪的英国，我们就可以发现“资

---

① 马克思引用梯叶里（Thierry）的话，认为*capitalia*这个概念与自治的城市公社是同时出现的。参阅马克思与恩格斯于1854年7月间的通信。*Selected Correspondence*（London，1934），p.72.

② 多布认为，使封建制走向衰败的首要原因是“封建制作为一种生产体制的无效率，再加上统治阶级在税收上不断增长的要求……”Maurice Dobb：*Studies in the Development of Capitalism*（London，1963），p.42. 对于多布著作的讨论，可参阅Paul M. Sweezy：*The Transition from Feudalism to Capitalism*（London，1954）。

③ 恩格斯曾注意到这种现象，谈到了15世纪时期东欧某些地方“第二次农奴制”的兴起。参阅1882年12月他给马克思的信件，*Selected Correspondence*，pp.407–408。

本主义生产的最初萌芽"[①]，但这些现象还局限在非常有限的范围内。城镇被强大的行会组织所控制，它严格限制了师傅所能雇用的熟练工人和学徒的人数，而且行会还使自身置于商人资本"这种与它对立的、惟一自由的资本形式"[②] 之外。而且，由于大部分劳动人口都是由独立的自耕农所组成的，资本主义也就不存在其发展的可能性。就像马克思反复强调的那样，"原始积累"[③] 过程——亦即资本主义生产方式的初步形成阶段——涉及对农民生产工具的剥夺，以及一系列"用血和火的文字在人类历史上所记载"的事件。

这个过程在不同的时期以不同的方式发生在不同的国家，马克思所关注的仅仅是英国的例子，在那里，原始积累表现出"典型的形式"。在英国，自主的农民转变成雇佣劳动者真正开始于15世纪的晚期。[④]到那个时候，几次巨大的封建战争已经耗尽了贵族所有的资源。第一批"自由无产阶级"是由那些已经穷困潦倒的贵族所解散出来的扈从，而国王不断增长的权力则加速了贵族衰颓的趋势。地主贵族不断被卷入交换经济当中。这种情况的结果是圈地运动的出现，同时佛兰芒羊毛工业的飞速发展导致了英国羊毛价格的飞涨，给圈地运动的进一步发展提供了动力。在"与国王和议会的顽强对抗"下，封建贵族将大量的农民从土地上赶走，强迫他们离开土地。适宜于耕种的土地被转变成了牧场，只需要一些牧人照管即可。在16世纪，整个剥夺过程从宗教改革运动

---

① 马克思指出，在意大利，那个资本主义生产最初萌芽的地方，"农奴制关系也瓦解得最早"。*Cap*, vol. 1, p. 716.

② *Cap*, vol. 1, p. 358.

③ 这一术语通常写成"primitive accumulation"，这里，我按照Sweezy (p. 17) 等其他人的观点，将"ursprünglich"译为"primary"，以免造成进一步的混乱。[但在译为中文时，本书参照国内惯例，将"primary accumulation"译为"原始积累"。——译者]

④ *Cap*, vol. 1, pp. 718ff.

(the Reformation)那里获得了“新的惊人的推动”：教会所占有的广袤的土地被转移到了王室的宠臣手中，或被便宜地卖给了投机者，他们把世袭的佃户从土地上赶走，把土地合并成更大的单元。被剥夺了土地的农民“转化为乞丐、盗贼、流浪者，其中一部分是由于习性，但大多数是为环境所迫①”。针对这一现象，又颁布了惩治流浪者的血腥立法，通过这种手段，流浪的人口被迫屈从于“雇佣劳动制度所必需的纪律”②。

到 16 世纪早期，英国已经有了新生的无产阶级——这是一个由被剥夺了财产的农民所组成的阶层，是一个“流动”和变化着的群体，他们与生产工具相分离，并被抛入到劳动市场中成为“自由的”雇佣劳动者。马克思曾讽刺性地指出，国民经济学家纯粹用一种正面的眼光来看待这种现象，说这是把人从封建依附和限制中解放出来，完全忽视了这种自由代表了“‘对神圣的所有权’进行最无耻的凌辱，对人身施加最粗暴的暴力”③。

然而，马克思还表明，这些事件本身并不能被看作资本主义兴起的充分条件。在 15—16 世纪之交，没落中的封建残余在进一步解体与向更先进的资本主义生产方式发展之间徘徊。一个刺激资本主义发展的重要因素就是海外贸易获得了快速而又巨大的扩展，这是 15 世纪下半叶惊人的地理大发现所带来的结果，包括美洲的发现以及绕过好望角的航行，“使商业、航海业和工业空前高涨，因而使正在崩溃的封建社会内部的革命因素迅速发展”④。由于迅速扩展的贸易导致了资金的急速汇集，由于美洲金银矿的发现导致了贵金属潮水般的涌入，英国的经济和社会结构发生了彻底的改变。在商业港口，或在不被旧自治城镇和行会组织所

① *Cap*, vol. 1, pp. 718, 721 & 734; *We*, vol. 23, pp. 746, 748 & 762.

② *Cap*, vol. 1, p. 737.

③ *Cap*, vol. 1, p. 727.

④ *CM*, p. 133; *GI*, p. 73.

控制的内陆中心，新的制造工业开始建立起来。尽管“享有公会特权的城市对这些新的工业培养所进行了激烈的斗争”①，但后者仍然获得了迅速的发展。因此，现代资本主义远离了旧的制造业中心，而“以大宗海陆贸易为基础”② 开始了它的进程。有组织的制造业并不是产生于由行会所控制的手工业中，而是产生于马克思所说的作为“农村副业”的纺纱和织布行业，这些行业几乎不需要什么技术训练。尽管农村并非资本主义发展形式最纯粹和最合理的地方，但它的最初动力却来源于那里。③在这一阶段以前，资本主义并不是一种革命性的力量。尽管此前开始于11世纪的重商主义也成了瓦解封建制结构的主要因素，但城市的发展本质上仍然依赖于旧体制，一旦获得了某种程度的权力，它便开始扮演一种根本保守的角色。

从16世纪初开始，那些手握资本的新兴资产阶级的优势逐步得到了发展。金银的涌入导致价格的猛涨，这为贸易和制造业提供了巨大的利润，但却成为大地主破产的根源，也导致雇佣劳动者数量的猛增。投射到政治领域，这些事件所带来的后果就是第一次英国革命，这是国家权力迅速扩张的一个环节。正在发展中的中央集权化的行政管理机制，以及巩固的政治权力，被用来“大力促进从封建生产方式向资本主义生产方式的转化过程，缩短过渡时间”④。

即使在今天，对于资本家的最初起源，我们仍然知之甚少，而马克思在这一问题上也很少提供什么具体的历史材料。但是，他的确指出了两种互成对比的演进到资本主义生产的历史方式。方式之一是商人阶级中的一部分人从纯粹的贸易经营转移到直接生产领域。这种情况发生在

---

① *Cap*, vol. 1, p. 751.

② *Pre-Capitalist Economic Formations*, p. 116.

③ *Pre-Capitalist Economic Formations*, p. 116. 马克思补充说：所以，“古代人从来不曾超出道地的城市手工艺的范围，因此从未能达到大工业”（p. 117）。

④ *Cap*, vol. 1, p. 751.

意大利资本主义发展的早期，而在 15 世纪晚期和 16 世纪早期的英国，这种方式成为资本家的主要来源。然而，这种形式的资本主义形成方式很快成为“真正的资本主义生产方式的障碍，它随着资本主义生产方式的发展而消灭”①。按照马克思的观点，第二种通往资本主义发展的康庄大道是一种“真正革命化的道路”。在这种方式中，个别生产者自己积累资本，并从生产逐步扩展到包括贸易在内的其他活动领域。因此，他们从一开始就外在于行会，并与之相对抗。至于第二种发展方式是如何从制造业中兴起的，尽管马克思只提供了某些暗示，但他的确对这一过程在英国农业中的发生形式做了某些说明。到 17 世纪中叶，农业资本家已掌握了大部分土地，他们使用雇佣劳动者，生产市场上的商品。由于他们以强力的方式霸占了封建时期保留下来的公共土地，他们的财产也得到了大幅度的扩张。但是，霸占公共土地的过程是漫长的，直至 18 世纪的下半叶才真正完成。这个过程的完成与独立自耕农的最终消失是同时发生的。“使土地与资本合并，为城市工业造成了不受法律保护的无产阶级的必要供给。”②

马克思将资本主义时期的生产组织形式划分为两大主要阶段。在第一阶段，工场手工业处于支配地位。这一阶段的典型特征是，把手工技术分成由不同工人担任的各种特定的工作。也就是说，在行会制度下由一个技术工人所做的事情，现在通过集体的方式来完成。工场手工业比手工生产具有更高的效率，这并不是由于技术提高的原因，而是由于分工的缘故，使每个工人每小时里所能生产的单位产品更多。这种主要盛行于 17 世纪至 18 世纪末的英国的生产方式也存在着一定的局限。18 世纪末期，由于市场得到了极度的扩张，工场手工业再也满足不了市场对它的生产的需求。结果，便产生了必须创造出技术上更加有效的生产工

① *Cap*, vol. 3, p. 329.

② *Cap*, vol. 1, p. 733; *We*, vol. 23, p. 761.

具的强大压力。“机器的发展是市场需求的必然结果。”[①] 这种结果就是“工业革命”[②]。机械化从而主宰了资本主义的生产方式。技术上不断改进的动力成为资本主义的标志，机器变得越来越复杂、越来越昂贵，这成为资本主义经济集中化的一个主要因素，马克思在《资本论》中预期资本主义的崩溃时，一再强调的正是这一点。

---

① 《马克思致帕·瓦·安年科夫》，引自 *Poverty of Philosophy*, p. 156。

② 在马克思之前，恩格斯就使用了这一术语。参阅后者所著的 *Condition of the Working Class in England in 1844*(Oxford, 1968), pp. 9–26。至于“工业革命”术语的起源，则存在着某些争论。参阅 Dobb, p. 258。

第三章　生产关系与阶级结构

按照马克思的说法，社会发展是人与自然之间不断生产性互动而形成的结果。“一当人们开始生产自己的生活资料……的时候人本身就开始把自己和动物区别开来……”[①]“生命的生产与再生产”，不但是人类有机体生物性需求的迫切需要，而且更为重要地，也是新需求、新能力的创造性资源。所以，不论是从历史还是从分析的意义来说，生产活动都是社会的根本。生产是“第一个历史活动”，“生产物质生活……是人们从几千年前直到今天单是为了维持生活就必须每日每时从事的历史活动，是一切历史的基本条件”[②]。每一个人在其日复一日的行动中，无时不在创造和再生产着社会：这既是维系社会组织稳定的源泉，也是对其无尽修正的来源。

每一种生产体系都存在着一套特定的社会生产关系，它是生产过程中存在于个体之间的一种关系。一般来说，这是马克思对国民经济学和功利主义所做的最重要的批判之一。资产阶级的个人哲学建构了一种“孤立的个人”观念，用以掩饰生产所表现出来的社会性质。马克思把亚当·斯密称为“国民经济学的路德”，因为他和后面的其他经济学家一起，正确地把劳动看作人的自我创造的源泉。[③]但是，这些经济学家所不清楚的是，通过生产而进行的人的自我创造，必然伴随着相应的社会发展过程。人类从来不是单纯以个人的形式从事生产的，而是作为特定社会形式当中的一员进行生产的。因此，任何类型的社会都必须有一套特定的生产关系[4]作为其基础。

> 人们在生产中不仅仅影响自然界，而且也互相影响。他们只有以一定方式共同活动和互相交换其活动，才能进行生产。为了进行生产，人们相互之间便发生一定的联系和关系；只有在这些社会联系和社会关系的范围内，才会有他们对自然界的影响，才会有生产。[5]

每一种社会都存在着“一定数量的生产力总和，人和自然以及人与人之间在历史上形成的关系，都遇到有前一代传给后一代……”[6] 马克思并不试图建构任何种类的一般理论以解释生产力（*Produktionskräfte*）的扩张。这只能通过具体的社会和历史分析来进行解释。因此，在从封建主义向资本主义转变的过程中，生产力的改进也就只能通过一系列偶然的历史事件来进行解释。而且还存在这样的社会，生产力已经达到了非常高的发展水平，但社会组织中的其他因素却阻碍了它的进一步发展。马克思引用了秘鲁的例子，它在某些方面是一种发达的经济，但却由于货币制度的缺乏而徘徊不前。而货币制度没能发展起来，很大程度上又是这个国家所处的孤立的地理位置造成的，这种地理位置阻碍了贸易的扩大。[7]

---

① *GI*, p. 31.

② *GI*, p. 39.

③ *EW*, p. 147.

④ 马克思经常使用的这个术语（*Produktionsverhältnisse*）在英语中实际包含两层意思，它既可以指生产的“条件”，也可以指生产的“关系”。有关马克思著作中“生产关系”用法的论述，参阅 Louis Althusser *et al.*: *Lire le Capital*（Paris, 1967）, vol. 2, pp. 149 – 159。

⑤ *SW*, vol. 1, p. 89.

⑥ *GI*, p. 51.

⑦ *Gru*, p. 22.

阶级支配

按照马克思的说法，在生产关系出现不同的社会分工的情况下，阶级也就将出现，这一现象使剩余产品的积累成为可能，并为少数人的集团所霸占，这些少数人的集团与大部分生产者之间从而形成一种剥削关系。在讨论社会中不同阶级之间的关系时，马克思经常援用支配（*Herrschaft*）和阶级支配（*Klassenherrschaft*）两个概念。在英文版本的马克思著作中，它们经常被译为“统治”（rule）和“阶级统治”（class rule），但这些术语较德语原意更多了一层故意强加的权力的含义。因此用“支配”（domination）比用“统治”要更为恰当。①

马克思对阶级支配所做的各种分析，主要意在表明资产阶级社会的独特结构和动力，与这种焦点关注的重要性相比较，概念的准确性倒在其次了。因此，马克思经常以某种漫不经心的方式使用“阶级”（*Klasse*）这一字眼，直至其知识生涯的晚期，他才感到有必要以一种精确的方式来表达阶级的概念。②就像马克斯·韦伯思想中的“理性化”概念所占有的重要地位一样，阶级概念在马克思的著作中也具有根本的重要性，以至于在其最重要的著作中，他都把阶级的含义看作不证自明的东西。令人啼笑皆非的是，在马克思逝世后所留下的手稿中，最被攻

---

① 参阅 W. Wesolowski：“Marx's theory of class domination：an attempt at systematisation”，载 Nicholas Lobkowicz：*Marx and the Western World*（Notre Dame，1967），pp. 54－55。关于韦伯著作中的支配问题，参阅本书下文第210页。

② “至于讲到我，无论是发现现代社会中有阶级存在或发现各阶级间的斗争，都不是我的功劳。”载《马克思致约·魏德迈（1852年3月5日）》，*Selected Correspondence*，p. 57。另参阅 Stanislaw Ossowski：*Class and Class Structure in the Social Consciousness*，London，1963，pp. 69－88以及全书各处。

击的地方正是他着手系统分析阶级概念的地方。[1]在那里，他在其手稿中第一次明确提出了“阶级是怎样形成的”这样一个问题。但是，一直到手稿终了，马克思主要是从反面来说明的。阶级绝不能等同于收入的来源，也不能等同于社会分工中所处的功能性地位。如果依这些标准，将形成各种各样的阶级：只从诊断患者中获得其收入的医生，将与农民阶级分离开来，因为后者只从对土地的耕作中获得其收入，等等。而且，如果使用这些标准将误置生产过程中个人在群体中的位置：例如，两个同为建筑师的人，其中之一可能是受雇于大企业里的一无所有的雇员，而另一个则可能拥有他自己的小生意。

马克思强调，阶级并不是收入群体，这是《资本论》一般前提中的一个特殊方面。经济产品的分配并不是一个与生产相分离的领域，也不是一个独立于生产的领域，而是由生产方式所决定。在马克思看来，约翰·斯图亚特·穆勒和许多其他国民经济学家的观点完全是“荒谬”的，他们认为，生产是由特定的法律所管理的，而分配则是由(具有可塑性的)人类制度(institution)所控制的。[2]这些观点后面隐含了这样一种假设，即阶级只是收入分配不平等的产物，因此，可以通过采取措施来将收入差距减小到最低的办法，达到缓和或消除阶级冲突。然而，对于马克思来说，阶级是生产关系的一个面相。尽管他对阶级术语的应用变化多端，但其阶级概念的实质还是可以相对容易地从分散在他著作中的众多相关的零散片断里辨析出来。阶级是一种由个体之间关系所构成的群体，这种关系指的是生产方式中个体对于私有财产的所有权关系。通过这种方法，会产生出一种两分(dichotomous)阶级关系的模型：所有的阶级社会都是围绕着一条划分为两大对立阶级的基线而建立起来的，

---

① “阶级”这一章被置于《资本论》第三卷的末尾(由恩格斯所编)(*Cap*, vol. 3, pp. 862－863)，仅仅是一个残篇。

② *Gru*, p. 717.

一个阶级处于支配地位，另一个阶级则处于从属地位。[①]在马克思的用法里，阶级必须涉及斗争的关系，他不止一次地在语言上加以强调。因此，在论述19世纪法国农民的地位时，他说道：

> 小农人数众多，他们的生活条件相同，但是彼此间并没有发生多种多样的关系。他们的生产方式不是使他们互相交往，而是使他们互相隔离……数百万家庭的经济生活条件使他们的生活方式、利益和教育程度与其他阶级的生活方式、利益和教育程度各不相同并互相敌对，就这一点而言，他们是一个阶级。而各个小农彼此间只存在地域的联系，他们利益的同一性并不使他们彼此间形成共同关系，形成全国性的联系，形成政治组织，就这一点而言，他们又不是一个阶级。[②]

在另外一个地方，马克思对资产阶级也表达了类似的观点：只有当资本家被迫与另一个阶级进行斗争的情况下，他们才形成了一个阶级。否则，他们就只是在市场中为了追逐利润而彼此进行经济竞争的个体。[③]

阶级结构与市场关系

必须强调的是，在马克思的著作中，两分阶级观念是作为理论来建构的。只有资本主义社会——正如马克思对它的未来进行设计时所表明

---

① 参阅 Ralf Dahrendorf：*Class and Class Conflict in an Industrial Society*(Stanford, 1965), pp. 18－27。

② *SW*, vol. 1, p. 334.

③ *GI*, p. 69.

的那样——才非常接近于这一图景。历史上所有的阶级社会都表现为一种非常复杂的关系体系，从而与阶级结构的两分轴心之间存在着重叠之处。因此，在资产阶级社会，这些复杂的群体主要表现为三类：

1. 有一些阶级，尽管他们在现存的社会形式中扮演了非常重要的政治和经济角色，但由于他们产生于一套正要被取代或将要取得优势的生产关系中，他们实际上是边缘性的。①前者的例子是自由农民，尽管他们在法国和德国的力量仍然强大，但却越来越被拖入对农业资本家的依赖中，或被迫加入到城市无产阶级的行列中去。②

2. 有一些阶层，他们与社会中的某个阶级保持一种依赖关系，而且在政治上也越来越认同于这一阶级。在产业的管理工人中，被马克思称之为"专门人才"（officers）的高级管理人员就属于这一范畴。③

3. 最后是那些流氓无产阶级（*Lumpenproletariat*）中各种形形色色的群体，由于他们并没有完全被整合进分工的队伍中，因此站在阶级体系的边缘。他们是由"盗贼和各式各样罪犯……专靠社会餐桌上的残羹剩饭生活的分子、无固定职业的人、游民"④ 组成的。

在历史上，阶级构成的同质性程度各不相同：所有阶级都存在其"多种多样的层次"（subordinate gradations）⑤。在《法兰西阶级斗争》（*The Class Struggles in France*）一书中，马克思分析了1848—1850年间金融资本家与产业资本家之间的斗争。这是作为一个整体的资产阶级内部长期存在着进一步划分的经验性例证，就像其他类似的进一步划分一样，它们建立在特定种类的分殊化利益的基础之上。"只是因为利润能

① 参阅 Donald Hodges："The 'intermediate classes' in Marxian theory", *Social Research*, vol. 28, 1961, pp. 241－252。

② *SW*, vol. 1, p. 217.

③ 参阅 *Cap*, vol. 3, pp. 376ff。马克思也指"学者、律师、医生等"，把他们看作阶级的"意识形态代表和发言人"。*SW*, vol. 1, p. 140.

④ *SW*, vol. 1, p. 155.

⑤ *CM*, p. 132.

够分为两种收入部门。两种资本家只是事实本身的反映。”① 按照马克思的观点，随着社会形式的继替，阶级的等级构成和阶级斗争的本质也会发生相当程度的变化。前资本主义社会完全局限在其组织内部。将马克思用于描述法国农民的比喻一般化，可以说，所有的前资本主义社会都“是由一些同名数简单相加形成的，好像一袋马铃薯是由袋中的一个个马铃薯所集成的那样”②。在这种形式的社会里，经济关系并不表现为纯粹的市场关系，经济上的支配或从属融合进了个人与个人之间的关系当中。因此，封建地主的支配主要是通过个人依附关系和直接的税收关系来实现的。更有甚者，农奴在很大程度上保留了对生产工具的控制权，尽管他必须把其部分产品贡献给领主。只有随着资本主义的到来，赤裸裸的市场关系才成为人类生产活动的决定性因素，因为它依赖于大量劳工的使用，而这些劳工除了他们的劳动力之外，不再有别的什么东西可以用来交换以维持其生存。资产阶级社会“无情地斩断了把人们束缚于天然尊长的形形色色的封建羁绊，它使人和人之间除了赤裸裸的利害关系，除了冷酷无情的‘现金交易’，就再也没有任何别的联系了……总而言之，它用公开的、无耻的、直接的、露骨的剥削代替了由宗教幻想和政治幻想掩盖着的剥削”③。因此，在资产阶级社会，阶级关系变得简单化和普遍化了。资本主义一旦建立起来，就一步步地发展成为市场上两大直接对立的阶级：资产阶级和无产阶级。其他阶级——地主、小资产者和农民等——都是过渡性阶级，不断为两大阶级所吞没。

在马克思的观念里，阶级成为生产关系与社会其他层面或者说“上层建筑”（*Überbau*）之间的主要联系纽带。阶级关系是政治权力分配所围绕的轴心，是政治组织所依赖的枢纽。对于马克思来说，经济权力与

① *Gru*, p. 735.

② *SW*, vol. 1, p. 334.

③ *CM*, p. 135.

政治权力是紧密地联系在一起的，尽管两者并非完全不可分离。然而，这一原理同样必须置于历史的背景下进行考察。政治机构(agency)的形式与生产方式紧密相连，因此，市场关系在经济上也就具有非常重大的意义。私有财产最初出现在古代世界里，但被限制在经济生活的局部范畴内。在中世纪，财产权经过了数个发展阶段，从封建土地财产权到流动的社团性财产权，最后到投资于城市制造业中的资本的兴起。不论在古代社会还是在中世纪，财产权一直被局限在社团的范围之内，阶级支配关系从而也表现为这样的形式。这也就是说，政治权力的运作主要仍是以一种松散的方式在共同体(*communitas*)内进行的。然而，现代资本主义是“由大工业和普遍竞争所引起的……抛弃了共同体的一切外观”①。

现代国家是伴随着资产阶级与封建残余进行斗争的过程出现的，但同时也受到了资本主义经济需求的刺激。

> 现代国家是与这种现代私有制相适应的。现代国家由于税收而逐渐被私有者所操纵，由于国债而完全归他们掌握；现代国家的存在既然受到交易所内国家证券行市涨落的调节，所以它完全依赖于私有者即资产者提供给它的商业信贷。②

国家在资本主义社会中的特定形式，依据资产阶级所获得的优势状况而表现出不同。以法国为例，资产阶级与专制君主的结盟刺激了强固的官僚制(officialdom)的发展。与此形成对照的是，在英国，国家代表的是“非正式执政的，但实际上统治着资产阶级社会一切决定性领域的

① *CM*, p. 135.
② *GI*, p. 79.

资产阶级和正式执政的土地贵族之间的由来已久的、过时的、陈腐的妥协”①。导致这一英国政治秩序产生的特定进程使官僚因素在国家中的重要性降到了最低点。

意识形态与意识

社群的瓦解以及导致了这一瓦解的私有财产扩张，促成了民法(civil law)的起源。这种法律体系的编纂最早出现于罗马，但由于罗马社会中商业和制造业的内部解体而缺乏持久的影响。随着现代资本主义的出现，法律的制定也进入了一个新的阶段：在意大利以及其他一些地方的早期资本主义中心，罗马法被移植过来，成为民法的根源。在民法中，权威是建立在理性化的规范之上的，而不像传统社群那样，主要是建立在宗教戒律的基础之上。②现代法律体系和司法是资产阶级国家的主要意识形态支柱。但是，这实际上只不过是下列事实的现代表现，那就是在所有的阶级社会里，统治阶级发展出或接管了意识形态的形式，以此来使其支配合法化。“支配着物质生产资料的阶级，同时也支配着精神(*geistig*)生产的资料，因此，那些没有精神生产资料的人的思想，一般地是隶属于这个阶级的。”③

按照马克思的说法，意识根植于人的实践当中，这反过来又是社会性的。那就是“不是人们的意识决定人们的存在，相反，是人们的社会存在决定人们的意识”④。这种观察结论为马克思招来了许许多多的毁谤

① *We*, vol. 11, p. 95.

② 关于韦伯对于这一问题的讨论，参阅 *ES*, vol. 2；另参阅涂尔干：*DL*, pp. 142ff。

③ *GI*, p. 61；*We*, vol. 3, p. 46.

④ *SW*, vol. 1, p. 363. 参阅本书下文第280—301页及以后，与涂尔干和韦伯相联系，对此有进一步探讨。

和中伤。但这里真正发生效用的语汇是社会性存在，而且对于意识是由人在社会中的活动所控制的这一点也不存在多少反驳的余地。马克思指出，语言就是一个具体的例子。他说："语言和意识具有同样长久的历史；语言是一种实践的、既为别人存在因而也为我自身存在的、现实的意识。"[1]观念的表达，以及任何不仅仅是感觉的东西的存在，都受到语言的制约。但是，语言是一种社会性产物，仅仅因为个体是社会的一员，他才需要语言的范畴，它构成了意识的限定性因素。

对于阶级社会中特定意识形态所扮演的角色，马克思的观念是从这些更一般的考虑中获得的。在哲学和历史中，唯心主义的主要缺陷在于它试图从对社会中占支配地位的观念体系的内容出发推断社会的性质。这样就完全忽视了价值与权力之间不是一种片面的关系这一事实：支配阶级可以散布那些使其支配地位合法化的观念。因此，在资本主义社会，自由和平等的观念处于主导地位，但我们并不能从"表面价值"出发看待它们，认为它们直接反映了社会的现实情况；相反，资本主义社会合法的自由实际上是用来使契约性义务这一真实情况合法化，在这种契约性义务中，一无所有的雇佣工人与资本所有者相比处于非常不利的地位。重点在于，意识形态必须与它嵌入其中的社会关系结合起来进行研究，而且还必须考虑在特定的社会中，是何种因素决定了哪种观念能够处于社会的主导地位。尽管意识形态随着时间的流逝而表现出延续性，但不论是这种延续性，还是它所发生的变化，都不能纯粹根据它所包含的内容来解释。观念并不会因为其自身的缘故而演化，只有在当它们作为生活在社会中的人的意识中的要素时，它们才会发生演变，并且遵循着特定的实践路径："在日常生活中任何一个小店主都能精明地判别某人的假貌和真相，然而我们的历史编纂学却还没有达到这种平凡的认

---

① *GI*, p. 42.

识，不论每一时代关于自己说了些什么和想了些什么，它都一概相信。”①

在马克思对意识形态的处理中，存在着两个有必要加以厘清的相互关联的重点，两者我们都曾在前面提到过。其中之一是个人活动赖以发生的社会环境限制了他们对世界的看法。这正是语言形成了人们的“实践意识”（practical consciousness）的含义。第二个涉及观念的融合和创立的原理：马克思的归纳是，在阶级社会中，任何时代占支配地位的观念都是统治阶级的观念。正是从第二条原理出发，可以认为，观念的扩散严重依赖于经济权力在社会中的分配。也正是基于第二条原理的意义上，意识形态才成为“上层建筑”的一部分：任何时期所盛行的思潮都为统治阶级的利益提供了合法性的依据。因此，通过阶级体系这一媒介，生产关系构成了“有法律的和政治的上层建筑竖立其上并有一定的社会意识形式与之相适应的现实基础”②。马克思并没有假定，这两种模式之间存在着一种固定的关联，在这种关联中，意识是由社会实践所塑造的。个人或群体可能提出与其时代所盛行的观念不同的观念：但是这种观念是不会成为主导性的观念的，除非它们契合了支配阶级的利益，或者契合了那些向现存的权威机构发起挑战的阶级的利益。③因此，在18世纪晚期和19世纪早期，许多旨在鼓励制造机器的观念尽管已存在了很多年，但只有随着资本主义的扩张，使资本家需要使产量增加到手工加工所无法承担的地步时，它们才被迅速付诸实施和扩散开来。

透过社会活动与意识之间关系的辩证性观念这一背景，接受阶级支配所扮演的角色，可以使我们解决在任何特定的社会中，生产关系与意

① *GI*, p. 64; *We*, vol. 3, p. 49.

② *SW*, vol. 1, p. 363.

③ 参阅 *GI*, pp. 472 – 473。

识形态“上层建筑”之间存在的明显困境。①在与他人和自然的相互关系中，个人的生产活动涉及社会行为与意识之间持续性的、交互性的相互作用：观念以及观念的产生，受阶级支配结构接纳或传播与否的限制。因此，支配性意识形态总是包含了“一则是作为对自己统治的粉饰或意识，一则是作为这种统治的道德手段”②。“上层建筑”据以兴起的“真正社会基础”，总是由行动的、具有意志的个人之间的关系所构成，因此也就总是涉及观念的创造和应用。“上层建筑”的重点不在于它包含了——尽管生产关系并没有包含——某种观念，而在于它是由一个社会关系体系（尤其以政治、法律和宗教的形式出现）所组成的，它使阶级支配体系秩序化和正当化。

关于历史知识的相对性问题，马克思不费多大力气就把它解决了。毫无疑问，所有形式的人类意识，包括那些最复杂的意识形态在内，都根植于特定的社会条件之中。但这并不排斥根据理性的原则来对历史做回顾性的理解。正因为如此，所有阶级社会都具有共同的特征：那就是只有在由资本主义所带来的社会科学知识已经出现的条件下，人类才能对历史做理性的理解。马克思通过类比的方式阐明了这一点。对人这个更为高级的生物的解剖，可以给我们提供了解猩猩解剖学的钥匙：同样地，对资本主义社会的结构和发展过程的理解，也可以使我们能应用相同的范畴来解释古代世界的社会发展。应用政治经济学家们所提出的概念，我们便有可能以一种高度概括的方式来使用“劳动”“生产”等概念，对各种复杂程度不等的社会的特征进行描述。但是，这些概念只有在资本主义生产兴起以后才真正出现。“生产一般是一个抽象……是一

---

① 如参阅 John Plamenatz：*Man and Society*（London，1968），vol. 2，pp. 279－293。

② *GI*，p. 473；*We*，vol. 3，p. 405. 参阅 Karl Korsch：*Marxismus und Philosophie*（Leipzig，1930），pp. 55－67。

个合理的抽象……”①

尽管政治学家们所提出的理论包含了某些非常重要的真实成分，可以适用于所有的社会，但是，他们的著作表现出过分强烈的资产阶级支配结构的色彩，这意味着他们体会不到自身理论中的局限性和片面性特征。就像德国的历史学家和哲学家一样，他们也持有“时代的幻想”②，但这并不是说，他们的观念在认识论上完全是“虚幻的”（illusory）。处于支配地位的思维模式并不会完全流露出他们的意识形态特质，除非“阶级的统治完全不再是社会制度的形式，也就是说，只要那种把特殊利益说成是普遍利益，或者把‘普遍的东西’说成是统治的东西的必要性消失了”③。

每个支配阶级都宣称，使其支配地位合法化的意识形态具有普遍性。但是，在马克思看来，这并不是说一个新兴阶级登上支配地位所导致的社会变迁，在不同类型的社会都必然相同。尽管马克思勾勒出了一个总体性的架构，在这一架构中，每一次革命性变迁都呈现出共同的特征，但他同时也认为，历史上所出现的革命性转变的形式，在某些非常重要的方面是彼此大相径庭的。马克思用以分析革命性变迁的总体架构如下：在社会相对稳定的时期，生产方式与内在于生产方式中的社会关系之间保持着某种平衡，而上层建筑则透过阶级支配的媒介维持着这种平衡。当生产活动领域逐渐发生变化时——就像罗马时期所发生的情况那样，在主导的农业经济领域中发展出制造业和商业——这些新的生产力与现存的生产关系之间就会形成张力，后者越来越成为新生产力发展

① *Gru*, p. 7. 当然，这基本上只是黑格尔学派观点的变形。就像卢卡奇所说的那样，对于马克思来说，“为了能确切地理解过去的历史，就必须正确地理解现在”，*Der junge Hegel*, p. 130。

② *GI*, p. 52.

③ *GI*, p. 63; *We*, vol. 3, p. 48.

的障碍。这些“矛盾”将通过公开的阶级斗争的形式表现出来，最终演变成为政治领域的革命斗争，而在意识形态领域，则表现为“原则”之间的明显冲突。这些斗争的结果是，或者“斗争的各阶级同归于尽”，就如罗马的情况那样，或者“整个社会受到革命改造”，就像资本主义取代封建主义那样。①为了获得权力而从事革命斗争的阶级，都在绝对人权的名义下从事斗争，把自己的观念看作“惟一合乎理性的、有普遍意义的思想”②。在推翻现存支配阶级的革命性斗争中，尽管只有一个从属阶级能够挺立出来，但在权力争夺的过程中，它也可能唤起其他阶级的援助：例如，1789年的法国资产阶级革命就曾获得了农民的帮助。革命阶级一旦夺得了政权，以前的革命性特征就将转变成为对现存秩序的维护，即成为自身霸权的辩护者：

> 社会上占统治地位的那部分人的利益，总是要把现状作为法律加以神圣化，并且要把现状的由习惯和传统造成的各种限制，用法律固定下来。撇开其他一切情况不说，只要现状的基础即作为现状的基础的关系的不断再生产，随着时间的推移，取得了有规则的和有秩序的形式，这种情况就会自然产生；并且，这种规则和秩序本身，对任何取得社会固定性和不以单纯偶然性与任意性为转移的社会独立性的生产方式来说，都是一个必不可少的要素。③

因此，新阶级掌权并开启了一段相对稳定的时期，最终再重蹈相同的变迁模式。

如果马克思不是把整个历史过程看作一种革命性变迁的话，那么，

---

① *CM*, p. 132.

② *GI*, p. 62.

③ *Cap*, vol. 3, pp. 773－774; *We*, vol. 25, p. 801.

这个一般性设想还是完全实证主义的。马克思指出："每一个新阶级赖以实现自己统治的基础，总比它以前的统治阶级所依赖的基础要宽广一些；可是后来，非统治阶级和正在进行统治的阶级之间的对立也发展得更尖锐和更深刻。"① 与封建时期存在的阶级关系相比，资产阶级统治的兴起带来了阶级关系性质的深远变化。与此前的历史阶段相比，资产阶级社会更广泛地实现了人类的生产技能。但这种情况只有在存在无数一无所有的雇佣劳动者阶级的条件下才有可能：资产阶级社会使阶级关系普遍化了，整个社会围绕着资产阶级与无产阶级这一简单的阶级划分而组织起来。正是基于这一事实，才形成资产阶级社会与此前其他阶级社会形式之间的根本差异。以前的革命阶级，一旦它们获得了统治之后，总是"使整个社会服从于它们发财致富的条件，企图以此来巩固它们已经获得的生活地位"，而无产阶级却"只有废除自己的现存的占有方式，从而废除全部现存的占有方式"，才能登上统治的舞台。②

按照马克思的说法，无产阶级的统治将使资产阶级所造成的历史变迁达到顶峰。资产阶级社会的发展，在人类生产力所创造出来的成就与广大群众无法控制他们所生产的财富而导致的异化之间，形成了一种极端的错位。另一方面，对资本主义的超越，将创造出使人能够在脱离了阶级支配的合理秩序下从其异化的自我中恢复过来的条件。关于这一过程的经济性前提，马克思在《资本论》里进行了详细的说明。

① *GI*, p. 63; *We*, vol. 3, p. 48.

② *CM*, p. 147.

第四章　资本主义发展理论

剩余价值理论

尽管《资本论》所涉及的大多是经济分析，但马克思在这一著作中的首要兴趣是资产阶级社会的动力学。也就是说，《资本论》的首要目标就是要考察奠定资产阶级社会生产基础的动力，揭示资产阶级社会的"经济运动法则"。①

资本主义，正如马克思在《资本论》首页中所强调的那样，是一个商品生产体系。在资本主义生产体系中，生产者并不完全是为了自己的需要而生产，也不是为了与他们有私人联系的那些人的需要而生产，资本主义涉及一个全国性的、甚至是国际性的交换市场。马克思说道，每一种商品都具有其"二重性"：其中的一面是"使用价值"，而另一面则是"交换价值"。使用价值"只是在物品的消费中实现"，它指的是，作为一种物理人造物的商品具有满足人们需要的特性。②一件物品不管是不是商品，它都有使用价值，然而，要成为一件商品，它就必须要有使用价值，反之则不成立。"交换价值"指的是一件产品在与其他产品交换时所具有的价值。③比照于使用价值，交换价值假定了"特定的经济关系"，它与交换赖以进行的市场密不可分，而且只有在与商品相关联时才有意义。

任何物品，不管它是不是商品，只有在发展了人类劳动力将它生产出来的时候，它才会有价值：这是马克思从亚当·斯密和李嘉图的劳动价值论中继承下来的核心命题。[④]按照劳动价值论的观点，无论是交换价值还是使用价值，都与商品生产过程中所使用的劳动量直接相关。马克思说道，显然，交换价值不可能直接来源于使用价值，这可以从玉米与钢铁两件商品的交换价值的例子中得到印证。一定数量玉米的价值等同于一定数量钢铁的价值，我们可以用两件产品互相表示彼此的价值，而且通过数量的方式表明我们采用了某种可以适用于两者的共同标准。这种共同的价值标准与玉米或钢铁的物理特性无关，这些特性是无法彼此衡量的。因此，交换价值必然建立在某种具有量化特征的劳动的基础上。不同种类的劳动之间显然存在着众多的差异：种植玉米的实际情形与锻造钢铁的情况大不相同。正因为交换价值是从商品的特殊性中抽象出来的，而且可以用一种抽象的量化比率来计算它们，我们在推导交换价值的时候，也只须考虑"抽象的一般劳动"，这种"抽象的一般劳动"可以通过工人生产商品时所耗费的劳动时间量得到衡量。

抽象劳动是交换价值的基础，而"有用劳动"（useful labour）则是使用价值的基础。商品的二重性不过是劳动二重性特征的表现形式罢了——劳动作为劳动力，是人类有机体的能量消耗，是所有生产活动的共有形式，而作为特定种类的劳动，人类有机体的能量被导入特殊的运

---

① 马克思生前只出版过《资本论》的第一卷，但他同时进行着三卷的写作。第二卷和第三卷分别于1885年和1894年由恩格斯出版。在第一卷的前言中，马克思还谈到了第四卷的计划，打算处理"理论的历史"（the history of theory）问题。第一卷的注解由考茨基以《剩余价值理论》（*Theorien über den Mehrwert*）为题出版于1905年和1910年，它的部分章节已被译为英文，书名为《剩余价值理论》（*Theories of Surplus Value*），ed. Bonner & Burns 编（London，1951）。另外，其他两本英文全译本也已出版（London，vol. 1，1964；vol. 2，1969）。

② *Contribution to the Critique of Political Economy*，p. 20.

③ 马克思在提到"价值"而未加任何限制时，指的是"交换价值"。

④ 有关劳动价值论的论述，参阅 Ronald L. Meek：*Studies in the Labour Theory of Value*（London，1956）。

作体系中，从而生产出具有特定用途的某种商品。

> 一切劳动，一方面是人类劳动力在生理学意义上的耗费；就相同的或抽象的人类劳动这个属性来说，它形成商品价值。一切劳动，另一方面是人类劳动力在特殊的有一定目的的形式上的耗费；就具体的有用的劳动这个属性来说，它生产使用价值。①

“抽象劳动”是一个历史范畴，因为它只适用于商品的生产。对于马克思来说，它的存在根植于资本主义的内在特征之中。与此前的所有生产方式相比，资本主义是一种具有更大流动性的体系，它要求劳动力也具有高度的流动性，能够适应于各种不同形式的工作。正如马克思所说的那样：“‘劳动一般’（labour in general）、直截了当的劳动（labour *sans phrase*）……这个现代［政治］经济学的起点，才成为实际上真实的东西。”②

如果抽象劳动是通过时间单位来得到衡量的，就像交换价值的计算方式那样，也存在着一个非常明显的问题：如果按照这种模式来推断的话，那么，一个懒散的工人生产一件产品用了较长的时间，相对于一个用了较短时间就生产出同样产品的勤勉工人而言，他的商品就会具有更高的价值。③然而，马克思强调指出，这种观念并不适用于任何单个的工人，而是适用于“社会必要”劳动时间。即在正常的生产条件下，在

---

① *Cap*, vol. 1, p. 47; *We*, vol. 23, p. 61.

② *Contribution to the Critique of Political Economy*, p. 299.

③ 熟练劳动也是困难的源泉。不过马克思认为，所有熟练劳动都可以化约为非熟练或“简单”劳动的时间单位。一项技术通常等同于一段时间训练的结果。要把熟练劳动换算成为简单劳动，就必须估算出投入训练过程的劳动量（受训者的和训练者的）。但是，在马克思看来，由于机械化的不断发展，资本主义最终将淘汰熟练劳动。参阅 Paul M. Sweezy: *The Theory of Capitalist Development* (New York, 1954), pp. 42－44。

既定时间和特定工业领域的“平均技术和平均强度”水平上，生产一件商品所必需的时间量。根据马克思的观点，社会必要劳动时间可以相当容易地通过经验研究得到确定。技术上的突然进步可以减少生产某件商品所必需的社会必要劳动时间的数量，因此也将相应导致价值的减少。①

以上的整个分析，以及下文中马克思所讨论的剩余价值，都出现在《资本论》的第一卷中。②必须强调的是，马克思在这里对价值和剩余价值的论述，用的是高度抽象层次上的深思熟虑的措辞。他主要意在“忽略隐藏在资本主义内部机制中的活动的所有现象”。对这一点领会不足，已经引起了许多误解，其中包括那些马克思最不可能同意的观点。在第一卷的大多数讨论中，马克思假设了供给与需求之间的一种平衡状态。他并没有忽视需求的重要性，但按照劳动价值论的原理，需求并不能决定价值，尽管它可以影响价格。③对马克思而言，需求对于劳动力在各个不同的经济部门之间的配置具有最重要的意义。如果对某种商品的需求变得特别高的话，那么，其他商品的制造商就会受到刺激而转移到这种商品的生产上来。在趋向价值的过程中，价格由于需求增加而上涨，然后下跌。④但是，需求并不像某些经济学家们所说的那样是一个独立的变量：“供求还以不同的阶级和阶层的存在为前提，这些阶级和阶层在自己中间分配社会的总收入，把它当作收入来消费，因此造成那种由收

① 有关技术变化所带来的冲击，马克思援引了英国纺织工业的例子。当时，动力织布机的引入使得将棉纱织成布匹的劳动时间减少了近百分之五十。当然，一个手工织布者所需的时间与以前还是一样，“但这时他一小时的个人劳动的产品只代表半小时的社会劳动，因此价值也降到了它以前的一半”。*Cap*, vol. 1, p. 39; *We*, vol. 23, p. 53.

② *Cap*, vol. 1, pp. 508ff.

③ *SW*, vol. 1, pp. 84ff.

④ *Cap*, vol. 3, pp. 181 – 195；另参阅 Meek, p. 178。

入形成的需求。”[①]

按照上面所分析过的交换价值，产品是依其价值来进行交换的：也就是说，以它们身上所包含的社会必要劳动时间的数量为基础进行交换。[②]马克思反对这样一种观点，即认为资本家是从不诚实和狡猾欺诈的交易中来获得利润的。尽管在真实的买卖交易中，个别资本家可能利用市场的波动来获得钱财，例如在对其产品的需求突然上升的情况下，但是，作为经济总体中的利润不能以这种方式进行解释。马克思认为，从总体上说，资本家是以劳动力和商品的真实价值来购买或出售它们的。正如他所说的那样，资本家“必须按商品的价值购买商品，按商品的价值出卖商品，但他在过程终了时取出的价值必须大于他投入的价值”[③]。

对于这个明显的矛盾，马克思是通过参考作为资本主义必要基础的历史条件——工人在开放的市场上“自由”地出卖其劳动力这一事实——来加以解决的。这意味着，劳动力本身就是一件商品，在劳动市场上被买卖。因此，它的价值也像任何其他商品一样，是由生产它的社会必要劳动时间来决定的。人类的劳动力涉及体能的消耗，它必须得到补充。为了恢复在劳动过程中所消耗的体能，工人就必须获得作为功能正常的有机体生存所必需的资源——食物、衣服以及他和他家人的住所。生产工人生活必需品的社会必要劳动时间就等于工人劳动力的价值。因此，后一种价值可以被简化为商品的具体数量：通过这些商品，工人得以维持生活，并得以再生产出来。“工人用来和资本交换的东西，是他的劳动本身……工人转让自己的劳动。[④]工人作为价格得到的

① *Cap*, vol. 3, p. 191.

② 这种论断只有在马克思《资本论》第一卷所运用的简化模式中才会是正确的，在真实的世界里，价值与价格之间往往存在着相当大的差距。

③ *Cap*, vol. 1, p. 166.

④ 指工人把自己的劳动力与工人自己分开了。此处“转让”英文译为“alienation”，即“异化”。——译者

东西是这种转让的价值。”[1]

在现代制造业和工业生产的条件下，工人在每个平均工作日里所能生产的产品数量，比维持其生存所必需的成本要多得多。也就是说，只要一部分工作日的生产就可以与工人自己的价值持平。凡工人生产所多出的或超过的，就是“剩余价值”。举例来说，如果一个工作日的长度是10小时，如果工人生产相当于自己价值的产品需要5小时的话，那么，其余5小时的工作就是剩余生产，可能为资本家所占有。马克思把“必要劳动”与“剩余劳动”之间的比率称作“剩余价值率”，或者“剥削率”。剩余价值率，就像马克思的所有概念一样，更具有社会性意义，而更少生物学意义。“生产劳动力”所必需的劳动时间不可能纯粹从物质的角度得到确定，而必须根据一个社会在文化上所期望的生活水平来决定。“气候和其他自然特点”的确存在其影响，但只有与“自由工人阶级是在什么条件下形成的，从而它有哪些习惯和生活要求”[2] 相结合时，它才会发挥其作用。

剩余价值是利润的源泉。可以说，利润是剩余价值可以看得见的“表面”现象，它是“剩余价值的一个转化形式，在这个形式中，剩余价值的起源和它存在的秘密被掩盖了，被抹杀了”[3]。在《资本论》第一卷的分析中，马克思打算做的就是揭开这层伪装，而不是去讨论利润与剩余价值之间的真实关系，因为在经验世界里，这是一种非常复杂的关系。资本家花在雇佣工人上的开支，仅仅是他投入到生产过程中的资本的一部分，其他部分的资本还包括生产所必需的机器、原料和工厂设备等。花在这些材料上的资本叫“不变资本”（constant capital），而花在工资上的资本则叫“可变资本”（variable capital）。在生产过程中，只

---

① *Gru*, pp. 270 – 271.

② *Cap*, vol. 1, p. 171.

③ *Cap*, vol. 3, p. 47.

有可变资本才会创造价值，不变资本“在生产过程中并不改变自己的价值量”①。剩余价值率表现为剩余价值(surplus value)与可变资本之间的比率(s/v)，与剩余价值率相比，利润率则只能通过可变资本与不变资本两者来计算。不变资本与可变资本之间的比率相当于资本的“有机构成”，既然利润率依赖于资本的有机构成，那么，它也就会低于剩余价值率。利润率可以用如下公式来表示：$p = s/c + v$ ②，不变资本和可变资本的开支比率越低，利润率就越高。③

在《资本论》第三卷中，马克思把第一卷中简化了的剩余价值理论与实际价格联系在了一起。显然，在现实世界里，不同工业部门之间资本的有机构成存在着广泛的差异。在有些生产部门，不变资本与可变资本之间的比率远高于其他部门。例如，钢铁工业每年投资在机械和工厂设备上的资本比服装行业要高得多。按照《资本论》第一卷中所提出的简化模型，这将导致剩余价值率之间的巨大差异，而且如果说利润与剩余价值又是直接相关的话，那么，这就将导致不同经济部门之间巨大的利润率差异。这样一来，除非是就较短时间而言，否则这种情形与资本主义的经济组织是无法相容的，因为资本总是会流向那些能够提供最高水平利润的部门中去。

因此，马克思撇开第一卷中所做的分析性假设，总结道：一般来说，商品并不是依其价值来销售的，而是依所谓的“生产价格”(prices of production)进行销售的。④经济中的利润总量是由经济中的剩余价值量

---

① *Cap*, vol. 1, p. 209.

② 原文如此，应为$p = \frac{s}{c + v}$。——译者

③ 马克思在这里假定，资本家不用付给地主地租。就像马克思所说的那样，地租被当作等于零。在《资本论》第三卷中，马克思对地租问题进行了分析。

④ 正是在价值与价格之间关系的问题上，马克思的经济理论招来了最多的批评。参阅 Paul Sweezy：*Böhm-Bawerk's Criticism of Marx*(New York, 1949)。最近两本讨论马克思经济理论的著作是 Murray Wolfson：*A Reappraisal of Marxian Economics*(New York, 1964)，以及 Fred M. Gottheil：*Marx's Economic Predictions*(Evanston, 1966)。

所决定的，但单个资本家在利润总量中所占有的份额并不与其企业所创造的剩余价值率成比例。资本家在剩余价值总量中所获分配与他们所投资的资本成比例，而不是与这一资本的有机构成成比例。换句话说，“生产价格”，或者说商品的真正价格，可以通过将社会总资本换算为剩余价值总数的方式计算出来。生产价格就等于“成本价格”，或者是真正花费在生产中的数额（在生产一件商品时所消耗掉的不变资本加上花在工资上的资本），再算上所用资本的平均利润率。

商品以其生产价格而不是价值进行销售，这带来了什么样的影响呢？马克思在《资本论》第三卷中花了相当大的篇幅对这一问题进行分析。在资本主义出现以前，商品的确是依其价值进行销售的，但这却被资本主义的竞争结构给破坏了。“平均利润”在历史上与资本主义本身的发展是同步的。在一个生产部门中，如果可变资本相对于不变资本的比率更高的话，那么，它所创造的剩余价值率和利润率也就更高，那么：

> ……资本会从利润率较低的部门抽走，投入利润率较高的其他部门。通过这种不断的流出和流入，总之，通过资本在不同部门之间根据利润率的升降进行的分配，供求之间就会形成这样一种比例，使不同的生产部门都有相同的平均利润，因而价值也就转化为生产价格。资本主义或多或少能够实现这种平均化，资本主义在一国社会内越是发展，也就是说，该国的条件越是适应资本主义生产方式，资本就越能实现这种平均化。①

存在着两个有助于平均利润形成的条件：一是资本的流动性（fluidity of capital）；二是劳动力流动（labour mobility）。第一个条件要

① *Cap*, vol. 3, p. 192; *We*, vol. 25, p. 206.

求“社会内部已有完全的贸易自由”，消灭封建垄断特权。这一个条件通过信用制度的刺激而得到了进一步的发展，因为它有助于资本的集中，而不是使资本停留在单个资本家的手中。至于劳动者的流动性这第二个条件，它建立在一套我们熟悉的条件之上：打破劳动者与生产工具所有权之间的关系，把他们从地方性的情境中“解放”出来，把手工技术简化为非技术性的操作，从而使工人可以毫无困难地变换工作。因此，平均利润率的发展与资本主义的经济结构之间存在着内在的关联。

马克思继续强调，《资本论》第一卷中所提出的剩余价值理论构成了第三卷所做分析的基础。不论价格与价值之间可能存在着多么复杂的关系，前者总是建立在后者的基础之上，剩余价值总量的提高或减少总会对生产价格造成影响。经济学家们后来对马克思这一立场所提出的批评大多集中在这一点上，即既然价格与价值之间的关系是如此盘根错节，以至于很难运用马克思的理论对价格做出预测。但必须强调的是，就马克思的立场而言，这种预测是次要的，其理论的整个重点在于说明资本主义经济运作的原理。马克思的分析层次在于去除政治经济学理论中有关价格、租金、利润率等有形范畴的影响，而将存在于它们后面的社会关系揭示出来，正如他所表达的那样：

> 活动的社会性质，正如产品的社会形态以及个人对生产的参与，在这里表现为对于个人是异己的东西，物的(*sachlich*)东西……活动和产品的普遍交换已成为每一单个人的生存条件，这种普遍交换，他们的相互联系，表现为对他们本身来说是异己的、独立的东西，表现为一种物。①

① *Gru*, p. 75. 参阅本书下文第 308—309 页。

马克思的资本主义发展理论以资本主义的剥削本质为基础，这种本质是通过剩余价值理论而揭示出来的。马克思论证的总体目标在于，尽管资本主义最初是围绕自由市场体系而建立起来的，在这一体系中，商品可以在单个企业的开发过程中找到属于“自己的价值”，但资本主义生产的内在趋势却破坏了资本主义经济所赖以建立的经验性条件。

资本主义生产的经济“矛盾”

在马克思看来，对利润的追求是资本主义的内在本质；“资本的目的不是满足需要，而是生产利润……”[①] 但是，在资本主义经济中，同时还根深蒂固地存在着一种利润率下降的结构性趋势。大部分古典经济学家也都接受这一点，不过，马克思的贡献在于他将这一理论与他对资本的有机构成的分析结合在了一起，在于他对资本的有机构成与剩余价值之间的关系做出了分析，正如他在“利润率下降规律”中所表明的那样。资本主义经济的利润总量依赖于它所创造的剩余价值量，不变资本与可变资本之间的比率在总体上决定了经济中的平均利润率。因此，利润率与资本的有机构成成反比。

既然资本主义建立在竞争利润的基础之上，技术的改进，尤其是生产过程中机械化水平的总体提高，便成为每个资本家在市场上生存竞争的最主要武器，单个企业家可以在较其竞争者成本更低的情况下，提高他所能获得的利润份额。但他在增加利润上的成功，会导致其他资本家也进行类似的技术改进，从而形成一种新的平衡(尽管同样是暂时的)，然而，这却使每个资本家在不变资本上所投入的资本比例都比以前提高了。由此所造成的总体结果是，资本的有机构成提高了，而平均利润率

① *Cap*, vol. 3, p. 251.

水平却下降了。

当然，这并不必然导致经济中总体利润的绝对下降，即使回报率(the rate of return)下降了，它也还可能上升。而且，马克思还区分出了几种可以抵消利润率下降趋势的因素，即要么延缓不变资本的相对提高，要么在另一方面提高剩余价值率。不变资本开支的提高通常会导致劳动生产力的上升，不变资本的单位价值比例由此也被有效地降低，从而保持了利润率的稳定，甚至上升。“就总资本来看，不变资本的价值并不和它的物质量按同一比例增加……”① 另一种抵消利润率下降趋势的方式是，通过对外贸易来获取廉价的原材料，由此导致的结果是，如果它们被用来供给工人维持其生活的需要的话，那就将导致剩余价值率的上升，另外，还将导致不变资本价值的降低。但马克思最为强调的是，这些抵消利润率下降的因素会导致对劳动者更加强化的剥削。这体现在工作日的延长，以及将工资压低到劳动力价值以下等方面。与延长劳动工作日——这在 19 世纪早期的确是一种常见的经验现象——相当的其他一些事情，也会导致剩余价值率的提高。与不变资本相关的劳动生产力同样可以得到提高，从而导致剩余价值率的相应提高。例如，可以通过提高机器运转的速度，或通过某种轮班制的方式使机器每天 24 小时都处于运转状态，来强化机器的使用率。强行压低工资的方式通常只是一种权宜之计，对于利润率不存在长期的影响。尽管雇主都会把工资作为其成本的一部分，并且只要有可能，就会把它压低，但按照马克思的一般性分析，工资从根本上说取决于一些显著力量，而不是由资本家方面的强制性限制所决定的。

对于马克思来说，资本主义有规律地发生的周期性危机，是资本主义制度“内在”矛盾的最明显体现。然而，马克思并没有对危机的性质

① *Cap*, vol. 3, p. 230；另参阅 Sweezy：*Theory of Capitalist Development*, pp. 98ff。

进行系统的分析，而是把它当作各种可能因素综合作用的结果，因而不可能通过任何简单的因果过程来加以解释。他并不试图追溯导致危机真正发生的多重因果链，在他看来，这种任务只有在资本主义生产的一般运作背景下才能完成。[①]因此，马克思的分析主要局限在对资本主义经济中基本要素的描述上，它们构成了周期性危机倾向的基础。

在资本主义以前的社会中，尤其是在货币使用以前的社会中，商品生产所涉及的只是个人或团体之间直接的物物交换，他们一般都知道彼此的需要，并为这些需要而生产。换句话说，在商品生产的原始形式中，交换主要是由使用价值所控制的，对需求的了解成为调节需求与供给的源泉。但是，随着商品生产越来越得到广泛的扩展，也就是说，随着资本主义的发展，这种调节纽带被打破了。货币的使用在资本主义的发展中扮演了重要的角色，它使交换各方比物物交换时期具有大得多的自主行动能力。因此，从某种重要的意义上说，资本主义是一种“无政府”(anarchic)体制，[②] 因为在生产和消费方面，市场并不受任何特定机构的调节。而且它本质上还是一种扩张性的体制，其基本动力来源于对利润的无止境的追求。既然获取利润的动机处于支配地位，那么，在所生产的商品数量与它们在平均利润率上的可销售性之间出现任何明显的不平衡，都会给系统造成危机。资本主义体系是人类历史上第一个使大规模生产过剩成为可能的体系。当然，这种生产过剩只是相对于资本主义的经济需要而言，是交换价值而不是使用价值上的过剩：那些“无法销售”的商品都是可以使用的。但是，一旦投资的回报水平不再充足，资本主义的运作方式(*modus operandi*)也就遭到了破坏。生产就局限在具

① *Theories of Surplus Value*, ed. Bonner & Burns, pp. 376 - 391.

② 这并不是说市场运作过程中不存在任何“秩序”，而是指支配市场运作的原则完全不受人类自身意识的控制，就像在——用亚当·斯密的著名术语来说——“看不见的手”的调节之下。

有潜力的那一部分上，尽管“要使大量人口能够体面地、像人一样地生活，生活资料还是生产得太少了”[1]。

危机就是生产的扩张超过了市场的吸收限度，从而无法获得充足的利润率回报的情况。一旦生产过剩的情况发生，哪怕仅仅是发生在经济结构中的某个部分，都会带来恶性循环反应。由于利润率下降，投资也相应地下降，部分劳动力就不得不被解雇，从而导致购买力进一步下降，而这又导致利润率再一次下降，等等。这一怪圈将持续下去，直到失业率的升高、仍在工作的人的工资的下降达到一定的限度，以至于产生了提高剩余价值率的新条件，并因此刺激投资重又进行。在危机期间，一些效率较低的企业将会被淘汰，于是那些保留下来的企业就可以分割被淘汰者原来的市场份额，从而开始了一个新的扩张期。这样，循环就开始了新的一轮，另一个上升阶段开始了。

因此，危机并不代表资本主义体系的“崩溃”（break-down），相反，它所代表的是一种调节机制，使资本主义能够从其遭受的周期性波动中生存下来。危机的作用在于保持一种平衡，并使进一步的增长成为可能。就像马克思所说的那样，危机是“现有矛盾的暂时的暴力的解决，永远只是使已经破坏的平衡得到瞬间恢复的暴力的爆发”[2]。既然利润率下降的趋势是无时不在的，那么，无论在资本主义发展的哪个阶段，总会有利润的压力存在。危机的效应就在于使资本进一步集中，暂时加强资本主义体系。[3]危机是资本主义的痼疾，因为尽管资本主义生产的全部动力将导致整个“社会生产力的无条件的发展”，但建立在阶

① *Cap*, vol. 3, p. 252；另参阅马克思记述的有关工人作为一名生产者所处的地位，与其作为一名消费者所处的地位之间的“矛盾”（*Cap*, vol. 2, p. 316）。马克思拒绝当时“消费不足主义者”（underconsumptionist）的天真理论。参阅他对洛贝尔图斯的评论，*Cap*, vol. 2, pp. 410－411。

② *Cap*, vol. 3, p. 244.

③ *Cap*, vol. 2, pp. 75－77.

级剥削关系基础上的生产关系是围绕着资本的扩张而组织起来的。马克思因此得出了他著名的结论：

> 资本主义生产的真正限制是资本自身，这就是说：资本及其自行增殖，表现为生产的起点和终点，表现为生产的动机和目的；生产只是为资本而生产，而不是反过来生产资料只是生产者社会的生活过程不断扩大的手段。①

“贫困化”论题

人们有时候假定，马克思所设想的资本主义的最终灭亡，必然是某次危机实在太大，以致整个体系不可能再得到恢复。尽管马克思在《共产党宣言》一书中说过，危机在“周期性的重复中越来越危及整个资产阶级社会生存”，但他从来没有在其著作中明确地预测过将发生一次毁灭性的最后危机。②而且这种预测与其危机具有再平衡功能的观念也不相容。然而，马克思的确相信，资本主义绝不可能永恒生存下去，但其毁灭的本质，依赖于支配其发展的法则和我们事先无法知道的特殊历史情境。然而，危机在培育革命意识方面的确扮演了重要的角色，因为它使无产阶级所处的一般阶级条件引人注目地显现出来，由于危机往往表现为紧接在一个对工人阶级来说失业率相对较低而工资则相对较高的繁荣阶段之后发生的剧烈衰退，就更是如此了。③

在资本主义经济中，近于完全就业的情况几乎很少发生。长期失业群体或者说产业“后备军”的存在，对于资本主义来说是必要的。马克

---

① *Cap*, vol. 3, p. 245; *We*, vol. 25, p. 260.

② *CM*, p. 33; *We*, vol. 4, pp. 467 - 468. 马克思最接近这一点时是在 *Gru*, p. 636。

③ *Cap*, vol. 2, p. 411.

思曾经指出，资本主义的根本特征之一是劳动力本身成为商品，但劳动力显然不同于其他商品，因为没有任何明显的因素能防止劳动力价格与其价值之间产生太大的差距。如果某种普通商品的价格上涨的话，那么，资本就会转向这种商品的生产，从而把价格降下来，直至与其价值相当。①但是，如果劳动力价格上扬的话，没有哪个人可以"生产"更多的劳动者。正是在这里，马克思引入了后备军的概念，或者如他有时所说的那样，也称为"相对过剩人口"。产业后备军主要由工人阶级所组成，他们由于机械化的实施而变得多余，他们扮演了工资镇静剂的角色。在经济景气的时候，劳动力的需求量相应增加，后备军中的一部分就加入到了劳动大军的行列中，由此压低了工资。在其他时候，它成为廉价劳动力的潜在来源，从而阻止了工人阶级改善其命运的任何企图。后备军是"资本主义积累的杠杆"，也是"资本主义生产方式存在的一个条件"。②

关于剩余劳动力作为后备军地位的分析，与马克思的另一个相关讨论密切相关，那就是在资本主义条件下，工人阶级中的相当一部分人被迫过着贫困的物质生活。所谓"贫困化"（pauperisation）或者说"悲惨化"（emiseration）的论题已经引起了许许多多的争论，并成为对马克思有关资本主义未来的预测进行批判性攻击的焦点。③要分析这一问题，就必须把马克思论述的两个主题区分开来，人们在这一问题上对马克思的普遍误解最根本的一点就是往往把两者混为一体，将它们视为对工人

① 在《资本论》第一卷中，这是从一种简化了的价值模式进行分析的。

② *Cap*, vol. 1, p. 632.

③ 在过去一百多年的时间里，毫无疑问，西欧和美国的资本主义社会中相当大一部分工人阶级的生活水平都得到了提高。这是一个重要的理论要点，已为众多批评者所注意。根据马克思自己的理论，利润表现出一种下降的趋势；但是，如果剩余价值率保持不变的话，生产力的提高必然会导致劳动者工资的提高。罗宾逊说道："马克思只有放弃真实工资保持不变的观点，才能证明利润存在着下降的趋势。" Joan Robinson: *An Essay on Marxian Economics*(London, 1966), p. 36.

阶级生活水平的简单“预测”。第一个主题是关于资本主义的发展过程中，工人阶级与资产阶级之间的收入差距越来越相对扩大的理论；第二个主题是资本主义发展过程中制造了一个越来越庞大的后备军，其中的大部分人被迫生活在一种极端贫困的状态中。两个主题紧扣在一起，正是因为“相对过剩人口”的存在阻碍了工资高过其价值的水平。但是，两者的混同却导致了一种毫无根据的结论，即认为马克思相信工人阶级作为一个整体将生活在物质上极端穷困的状态。马克思的确说过，随着资本主义的发展，工人阶级所受的剥削也与日俱增，但非常明显，剥削率(剩余价值率)的上升并不一定需要工人阶级的实际工资有任何改变。①至于劳动者与资本家之间的收入差距不断扩大，马克思的主要论点是非常简单的，那就是根据《资本论》中所提出的剩余价值的一般原理，尽管资产阶级积累了越来越多的财富，工人阶级的工资永远也不会超出维持其生活所需要的水平太多。②马克思在《资本论》中，的确详细阐明了资本主义对于作为整体的工人阶级所造成的影响，这涉及分工所造成的异化效应，它“使工人畸形发展，成为局部的人，把工人贬低为机器的附属品，使工人受劳动的折磨，从而使劳动失去内容……使劳动过程的智力与工人相异化……”③

然而，正是“产业后备军”的相对扩大，使得积重难返的贫困也相应扩大，马克思称之为“资本主义积累的绝对的、一般的规律”，并指出，“像其他一切规律一样，这个规律的实现也会由于各种各样的情况而有所变化”。贫困“形成现役劳动军的残废院和产业后备军

---

① 如果生产率提高的话。不过，可参阅本书上文第 78 页注③。

② 马克思指出，即使在资本主义快速扩张这一最有利于工人阶级的条件下，工资的提高也不会高于相应的利润提高水平，因此，即使工人阶级的生活水平在经济景气时期得到了提高，资产阶级的水平也相应得到了提高，所以两者的差距仍然存在。*SW*, vol. 1, pp. 94 – 98.

③ *Cap*, vol. 1, p. 645; *We*, vol. 23, p. 674.

的死荷重”。[1]大部分最恶劣的物质剥削形式都集中在后者身上，在这一群体中间发展出了“贫困、劳动折磨、受奴役、无知、粗野和道德堕落的积累……”[2] 因此，资本主义的矛盾性特征既表现在“一极”的财富积累与“另一极”的贫穷和苦难积累上。

积聚与集中

在资本主义发展过程中，资本有机构成的提高与资本积聚（concentration）和集中（centralisation）这一趋势紧密相连。“积聚”指的是在资本积累过程中，单个资本家成功地扩张了他们所能控制的资本数量。另一方面，集中则指现有资本的合并，指“改变既有资本的分配”[3]。两者带来的影响导致生产单位越来越大。资本主义的竞争性质使生产者必须设法不断使自身的价格低于竞争者的价格。相对于小型生产者而言，那些经营较大企业的资本家享有各种不同的便利，这使他们一般都能胜过后者。单个资本家所能运转的资源越多，他也就越能有效率地生产，因为他能引入规模经济，因而在暂时性市场矛盾所造成的萧条中，也更容易经受得住。因此，作为一条总体性规律，较大的生产单位会将较小的单位逐出市场，并将其资本吸收过来。

集中通过信用制度而得到了进一步的促进，其中最为重要的一环就是银行业。银行既集中了贷方的货币资本，又达到了借方集中的目的，同时银行自身也越来越成为单一的金融系统。这整个进程“最后……变

① *Cap*, vol. 1, p. 644；资本主义“迫使一部分工人人口进行过度劳动，又使另一部分工人陷于半赤贫或赤贫状态，作为后备军储备起来”。*Theories of Surplus Value*, ed. Bonner & Burns, p. 352.

② *Cap*, vol. 1, p. 645；*We*, vol. 23, p. 675.

③ *Cap*, vol. 1, p. 625.

成一个实现资本集中的庞大的社会机构"[1]。信用制度的扩展一方面在资本主义体系中形成了"危机和欺诈行为的一种最有效的工具"，同时还从单个资本家手中移走了资本的分配。信用制度"扬弃了资本的私人性质，从而自在地(in itself)，但也仅仅是自在地包含着资本本身的扬弃"。通过引入各种信用流通方式以取代货币，银行制度表明，"货币事实上无非是劳动及其产品的社会性的一种特殊表现"。只要它存在，信用制度自身就是资本主义企业，因为它是在私人贷款所生成的利息的基础上组织起来的；但由于它为经济的整合打下了基础，"在由资本主义的生产方式向联合起来劳动的生产方式过渡时,信用制度会作为有力的杠杆发生作用"。[2]

与信用制度齐头并进的是企业资本集中的一种特殊形式：股份公司(joint-stock company)的发展。按照马克思的说法，这是产业组织的一种形式，与资本的大规模集中最为相容，代表了"资本主义生产极度发展"。股份公司的作用主要在于将个体资本家与生产组织分离开来，代表了"资本主义生产方式在资本主义生产方式本身范围内的扬弃"[3]。资本所有者与经营者的分离，表明前一个集团是多余的，他们现在并不直接参与生产过程。在股份公司中，生产的社会性质已经变得非常明显，因此也暴露了这样一个"矛盾性"事实，即少数个人通过他们所掌握的资本所有权而能够占有大部分的财富。然而，股份公司仅仅是一种过渡形式，因为它与作为利息载体的资本之间还存在着关联，因此还"局限在资本主义界限之内"。而且，此类巨型公司的发展还将导致对特定工业领域的垄断，成为各种新型剥削关系的基础。[4]

---

① *Cap*, vol. 1, p. 626.

② 以上四处引文均出自 *Cap*, vol. 3, p. 593。

③ *Cap*, vol. 3, p. 429.

④ 呈现为"一种新的金融贵族，一种新的寄生虫，——发起人、创业人和徒有其名的董事；并在创立公司、发行股票和进行股票交易方面再生产出了一整套投机和欺诈活动。这是一种没有私有财产控制的私人生产"。*Cap*, vol. 3, p. 429.

正如本书前面有关西欧历史上的社会情形所显示的那样，《资本论》详细表明了资本主义是一种内在不稳定的体系，它建立在彼此敌对的基础之上，并只能通过最终将损害它自身的变迁来解决。这些矛盾首先来源于其阶级性质：来自资本家与雇佣工人之间不对称的关系。资本主义生产方式的运转最终将不可避免地导致这一体系的崩溃。这里，马克思再一次提到了资本主义的扬弃（*Aufhebung*）问题：废除资本主义生产方式这一历史趋势，不能看作对资本主义的整体破坏，社会主义必须“从头开始”。相反，资本主义体系危机四伏的运动趋势，为辩证性超越它创造了社会条件。

在这些方面，革命的“不可避免性”这一问题并没有造成“认识论”（与“实践”相对）上的问题。资本主义的发展造成了一种客观的社会变化，在与无产阶级日益增长的阶级意识的相互作用下，创造了一种必须通过革命性实践来改变社会的积极意识。[①]广大工人阶级大众的相对贫困，“后备军”的物质困苦，以及危机期间工资的迅速下降和失业率的急速上升，所有这些都成为潜在革命的温床。产业系统本身也成为公共利益观念的源泉和集体组织的基础，因为工厂将大批的工人集中在了一起。工人组织最初发端于地方，但最终将成为全国性的组织。随着资本的集中和积聚而造成的企业资本家地位的破坏，无产阶级自身的意识也将逐渐得到扩展。所有这些条件结合在一起，使得社会主义的实现成为可能。

在整个马克思的著作中，有关将要取代资本主义的那一社会的性质，只有一些零碎的、片断的论述。为了将自身的立场与“乌托邦”社会主义区分开来，马克思拒绝为未来的社会提供明晰的蓝图。作为对资本主义的辩证性超越，新的社会秩序将依据生活在当前社会中的人们只

---

① 参阅 Georg Lukács：*Geschichte und Klassenbewusstsein*（Berlin，1932），pp. 229ff。

能模糊地把握的那些原则组织起来。为未来社会建构出详细的蓝图将会陷入哲学唯心主义的陷阱中去，因为这些计划除了思想家的意见之外，并不具有现实性。因此，在马克思所谈到的有关新社会的内容中，大部分指的是它最初形成的阶段，这一阶段“还带着它脱胎出来的那个旧社会的痕迹”①。

资本主义的超越

马克思有关社会主义社会的观点，主要包含在他的两部写作时间相差很远的著作中。第一部是1844年的《手稿》，第二部是写于1875年的《哥达纲领批判》。后者所用的术语较为直接和实在，但两部作品所表达的观点还是大致相近的。②马克思强调，社会主义的第一阶段是资产阶级社会的潜在特性变得明显的阶段：也就是说，在这一阶段，《资本论》中所详细描述的资本主义特性得到了最充分的发展。因此，社会主义生产早已隐含在资本主义中，在市场的积聚过程中日益成形，并随着私有财产的消灭而最终完善。在社会主义社会，财产将为集体所拥有，而工资也将依据固定的原则进行分配，并将从社会总产品中划拨出一定数量以应付集体的需求，如管理生产、兴办学校和保健设施等，而每个工人：

> 在做了各项扣除以后，从社会领回的，正好是他给予社会的。……他从社会领得一张凭证，证明他提供了多少劳动（扣除他为社会基

① *SW*, vol. 2, p. 23.

② 参阅 Avineri, pp. 220－239。但如果像阿维内里那样，把马克思早期所描绘的“原始共产主义”，与他后来把社会主义作为废除资本主义社会之后的一个过渡阶段相提并论的话，那也是一个错误。马克思对于转型阶段的讨论是前瞻性的，然而“原始共产主义”则是从回顾的角度把它看作社会主义理论的早期阶段。原始共产主义并不是有关转型阶段的理论。

金而进行的劳动），而他凭这张凭证从社会储存中领得一份耗费同等劳动量的消费资料。[①]

然而，这样一种重新组织起来的社会仍然保存了资产阶级社会的基本原则，既然它还继续通过客观的标准来衡量人际关系。换句话说，它仍然将劳动作为一种交换价值，只不过不再局限于一个阶级团体（无产阶级）而已，而是成了普遍化的现象。在这一阶段，人仍然被“只当作劳动者；再不把他们看作别的什么，把其他一切都撇开了”[②]。“工人这个规定并没有被取消，而是被推广到一切人身上；私有财产关系仍然是共同体同实物世界的关系。”[③] 在这一阶段的社会，主体仍为客体所支配，异化仍然与对象化纠缠在一起。

生产上的真实情况，在政治领域也具有同样的表现。在这里，我们可以再一次看到贯穿马克思整个生涯的最重要讨论：他在《哥达纲领批判》中所做的分析，是在补充他早年对黑格尔国家理论所做的批判性评估。在这两个地方，马克思的观点实质上是一致的，在《哥达纲领批判》中，表现为对“国家的自由基础”的攻击。马克思这里通过重复三十多年前他批判黑格尔时所用的观点进行批判。马克思指出，德国已经几乎有完美的“自由”了，工人运动的目标不是要把国家从社会中“解放”出来，使之成为自由的国家，相反，必须把国家“由一个高踞社会之上的机关变成完全服从这个社会的机关”。[④]然而，在这个资本主义刚刚废除后的转型阶段，还需要充分实现那些在资产阶级社会里只得到部分发展的原则。“无产阶级专政”构成了这一过渡阶段，它代表政治权

① *SW*, vol. 2, p. 23.
② *SW*, vol. 2, p. 24.
③ *EW*, p. 153.
④ *SW*, vol. 2, p. 32.

力的集中——这在资本主义社会只是以一种更为松散的方式存在。政治权力的集中使得实行前面所提到的生产和分配的中央计划成为可能："无产阶级将利用自己的政治统治，一步一步地夺取资产阶级的全部资本，把一切生产工具集中在国家即组织成为统治阶级的无产阶级手里，并且尽可能快地增加生产力的总量。"①

只有当这一阶段结束以后，"政治"权力才会最终消失。对于马克思来说，国家的消亡当然不是把国家突然"转化"成社会组织，然后把前面所提到的中央集权形式的国家废除掉。相反，它是通过使国家从属于社会，并通过作为总体的社会组织来实现对公共事务的管理，才能完成国家的辩证性转化。在巴黎公社的运作结构中，马克思找到了这一规划的架构。它具有以下几个方面的特征：公社是由普选所产生的代表组成的，它"是一个实干的而不是议会式的机构，它既是行政机关，同时也是立法机关"，警察、司法人员以及其他官员同样也是被选出来的，是"承担责任的，随时可以罢免的"。②这样一种社会组织形式将使国家失去其阶级特征，这反过来又使作为与市民社会相分离的国家自身的消失成为可能。这也显示出，这种观点与无政府主义相差甚远，尽管两者经常被混同。在无政府主义理论中，这样的国家是一种邪恶，必须真正地废除，因为它代表了某些人对于其他人的压制性权威。一般来说，马克思对于国家的态度与他对资本主义社会的观点是互为一致的，资产阶级国家，除了其压制性的特征之外，同时还为超越资本主义的社会形式提供了社会基础。马克思的立场也不同于实用主义理论，根据这一理论，国家除了管理经济契约之外，不再有其他功能。③在马克思看来，这样一种观点不外是把市民社会领域中"一切人对一切人的战争"永恒

① *CM*, p. 160; *We*, vol. 4, p. 481.

② *SW*, vol. 1, pp. 519－520.

③ 参阅涂尔干对于这一问题的立场，*Soc*, pp. 52ff。

化罢了。对于他来说，国家的消亡只是广泛而深远的社会变革的一个方面。

这种新社会的过渡阶段，由于牵涉到资产阶级社会内在倾向的普遍化，因此至少可以在某种程度上做一些前瞻性的细节描述。但对于已经完全超越了资本主义社会的阶段而言，这种做法就不再适合了，因此，对于共产主义第二阶段的特征，马克思只是进行了粗线条的勾画。在其过渡阶段，这个已经取代了资产阶级形式的社会已经是个无阶级社会了，因为私有财产已经被消灭。但物质产品对整个人类生活的控制，以及由此而来的对异化的克服，只有在废除分工(存在于资产阶级社会)的条件下才能实现。马克思在《资本论》中说道，在未来社会里，现在的工人将会被代之以“全面发展的个人”，他们“适用于不断变动的劳动需求”。[①]按照马克思的说法，这将能够克服由于分工而带来的各种二元性后果：城市与乡村，脑力劳动与体力劳动。这就是《德意志意识形态》中一段著名描述的背景：

> 当分工一出现之后，任何人就有自己一定的特殊的活动范围，这个范围是强加于他的，他不能超出这个范围：他是一个猎人、渔夫或牧人，或者是一个批判的批判者，只要他不想失去生活资料，他就始终应该是这样的人。而在共产主义社会里，任何人都没有特定的活动范围，每个人都可以在任何部门内发展，社会调节着整个生产，因而使我有可能随我自己的心愿今天干这事，明天干那事，上午打猎，下午捕鱼，傍晚从事畜牧，晚饭后从事批判，但并不因此就使我成为一个猎人、渔夫、牧人或批判者。[②]

---

① *Cap*, vol. 1, p. 488.

② *GI*, p. 45; *We*, vol. 3, p. 33.

为了说明目的，马克思所使用的主要是农业方面的职业，因此，如果与工业生产这一事实相比较，便给我们一种完全不符合实际的含义。但在马克思所有涉及未来社会的著作中，都保留了扬弃社会分工的观点，而且实际上他还认为，这可以通过机械化生产的扩展而得到实现。这再一次表明了现有资本主义趋势的转化，即通过自动化生产的形式，人们可以从目前社会分工的必然性中解放出来：

> 随着大工业的发展，现实财富的创造较少地取决于劳动时间和已耗费的劳动量，较多地取决于在劳动时间以内所运用的作用物的力量……劳动表现为不再像以前那样被包括在生产过程中，相反地，表现为人以生产过程的监督者和调节者的身份同生产过程本身发生关系。①

对于消除异化而言，分工的废除既是其前提，又是其表现。在社会主义社会，社会关系将不再处于人类创造的物质成果的支配之下。②

从这个最重要的方面以及其他方面看来，社会主义社会是建立在资本主义历史发展的基础之上的。但马克思思想中的这一重要方面却经常遮蔽不显。《共产党宣言》中献给资产阶级的赞歌是众所周知的："它创造了完全不同于埃及金字塔、罗马水道和哥特式教堂的奇迹……"③然而，这里并不完全是指资本主义的技术成就：毋宁说，资本主义的技术扩展只是资产阶级社会"普遍性趋势"④ 的象征，资产阶级社会是一

---

① *Gru*, p. 592；另参阅 *Poverty of Philosophy*, p. 121："自动工厂中分工的特点，是劳动在这里已完全丧失专业的性质。但是，当一切专门发展一旦停止，个人对普遍性的要求以及全面发展的趋势就开始显露出来。"

② *EW*, p. 155.

③ *CM*, p. 135.

④ *Gru*, pp. 438 – 441. 正如曼德尔所言："资本主义制度下生产的社会化，是资本主义生产方式普遍化的最重要和最进步的结果。" Ernest Mandel: *Marxist Economic Theory*(London, 1968), vol. 1, p. 170.

种完全不同于此前所有社会的组织。通过分工，资产阶级社会取代了此前社会类型中相对自主的地方共同体，使原先存在于同一个社会和经济体系中的不同文化群体，甚至全国性群体集合在了一起。而且，在它拓展相互依赖的人际关系范围的同时，资产阶级社会的扩展还扫除了人类自古以来就生活于其中的特殊文化传说和传统。最后，资产阶级社会在人类历史上第一次将整个人类带入到一个单一社会秩序的范围之内，这的确是"世界历史性"的创举。

但是，这是通过市场化的行为来实现的，通过把所有的个人依赖关系（如各种封建性约束）转变为交换价值的方式来实现的。从这个角度来看，就很容易理解为什么《资本论》第一卷和第三卷中有关价值与价格问题的许多争论与该作的整体目标是不相干的，因为它们所记录的是人类关系蜕变为市场现象的实情。马克思在《资本论》整个三卷所做的分析中，详细考察了资本主义发展过程中所导致的异化结果，并且表明资本主义社会所实现的普遍化社会关系，如何只是一种变形的阶级关系："资本的限制就在于，这一切发展都是对立地进行的，生产力、一般财富等等、知识等等的创造，表现为从事劳动的个人本身的外化[1]……"[2]

既然资本主义的核心建立在资本与劳动者对立关系的基础之上，既然它的运作只会使劳动者普遍处于一种异化的状态，那么，资本主义内部就不仅包含了将自身推向灭亡的力量，而且还为其超越铺平了道路。

① 此处"外化"英文译为"alienation"，即"异化"。——译者

② *Gru*, p. 440.

第二篇

涂 尔 干

第五章　涂尔干的早期著作

从马克思到涂尔干，不仅意味着从早一辈社会思想家向晚一辈社会思想家的转移，而且还意味着制度语境和学术传统上的重大变化。在本书所讨论的三位作者中，涂尔干亲自参与所处时代的重大政治活动最少。事实上，他的全部著作都是学院式的，所以，与马克思或韦伯的许多著作比起来，远不显得那么的零散，而且也更少宣传鼓动的色彩。[①]此外，与促成另外两位思想家著作诞生的因素相比，形塑涂尔干理论观点的那些最重要的学术影响力也更具有同质性，更容易得到说明。

显然，法国的学术传统对于涂尔干成熟学术立场的形成具有重要的影响。圣西门和孔德对于封建制度的瓦解和现代社会形态的出现所做的解释中重合的部分构成了涂尔干所有著作的主要基础。实际上，可以这么说，涂尔干毕生工作的主题都在于，力图将孔德有关社会"实证"(positive)阶段的观念与圣西门稍有差异的有关"工业主义"的阐述融合在一起。[②]至于其他方面的影响，主要来自孟德斯鸠和卢梭等早一辈学者，涂尔干由此结合了雷诺维叶(Renouvier)等人的当代教学，以及1879—1882年间，当他在高等师范学院求学时，布特鲁(Boutroux)和菲斯泰尔·德·库朗热(Fustel de Coulanges)等教授的指导。[③]

然而，涂尔干的最早著作所关注的却是一群当代德国学者的思想。有些社会理论尽管成形时间与当今社会学中许多为人熟知的理论相近，但却很快为人们所遗忘。有机体论(organicism)就是其中之一，19世纪晚期，以法国的福伊勒(Fouillée)和沃姆斯(Worms)，德国的舍夫勒(Schäffle)和利林费尔德(Lilienfeld)等人的著作为代表，系统阐述了这一理论。当然，对于社会是一个整合的统一体，在一定意义上可以比作一个生物有机体的观念，可以一直追溯到古典社会哲学理论那里。但达尔文生物进化论著作的出版给有机论的发展带来了全新的刺激。[④]从现代的眼光来看，很难想象达尔文的著作在19世纪的最后几十年中给社会思想领域所造成的异乎寻常的冲击。整个19世纪见证了众多生物学上的非凡成就：透过显微镜的分析而弄清了细胞的成分，并因此得出了所有有机体都是由具有类似结构的细胞所组成的结论，这已成了一种不可动摇的原则。在达尔文的著作中，这些观念被置于一种以实证研究为基础的动态理论背景中，这种实证主义的观点与进化论的观点强有力地结合在一起，再没有什么能比这个更能激发起他同时代人的想像力了。因此，与那些运用有机体做类比的先辈们的著作相比，舍夫勒以及其他一些人的著作有着很大的不同，因为对于这些后辈作者而言，他们的理论前提是：支配动物有机体功能与演化的既定法则，为我们提供了一种模式，在这一模式的基础上，社会的自然科学架构得以建立。

---

① 不过也不能说得太绝对。涂尔干的重要文章“L'Individualisme et les intellectuels”，*Revue bleue*, vol. 10，1898，pp. 7－13，就是直接针对德雷福斯案(Dreyfus case)而写的，尽管它不能完全算是一篇“政治性”文章。第一次世界大战期间，涂尔干参与了各类宣传文件的起草工作，其中包括与E. Denis合作的*Qui a voulu la guerre?*(Paris，1915)，以及“*L'Allemagne au-dessus de tout*”(Paris，1915)。

② 参阅Alvin W. Gouldner为*Soc*写的“序言”，pp. 13－18。

③ 反映涂尔干思想渊源的进一步文献资料会很繁琐，而且与本书关系不大。来自德国和英国学者的影响显然并非完全没有。雷诺维叶对于涂尔干保持对康德的兴趣起了促进作用；正如下文表述的，涂尔干也受了众多当代德国学者的些许影响；涂尔干受到来自英国的影响是显而易见的，如他早年对赫伯特·斯宾塞有兴趣，后来对英国人类学家(弗雷泽、泰勒和罗伯逊-史密斯等)的著作感兴趣。

④《物种起源》的出版也被马克思和恩格斯看作具有重大意义的事件，可以直接与他们自己对社会发展的解释相提并论。马克思写信给达尔文，主动提出要把《资本论》第一卷献给他(但达尔文谢绝了)。

社会学与“道德生活科学”

在1885—1887年间，涂尔干出版了一系列评述舍夫勒、利林费尔德和其他德国社会思想家著作的批判性论著。他发表的第一篇作品是对舍夫勒所著的《社会体系的结构与生命》的评论，但它充分表明了涂尔干早期思想的倾向。①从涂尔干对舍夫勒著作的评论中可以清楚地看到，他赞同作者提出的一些主要论点。他认为，舍夫勒最重要的贡献之一，就是建构了一套行之有效的形态学分析方法，可以对不同形态社会的主要结构成分进行分析。为达到这一目的，舍夫勒广泛运用了有机体类比的方法，把社会的不同组成部分比作身体的器官和组织。按照涂尔干的观点，这样做并非不合理，因为舍夫勒并没有试图从有机体生命的特征中直接推导出社会组织的特征来。相反，舍夫勒坚称，生物学的概念只不过是一种“隐喻”（metaphor），它有助于进行社会学的分析。

事实上，涂尔干也颇为赞同地指出，舍夫勒坚持在有机体的生命和社会的生命之间存在着根本的和极为重要的差异性。动物有机体的生命是受“机械性”控制的，而社会却“不是由物质上的联系，而是由观念上的关联”融合而成的。②涂尔干强调指出，“作为理想的社会”（society as the ideal）在舍夫勒的思想中占据了核心地位，而且与其所强调的观点也完全一致，即社会具有自身独特的性质，它与社会各成员的特征完全不同。对于舍夫勒来说，“社会不单纯是个人的集合，而是在

① Durkheim：review of Albert Schäffle：*Bau und Leben des Socialen Körpers*（2nd. ed.）（该评论只涉及舍夫勒著作的第一卷）。*RP*，vol. 19，1885，pp. 84－101. 另参阅拙文“Durkheim as a review critic，” *Sociologicat Review*，vol. 18，1970，pp. 171－196，本章的部分内容来自该文。

② Review of Schäffle，p. 85. 引文出自涂尔干。关于涂尔干对有机体类比在社会学中的用途的论述，参阅前注拙文，pp. 179－180。

当今构成它的个人之前就已经存在的实体，并能使个人得以生存，它对于个人的影响远大于个人对它的影响，而且还具有自身的生命、意识（或良心）、情趣和命运”①。因此，舍夫勒拒不接受主要由卢梭等人所提出的个人与社会的概念，即自然状态下假设的“孤立的个人”比受累于社会时更加自由和幸福 。与此相反，舍夫勒认为，凡是使人类生命在层次上高于动物生命的一切东西，都源于积淀下来的社会文化和技术财富。如果他们被剥夺了这种财富，“那么他们也同时被剥夺了使其成为真正人类的一切”②。

理想和情感构成了社会成员的文化遗产，但它们是“非个人性的”（impersonal），也就是说，它们是经社会演化形成的，并非任何特定个人的产物或特性。以语言为例便可以很容易看清这一点：“我们每个人都说着并不是由他创造的语言。”③ 涂尔干继续评论道：舍夫勒表明，把集体意识（*conscience collective*）看成有其特性，而该特性与个人意识特性不是同一回事，这并没有形而上学的意思。④集体意识纯粹就是“一种合成物，其中的成分是个人的心智”⑤。

根据涂尔干的看法，舍夫勒以及其他德国学者的著作都显示了德国社会思想领域内所取得的重大进展——与法国社会学发展的滞缓形成鲜明的对照。“因此，起源于法国的社会学越来越成为一门具有德国色彩的科学了。”⑥

---

① Review of Schäffle, p. 84.

② Ibid. p. 87.

③ Ibid. p. 87.

④ Ibid. pp. 99ff. 我遵循惯例不把涂尔干使用的 *conscience collective* 这个词译出。该词明显有歧义，它涵盖了“consciousness”（意识）和“conscience”（良心）这两个英文词的词义。

⑤ Ibid. p. 92. 涂尔干仍然批评舍夫勒有时候重新陷入唯心主义。

⑥ Durkheim: review of Ludwig Gumplowicz: *Grundriss der Soziologie*, *RP*, vol. 20, 1885, p. 627。

1887年，涂尔干发表了一篇论述德国“实证道德科学”的长文，在该文中，他重复了上述部分观点，[①] 但它的主要旨趣在于考察德国的主要学者们在建立道德生活的科学方面所做出的贡献。[②]涂尔干认为，在法国，只有两种广义的道德理论为人们所知晓——一种是康德的唯心论，另一种则是功利主义。然而，德国社会思想家们的近期著作开始寻求建立——或者说重新建立，因为他们的一些观点孔德已经说过——在一种科学基础上的伦理学。涂尔干指出，这一方法首先是由经济学家和法学家们所创设的，其中最重要的是瓦格纳（Wagner）和施莫勒（Schmoller）。[③]正如涂尔干所描述的，这两位学者的著作与正统经济学家的著作有很大的不同。正统经济学理论建立在个人功利主义的基础之上，而且是非历史的：“换句话说，即便世界上根本不存在国家或邦国，经济学的主要法则依然如此，只着眼于交易自己产品的个人。”[④] 但是，瓦格纳和施莫勒从根本上抛弃了这种观点，在他们看来（正如舍夫勒一样），社会是一个具有自身特点的统一体，其特点不能根据各个社会成员的特点推论出来。认为“整体等于各部分的总和”，这是一种错误的观点。只要这些部分是按一定的方式组织起来的，那么这种组织关系就

① “La science positive de la morale en Allemagne”, *RP*, vol. 24, 1887, pp. 33 – 58, 113 –142 & 275 – 284. 另参阅“Les études de science sociale”, *RP*, vol. 22, 1886, pp. 61 – 80。

② 涂尔干通常使用“La morale”这个在英语中有歧义的术语，它可指“道德”（morality），也可指伦理学（ethics）即对道德的研究。我在引述涂尔干的著作时依据语境对这一术语做了不同的翻译。

③ 这里建立了涂尔干与马克斯·韦伯著作之间一个少有的直接关联。阿道夫·瓦格纳和古斯塔夫·施莫勒都是社会政治联盟（*Verein für Sozialpolitik*）的创始人，韦伯成了该协会的永久会员。但是韦伯从未接受瓦格纳和施莫勒观点中最令涂尔干感兴趣的方面——他们试图建立“科学的”伦理学。韦伯尤其怀疑施莫勒所推崇的国家干预经济的政策。

④ “Science positive de la morale”, part 1, p. 37.

有了自身的特性。[①]这种原则也应适用于人们在社会生活中所遵循的道德准则：道德是一种集体特质，必须以这种方式加以研究。从另一方面来说，在正统的政治经济学理论中，“集体利益只是个人利益的一种形式而已”，而且“利他主义也仅仅是一种隐秘的利己主义”。[②]

涂尔干指出，施莫勒已经表明，经济现象不能与作用于社会生活中的个人的道德准则和信仰分开，于是无法用古典经济学理论的方式恰当进行研究。根本不存在哪个社会(或者想象得到哪个社会)，其经济关系不受习惯和法规的制约。也就是说，正如涂尔干后来在《社会分工论》(*The Division of Labour*)中所表述的那样，“契约本身并不自足”[③]。社会规范(social norms)提供了框架，使契约在框架范围内得到制定，如果没有社会规范，那经济的世界就会变得“松散而混乱”[④]。支配经济生活的规则不可能单纯用经济的术语来加以解释：“道德法则规范财产、契约、工作等，如果我们不知道其背后的经济缘由，那么就根本不可能理解道德法则；反过来说，如果我们忽视了影响经济发展的道德原因，那么我们就会得出有关经济发展的完全错误的结论。”[⑤]

德国思想家们的主要成就之一就在于表明了道德法则和行动能够而且必须作为社会组织的特性来加以科学地研究。正是在这里，涂尔干勾

① 通过雷诺维叶，涂尔干对这一原理已经很熟悉了。涂尔干常常在著作中用到它，正如他在很久之后发表的一篇评论中所说：“正是从雷诺维叶那儿，我明白了这个自明之理，即整体并不是部分的总和”(Review of Simon Deploige: *Le conflit de la morale et de la sociologie*, *AS*, vol. 12, 1909－1912, p. 326)。西蒙·德普卢瓦热的著作从一种托马斯主义的立场出发，对涂尔干学派进行了严厉的抨击。该书以 *The Conflict between Ethics and Sociology* 为题译成了英文(St Louis, 1938)，尤其参阅 pp. 15－185。涂尔干发表在 *AS* 上的一些更加重要的评论文章以 *Journal sociologique* 为书名结集出版(Paris, 1969)。

② “Science positive de la morale”, part 1, p. 38.

③ *DL*, p. 215.

④ “Science positive de la morale”, part 1, p. 40.

⑤ *Ibid*. p. 41.

画出了一条贯穿其以后著作的主线。直到这时，哲学家们还以为，伦理学可以建立在从抽象原理演绎出的系统基础上。但是德国学者的著作却表明，这样做是根本错误的，因为人类的社会生活不可能简化成寥寥几条凭理性归纳出的基本原理(maxims)。恰恰相反，我们必须从实际出发，也就是说，对存在于一定社会中的道德规范的具体形式加以研究。涂尔干在此再一次带着欣赏的口吻引用了舍夫勒的观点：舍夫勒指出，道德准则是在集体需求的压力下由社会制定出来的，这的确是他的一项主要成就。因此，毫无疑问，可以认为，这些在经验世界中真正发挥作用的准则可以化约为几条先验(*a priori*)的原则，所有特定的信仰和行为都只是这些原则的表达。实际上道德事实是"极端复杂的"：对不同社会的实证研究表明，存在着"信仰、习俗和法规在持续不断地增多"① 的现象。这种庞杂多样性并非难以分析，但只有社会学家通过观察和描述之后，才有希望对其加以归类，并且做出解释。

涂尔干在他研究德国思想家的文章中，用了很大的篇幅来分析冯特(Wundt)的《伦理学》，认为这部著作是上述观点的重要成果之一。涂尔干指出，冯特的主要贡献之一就是阐明了宗教制度在社会中的基本意义。冯特指出，原始宗教包含着两种相关的现象：一种是"对事物的本质和规律的形而上学思考"，另一种则是行为准则和道德规范。②此外，通过提供为之奋斗的理想，宗教成了一种社会团结的力量。涂尔干把这一点看作一种基本的假设：在不同的社会之间理想可能会各不相同，"但我们可以坚信，人不可能完全缺乏理想，因为不管它是多么的微不足道，都符合我们本性中的根深蒂固的需求"③。在原始社会中，宗教是利他主义的强有力源泉。宗教的信仰和实践具有"约束利己主义，使人甘

① "Science positive de la morale", part 3, p. 276.

② Ibid. part 2, pp. 116 - 117. 韦伯对冯特的批判讨论载 *GAW*, pp. 52ff。

③ *Ibid*. p. 117.

愿做出牺牲和公正无私”的作用。宗教情感“使人心系于他个人之外的事物，使他依赖于象征理想的崇高力量”①。冯特指出，个人主义是社会发展的产物：“说个人是原始因素，社会是派生因素，这绝不是那么回事，实际上前者是由后者缓慢演化而来的。”②

涂尔干对冯特的批评之一是，他未能充分认识到宗教和其他道德准则的规范作用的双重性质。涂尔干认为，所有道德行为都有两面：一是积极的吸引力，即为某一理想或一套理想所吸引。但是，道德准则也有义务性和约束性的特点，因为对道德目标的追求并非总是建立在理想的积极效价(positive valence)的基础上。道德准则的两个方面对于其功能的发挥都极为重要。

涂尔干在《社会分工论》中的关注点

涂尔干早期对德国社会思想家的评述表明，他的一些特有的观点在其学术生涯的初始阶段就已经确立了。③至于涂尔干在多大程度上受他们著作的直接影响，或者说那些人的著作在多大程度上强化了他从其他影响中所得出的结论，我们很难准确地做出评估。后一种情况的可能性

① “Science positive de la morale”, part 2, p. 120.

② *Ibid*. p. 129. 关于涂尔干早期宗教观的另一个资料来源，参阅他对居约(Guyau)的 *L'irréligion de l'avenir* 的评论，*RP*, vol. 23, 1887, pp. 299－311。

③ 强调这一点很重要，因为绝大多数间接诠释者都太注重涂尔干在他著书立说过程中的所谓思想上的变化。最有影响的分析可参阅帕森斯(Talcott Parsons)：*The Structure of Social Action* (Glencoe, 1949), pp. 301－450。近来，在同样观点下所进行的更加简洁的论述，可参阅 Jean Duvignaud：*Durkheim, sa vie, son oeuvre*(Paris, 1965), pp. 39－50。内斯比特重申了类似的论点，参阅 Robert A. Nesbit：*Emile Durkheim* (Englewood Cliffs, 1965)，尤其见于 p. 37。这种说法所带来的效果是，与涂尔干的后期著作相比，《社会分工论》的重要性降低了，这样一来，他显得比实际情况更属于一名“保守的”理论家。参阅拙文“Durkheim as a review critic”, pp. 188－191。

极大。后来人们对他进行批评，说他“全部思想都是从德国引进的”，可他断然否认了这种说法，并指出，孔德的影响要深刻得多，而且形成了他据以评价德国学者所做贡献的态度。①重要的是，涂尔干的早期论著表明，他在刚步入学术生涯的时候就已经意识到了一些有时候被人们认为要到很久以后才出现的概念。②当然，它们表述得还不完备，或者必须从涂尔干展示他人观点的文字中加以推断。但是它们包含了对以下内容的意识：“理想”和道德一致性(moral unity)在社会延续中的重要性；③ 个人作为既是社会影响力的被动承受者又是主动的能动者的重要意义；④ 个人依附社会时具有双重性，既承担义务又胸怀理想；由各个单元组成的整体(即个人作为组织化社会的单元)有其特性，但特性不可能根据彼此孤立状态下的构成单元的特点直接推断出来；后来成为失范(anomie)理论的基本根据；⑤ 以及后来宗教理论的基本原理。

在评价《社会分工论》(1893 年)这一论争意味极浓的著作时，应该考虑到上述内容。涂尔干集中注意力展开批评，结果把书中的根本主

---

① Review of Deploige, p. 326；然而，应该记住的是，涂尔干的评论写于即将降临的第一次世界大战的阴影之下。关于更早一些时候涂尔干和德普卢瓦热之间相互来往的评论书信，参阅 *Revue néoscolastique*, vol. 14, 1907, pp. 606 – 621。

② 尤其见于 Parsons, pp. 303 – 307；另参阅 Alessandro Pizzorno：“Lecture actuelle de Durkheim”, *Archives européennes de sociologie*, vol. 4, 1963, pp. 3 – 4。

③ 涂尔干在评论 Tönnies：*Gemeinschaft und Gesellschaft* 时指出，当原始社会被较为现代的社会形式所取代时，整体一致的道德基础并不会完全消失。按照涂尔干的观点，滕尼斯认为，在法理社会(*Gesellschaft*)中，所有“源于内在自发性的集体生命”已经丧失了。涂尔干指出，我们必须认识到，有差别的社会秩序仍不失为一种社会，也就是说，它保持了集体的团结和统一。*RP*, vol. 27, 1889, p. 421.

④ 涂尔干在评论 Gumplowicz：*Grundriss der Soziologie* 的文章里清楚地阐明了这一点(*RP*, vol. 20, 1885, pp. 627 – 634)，他在批评龚普洛维奇的“客观主义”时说道：“我们同时是作用者，又是被作用者，我们每个人都参与形成了这个冲击着个人的不可抑制的洪流。”(p. 632)

⑤ 参阅涂尔干早期论自杀的一篇文章，文中指出，与功利主义理论相反，在日益繁荣与人类幸福的提升之间，并不存在直接和普遍的关系。如果满足需要的结果仅仅是刺激了进一步的需要的话，那么欲望与满足之间的距离可能实际上拉大了。“Suicide et natalité étude de statistique morale”, *RP*, vol. 26, 1888, pp. 446 – 447.

题也给冲淡了。该书论争的主要对象之一就是国民经济学家和英国哲学家们所奉行的功利个人主义。[①]但是，本书还有一个不那么明显的批评目标，牵涉到源自孔德、后又被舍夫勒等学者所接受的思潮，该思想强调刚性规定的道德一致性对维持社会秩序所具有的显著作用。[②]涂尔干认为这种思想适合于分析传统型社会。但是，《社会分工论》中阐述的主要论点是，虽然传统道德信仰的重要性在减弱，但现代复杂社会并不会因此走向瓦解。相反，不同社会分工条件下的“正常”状态形成了一种有机的稳定性(organic stability)。然而，这并不等于说(如涂尔干认为滕尼斯在《共同体与社会》中所指出的那样)，作为不同个人之间契约的结果，专业化分工所带来的综合效果能够通过功利主义的模式得到令人满意的解释。相反，契约的存在是以规范作为先决条件的，规范本身并不是契约关系的产物，而是形成普遍道德认同的基础，离开了这种规范，契约关系就无法以一种有序的方式运转。“个体崇拜”(cult of the individual)是涂尔干从雷诺维叶那里借用的一个概念——指一种关于人类个体的尊严和价值的基本共同信仰，如由18世纪的法国哲学家们所表述的并构成了法国大革命基础的共同信仰——该概念与分工扩大所带来的个体化(individualisation)概念相对应，而且也是这一现象赖以建立的主要道德支持。[③]

涂尔干在《社会分工论》中论述其主题时所持的观点与他评论德国社会思想家时所持的观点是一致的。他开门见山地指出：“本书旨在用实证科学的方法来论述道德生活的事实。”[④] 这种方法必须与伦理哲学的方法明晰地加以区分：道德哲学家或始于关于人性基本特点的某种先验

① 帕森斯专门强调了这一点；参阅 pp. 308－317。

② 参阅 Gouldner，pp. 28－29。

③ *DL*，pp. 399－402.

④ *DL*，p. 32；*DTS*，p. xxxvii. 参阅 J. A. Barnes：“Durkheim's *Division of Labour in Society*”，*Man*（New Series），vol. 1，1966，pp. 158ff。

假设，或始于来自心理学的命题，在此基础上再通过逻辑演绎的过程建立起伦理学的架构。涂尔干则从另一方面入手，不是“从科学中推导出伦理学，而是要建立一门完全不同的道德科学”①。道德规范在社会中发展，并且与适合于一定时代和地域的社会生活条件紧密地结合在一起。因此，研究道德现象的科学旨在分析变化中的社会形态如何影响了道德规范的性质变化，并且对这些变化进行“观察、描述和分类”。

当今世界上，个人与社会之间的关系呈现出明显的道德模糊性，涂尔干在《社会分工论》中所关注的核心问题即源于此。一方面，现代社会形式的发展与“个人主义”扩张相关联。这种现象显然与社会分工的增长有关，社会分工导致了职业功能的专门化，因此也培育了特殊的才干、能力和态度，而这一切并非为社会每一个成员所共有，而只是为某些团体所特有的。涂尔干指出，不难表明当今时代存在强劲的道德理想潮流，其观点为个体的人格应当依据一个人所具有的特质来发展，因此，并不要求每一个人都接受统一标准的教育。②另一方面，也有同样强劲的与此相抵触的道德倾向，这些倾向称赞“普遍发展的个人”（universally developed individual）。“总的来说，要求我们专门化的训诫似乎从哪个方面来说都与要求我们遵循相同理想的训诫相抵触。”③

按照涂尔干的观点，只有对社会分工扩张的原因和影响做历史和社会学的分析，才能理解这些明显相互抵触的道德理想的根源。他指出，社会分工并不完全是现代的现象，在比较传统的社会形态中，社会分工就已初步形成，通常只限于男女性别之间的分工。社会分工的高度专门

---

① *DL*, p. 32; *DTS*, p. xxxvii.

② 涂尔干引述塞克雷唐特(Secrétant)的话说：“要自我完善，就必须弄清自己的作用，而且能够履行自己的职责……” *DL*, pp. 42 – 43.

③ *DL*, p. 44; *DTS*, p. 6.

化是现代工业化生产的特有产物。然而，如果像许多经济学家们所说的那样，社会分工不断增长的多样化仅限于“经济”领域，或者说分工的多样化只是工业化的结果，那完全是错误的。同样的过程也可见于当代社会的所有领域——政府、法律、科学和艺术诸领域。在所有这些社会生活领域中，专门化变得越来越明显。这可以用科学的实例来加以说明：曾经有一门普通“哲学”学科，它把整个自然和社会现实都纳入其范围，但长期以来，它已分化成众多的独立学科了。

社会分化日益增长，这是传统社会形式向现代社会形式发展过程中的特点，这种现象可以同某些生物学上的原理进行类比。在演化的等级序列上，最初出现的有机体在结构上是简单的，但这些有机体让位给了内部功能具有较高专门化程度的有机体：“有机体功能的专门化程度越高，其进化的级别水平也就越高。”① 这与涂尔干分析社会分工的发展及其与道德秩序的关系时所持的观点相似。我们必须把发展程度较低的社会据以构成自身的原则，与影响“先进”（advanced）社会构成的原则加以比较和对照，以便分析社会分工多样化的意义。

这就需要试着测定社会团结（social solidarity）性质上的变化。②根据涂尔干的看法，由于社会团结——正如每一种道德现象一样——并不是可以直接测定的，为描述出道德凝聚方面的变化形式，“我们必须用可以象征它的一个外在指数（*fait extérieur*）来代替我们无法掌握的内在事实”③。该指数可以从法律规则中找到。只要存在稳定的社会生活形式，道德准则终究会以法律的形式加以形成。虽说有时习惯性行为模式与法律之间可能存在冲突，但按照涂尔干的说法，这是个例外，而且只有当

① *DL*, p. 41; *DTS*, p. 3.

② 参阅 J. E. S. Hayward: “Solidarist syndicalism: Durkheim and Duguit”, *Sociological Review*, vol. 8, 1960, parts 1 & 2, pp. 17 - 36 & 185 - 202。

③ *DL*, p. 64.

法律“不再与现行社会状态相适应，而是因习惯的力量毫无道理地保持不变”的时候，这种情况才会发生。①

法律规则可以看成是被认可的行为准则，而惩处则可分为两个主要类型。一类是“压制性”（repressive）的惩处，具有刑法的特点，表现为将某种痛苦强加到个人身上，作为对他因违法而施行的惩罚。这类惩处包括剥夺自由、施加痛苦、毁其荣誉等。另一类是“补偿性”（restitutive）的惩处，包括恢复行为，即重建法律被破坏之前的关系状态。因此，如果某人指控受到了另一个人的伤害，并且控告成立的话，履行法律程序的目的就是要对原告所蒙受的损失给予补偿。对于在此类案件中败诉的个人，几乎或根本不会因此被社会看不起。大部分民法、商业法和宪法都属于这种类型。

压制性法律特别适用于构成“犯罪”的违法行为。犯罪是指违背了社会成员“普遍赞同的”情感的行为。刑法的弥散性道德基础可以由其普遍性特征看出。在补偿性法律中，法律诉求的两个方面都规定得非常明确，即义务，以及违法所应受到的惩罚。

> 相反，刑法只表明惩处，而不涉及与惩处相对应的义务。该法律不要求尊重他人的生命，但要处死杀人者。它并不像民法那样一开始便表明，这是应尽的义务；而是规定，这是应受的惩罚。②

涂尔干说，压制性法律中之所以不必规定道德义务，其原因一目了然：因为人人都知道，而且认可。

因此，在特定社会的司法系统中，刑法的主导地位必然预设存在着一种非常清晰的集体意识，以及为社会成员所共同拥有的信仰和情感。

① *DL*，p. 65.

② *DL*，p. 75；*DTS*，p. 41.

惩罚首先是对违法行为的一种情感反应。这一点可以表明在以下事实中：惩罚并不总是限于对有罪的人，那些本人清白无辜但却与犯罪一方存在密切关联的人——诸如亲戚或朋友——常常也会受损，就因为他们与受惩处者的关系使他们被“玷污”了。特别是在原始社会中，惩罚往往具有盲目性、反应性的性质，但即使在一个更加进步的社会形态中，构成刑法基础的原理还是保持不变的。在当代社会，使压制性惩处持续得到实施的理论基础通常是，把惩罚只看成是一种威慑力量。但涂尔干认为，如果情况果然如此，那么法律则不会依据罪行本身的严重性来进行惩罚，而是看罪犯犯罪的动机强度。“抢劫犯施行抢劫跟杀人犯要杀人有着同样强烈的意图……而杀人犯受到的惩罚却比抢劫犯受到的要更加严厉。”① 因此，惩罚保持其抵偿的性质(对于犯罪者来说)，而且保持一种报复的行为(对于社会来说)。“我们要报复的，即罪犯所必须抵偿的，是他对于道德的暴行。”②

因此，惩罚的首要功能是，当集体意识面对质疑其神圣性的行为时，要对其予以保护并重新肯定。在比较简单的社会中，存在着一元化的宗教体系，这是集体意识共同信仰和情感的基本体现。宗教“包含一切、遍及一切”，还包含着一套混杂的信仰和实践，这套东西不仅调节严格意义上的宗教现象，而且也事关“伦理、法律、政治组织原则，甚至于科学……”③ 任何刑法最初都置于宗教的框架内，反过来说，在绝大多数原始社会形态中，所有法律都是压制性的。④

---

① *DL*, p. 89；然而，涂尔干对他论述的重点做了重要的说明。在某些社会中，道德情感就像依据刑法施行惩处的情感一样是根深蒂固的——涂尔干举了孝道的例子。因此，集体情感强烈并不是存在“犯罪”的完全充足的条件。“……面对非常具体的实践时，刑法也必须是明确的……刑法以简洁和准确著称，而纯粹的道德准则一般有点模糊。”(p. 79)

② *DL*, p. 89.

③ *DL*, p. 135；*DTS*, p. 105.

④ *DL*, p. 138.

以“机械团结”（mechanical solidarity）为基本凝聚纽带的社会具有一种聚集体（aggregate）或环节结构：也就是说，这种社会是由内部组织彼此相似的、并置的政治-家族团体（氏族团体）所构成。整个部落构成了一个“社会”，因为它是个文化统一体：因为各种不同部落的成员都坚持同一套共同的信仰与情感。因此，这种社会中的任何部分都可以分裂出去，而不至于给其他部分造成损害——与此类似的是，简单生物有机体可以分裂成一些仍然统一和自足的个体。在原始的环节社会结构中，财产是共有的，这只是个体化普遍处于低层次水平的特殊现象。由于在机械团结的情形中，社会为一套团体成员共同怀有的牢固的情感和信仰所支配，那么个人间并不存在多大的差异性，每个个人都是整体的缩影。“财产实际上只是个人在物上的延伸而已。因此，无论何处的集体人格（collective personality）是仅有的存在，财产本身都只能是集体的。”①

有机团结的发展

补偿性法律逐渐取代压制性法律，这是个历史趋势，与一个社会的发展程度相关联：社会发展的水平越高，补偿性法律在司法结构中所占的比率就越大。这时压制性法律中的根本要素——即通过惩罚来抵罪的概念——不存在于补偿性法律中。反映为后一种法律形式的社会团结形

① *DL*, p. 179; *DTS*, pp. 154－155; 涂尔干在后来出版的著作中强调指出，国家的发展并不一定对应于特定社会的一般演化水平。一个相对原始的社会可能有相当高水平的国家。在此，涂尔干的分析与马克思对“东方专制主义”（oriental despotism）的论述相似。涂尔干指出，在这样的社会中，“财富是由社会全体成员以一种不可分割的方式获得的，但拥有它的权利却完整无损地给了高人一等的人，因为他觉得自己就是高人一等”（*DL*, p. 180）。涂尔干对这个问题进行了具体详细的分析，而且联系刑事惩处的强度和性质进行分析讨论，参阅“Deux lois de l'évolution pénale”, *AS*, vol. 4, 1899－1900, pp. 65－95。

态必须同表达为刑法的社会团结形态区别开来。事实上，补偿性法律的存在是以普遍存在的多样性社会分工为前提的，因为它涉及个人对于财产的权利，或者对于与他们处在不同社会地位上的其他个人的权利。

> 每一种社会形态都会呈现出不同的面貌。我们所说的第一种［机械团结］，或多或少是由团体成员共同的信仰和情感所组合而成的整体：这是一种集体形态。另一方面，第二种情形中我们之所系［*dont nous sommes solidaires*］的社会，是一种按照特定的关系将各不相同的、特殊的功能组合在一起的系统。①

上述第二种社会凝聚是“有机团结”（organic solidarity）。在那里，团结并不是单纯来自对共同的信仰和情感的接受，而是基于劳动分工上的功能性相互依赖。在机械团结作为社会凝聚根基的地方，集体意识“完全吞噬”了个人意识，因此意味着个人之间的同一性。相比之下，有机团结以个人之间在信仰和行动上的差异性而非同一性为前提。因此，有机团结的发展和社会分工的扩大这两者与个人主义的增长是齐头并进的。

有机团结的发展必须依靠集体意识重要性的减弱。但是，在复杂的社会中，共同的信仰和情感并不会完全消失，契约关系的形成也不会脱离道德的范畴，变成纯粹是个人追求“最佳利益”的结果。正是在这里，涂尔干的视角重又回到了他最初著作中所论述过的主题，特别是他对滕尼斯关于社会（*Gesellschaft*）这一概念的批判。赫伯特·斯宾塞是涂尔干在《社会分工论》中的批评对象，但争论的本质依旧。一个惟个人利益是图的社会必定会在短时间内就土崩瓦解。“没有比利益更加变化

---

① *DL*, p. 129; *DTS*, p. 99. 方括号中的内容为笔者所加。

无常的东西，今天，它使我和你联盟，明天，它又使我成了你的敌人。”① 涂尔干承认，的确，契约关系一般是随社会分工的扩大而增多的。但是，契约关系的增多要以影响契约缔结之规范的发展为前提；所有契约都受调控性法令的约束。无论社会分工有多么复杂，社会不会陷于短期契约联盟的混乱中。涂尔干在此重申了当初关于滕尼斯的观点："因此，把一个源于共有信仰的社会与一个基于合作的社会对立起来，认为只有前者才具有道德性，后者仅仅是一种经济性组合，这种看法是错误的。实际上，合作有其自身内在的道德性。”②

功利主义理论无法解释当代社会道德凝聚的基础，而且作为一种解释社会分工增长之原因的理论也是荒谬的。在后一种形式中，该理论把专门化的增强归因于道德多样化和交易形成的物质财富的增长。根据这一概念，生产量越增长，人的需求也越得到了满足，就越感到幸福。涂尔干提出各种不同的理由来驳斥这种观点。不过，最为重要的一点是，这个论点在经验层面上完全是荒谬的。不错，现代人可以享有形形色色的前所未有的快乐，但与此相抵牾的是，同样要忍受往社会形态中不曾有过的种种痛苦。③当代社会中的高自杀率就表明了这一点。因忧郁而自杀的情形在不怎么发达的社会中几乎不存在，而当代社会却大量存在这种情况，这表明社会分化并不一定就会提高幸福的整体水平。④

那么，要对社会分工的扩大做出解释，就得另找原因。我们知道，社会分工的发展与环节社会结构的解体息息相关。要使这种情况发生，就必须建立起过去未曾有过的关系，把过去互不相关的团体联合起来。

---

① *DL*, p. 204.

② *DL*, p. 228; *DTS*, p. 208.

③ 涂尔干在此重申他在早期论自杀的文章中的观点。参阅本书上文第 99 页注⑤。

④ *DL*, p. 249；在原始社会中，“一个人自杀，不是因为他发现人生不幸，而是因为他所奉行的理想要求他做出牺牲”（p. 246）。当然，涂尔干后来把这种情况称作无私式自杀。

这类社会中各不相同的生活和信仰模式，一旦它们被彼此联结在了一起，就会打破每个团体原来孤立单一的状态，刺激经济和文化的交流。“由于越来越多的个体间有充分的接触，以至于能够相互影响”[1]，社会分工就从而增长了。涂尔干把这种彼此接触的频率称为道德或“动力”密度(dynamic density)。个体间各种接触的增加显然必须来自某种不断持续的躯体关系。换句话来说，动力密度的增长主要依据人口的物质密度(physical density)的增加而定。那么，我们可以得出一个普遍的结论：“社会分工的变化与社会的容量和密度成正比，还有，如果社会分工在社会发展的过程中呈不断向前推进的趋势，那是因为社会密度在不断增加，容量也在普遍加大。”[2]

人们通常认为，涂尔干在此所做的解释是对他在《社会学方法的准则》(*The Rules of Sociological Method*)一书中所述原理的重演，社会现象是不可以用还原法来加以解释的。涂尔干本人对此好像也感到不安，所以后来对他最初关于物质密度和动力密度之间关系的论述做了一定程度的修正。[3]但是，事实上，涂尔干在《社会分工论》中论述这个问题时已清楚地表明，他给予的解释是属于社会学的：物质密度只有转变为道德和动力密度时才是重要的，此时社会接触的频率才是解释因素。可以举一个更有说服力的例子来说明这个问题，涂尔干要寻找到一种模式，以便对作为一种机制的冲突(conflict)进行分析，因为冲突加速了社会分工的发展，于是他在半达尔文主义(quasi-Darwinian)的框架内运用了“生物学”的解释。按照涂尔干的说法，达尔文和其他生物学家已经证

---

① *DL*, p. 257.

② *DL*, p. 262；*DTS*, p. 244；涂尔干承认，对于这一点也有部分例外，例如传统中国和俄国。在那儿，“社会分工的发展并不与社会容量相称，实际上，如果密度不是随时间和同程度地增长，那么容量的增大并不一定是优越性的象征……”(*DL*, p. 261；*DTS*, p. 243)

③ 参阅 *RSM*, p. 115。

明了，同类生物有机体之间的生存竞争是最为激烈的。这类冲突的存在引发了与之相应的专门化，于是有机体就能够共同存在，而不至于妨碍到彼此的生存。功能的分化使得各种各样的有机体生存下来。涂尔干得出结论，类似的原理可以运用到人类社会：

> 人类服从于同样的法则。在同一座城市里，不同职业的人能够共存，而不至于相互消灭对方，因为他们追求不同的目标。士兵追求军事上的荣耀，牧师则想成为道德权威，政界人物想得到权利，商人寻求财富，学者看重科学名望。①

个人主义与失范

在进行了社会分工的功能和原因等方面的分析之后，涂尔干现在该要回答最初促使他写作这部著作的问题了。我们可以肯定，社会分工的分化必然导致社会集体意识的普遍性衰减。个人主义的发展与社会分工的扩大必然相伴相随，而个人主义只有在共同信仰和情感等力量有所减弱的情况下才能向前发展。因此，集体意识“越来越由高度抽象和模糊的思想和情感模式所构成，这样就给个人差异的增多留下了开放的空间”②。现代社会并不会像某些人所认为的那样因此而陷入无秩序状态，在那些人看来，社会凝聚毕竟有赖于强劲有力的道德规范。事实上，在现代社会中，这种凝聚形式（机械团结）已经越来越被一种新的社会凝聚形式（有机团结）所取代。但是有机团结的功能运作仍不可以用功利主义的理论来加以解释。当代社会仍然是一种道德体制（moral order）。确实，

① *DL*, p. 267.

② *DL*, p. 172; *DTS*, pp. 146 – 147.

与“个人崇拜”相比，集体意识“不但被强化了，而且变得更加清晰”①。只有在社会生活的大多数领域都被世俗化了之后，“个人崇拜”才有滋长的可能。“个人崇拜”与传统的集体意识形式形成对比，因为它虽然也由共同的信仰和情感构成，但信仰和情感集中在个人的价值和尊严上，而不是集体性上。“个人崇拜”在道德上与社会分工的扩展相对应，但在内容上却与传统的道德共同体形式有很大的不同，因此不可能以其本身而成为当代社会团结的惟一基础。

> 我们当然可以称之为一种共同的信仰；但是，首先，它只是在其他信仰瓦解后才可能出现，而结果是，它无法产生像大量消亡了的信仰那样具有同样的作用。说什么也无法补救。此外，如果它是在共同体共享的范围所共有的话，那么它在其客体上就是个体的。②

在这一点上，涂尔干的分析遇到了一个明显的困难，如果社会分工的增长并不必然导致社会凝聚的瓦解，那么对作为现代经济世界显著特征的种种冲突又做何种解释呢？涂尔干承认，劳资之间日益尖锐的阶级冲突伴随着继工业化之后发生的社会分工的扩大而来。但是，如果认为这种冲突是直接由社会分工所导致的结果，那是荒谬的。实际上，经济功能的划分暂时超出了相适应的道德规律的发展，从而导致了上述结果。由于社会分工处在一种失范的状态之下，所以它不能处处产生凝聚。③那就是说，劳资双方的关系确实接近于功利主义理论中被视为伦理

① *DL*, p. 172.

② *DL*, p. 172; *DTS*, p. 147.

③ 涂尔干采用的“失范”术语似乎来自居约（参阅本书上文第98页注②）。然而，居约用的是“宗教失范”（religious anomie）术语，在一定意义上说，该术语接近于涂尔干所说的“个人崇拜”。

上理想的状态——其中极少或根本就没有约束契约形成的规则，这种状况导致的结果就是无休止的阶级冲突状态。在这种情况下，契约关系的缔结不以道德规范为依据，而是取决于强权的实施。涂尔干把它叫做“强制性社会分工”（*la division du travail contrainte*）。有机团结的功能发挥导致了调节不同职业之间关系的规范性准则的产生，但是，如果这些准则是由一个阶级单方面施加到另一个阶级身上的话，那就起不到规范的作用了。只有使社会分工与才干和能力的分布相协调，而且较高级的职位不被特权阶级所垄断，这时候，上述冲突才能得以消除。“如果社会的某个阶级为了生活而不得不付出任何代价来谋求职位，而另一个阶级却无须如此，因为它可以随意处理社会资源，而它能这样做并不是因为有什么社会优越性，那么，后者就在法律上拥有了压倒前者的不公正优势。”①

目前的情形正是过渡时期，上述情况依然存在。机会不平等（“外在不平等”）的状况会逐渐消失，这是一个随社会分工扩大而来的历史必然趋势。根据涂尔干的看法，要弄清这其中的原因很容易。在原始社会，团结首先建立在共同的信仰和情感的基础上，没有办法也没有需要使才干和机会均等，但是，社会分工的个性化作用，意味着先前潜在的人类特有的天赋能够发挥出来，结果形成了一股驱向个人自我实现的压力。

> 我们因此可以说，社会分工只有在非人为强制的而且达到了非人为强制的程度的情况下，才会产生团结的力量。但是，说到非人为的强制性，我们必须理解，不单纯是指没有明显和公然的暴力，还包括任何哪怕是间接地阻碍每个人身上所蕴含的社会力量得以自由发挥的情况。这不仅意味着个人不被迫从事特定的职业，而且还意味着没有任何东西阻碍个人在社会结构中占有与其能力相适应的职位。②

---

① *DL*, p. 384；关于涂尔干对这个问题的进一步论述，参阅本书下文第 309 页起。

② *DL*, p. 377；*DTS*, p. 370.

第六章　涂尔干的社会学方法论

《社会分工论》中展示的思想构成了涂尔干社会学的基础，而他随后著作的主体则是对最初在这部著作中提出的主题的详尽阐述。这种情况尤其明显地表现在他在 20 世纪将临之际出版的两部重要著作中：《社会学方法的准则》（1895 年）和《自杀论》（1897 年）。在《社会学方法的准则》中，涂尔干阐明了他已应用在《社会分工论》中的方法论见解。乍一看，《自杀论》的论题与《社会分工论》大相径庭，但实际上两者是紧密切合的，两者都包含在涂尔干自己的思想语境中，而且更广泛地说，也包含在 19 世纪论述社会伦理问题的著作框架内。自 18 世纪末以来，许多学者把对自杀的研究作为据以分析一般道德议题的特别问题。涂尔干在《自杀论》中的分析就建立在这些学者著作的基础之上，但作为其出发点也采用了《社会分工论》中建构的关于不同社会形态中道德秩序的一般性结论。

自 杀 问 题

涂尔干对自杀产生兴趣并开始接触关于这个论题的大量现存文献是在 1897 年之前不久。早在 1888 年，他就写道："很显然，自杀事件连续增多，已表明社会的有机状况中出现了严重的不安。"[①]透过对一个具体现象的细致分析，以便用事实来证明现代社会中存在的道德脱节

(*lacuna*)实质，这或许正是涂尔干在《自杀论》中最基本的关注点。但是，还必须在这个基础上加上方法论的目标：如何用社会学方法来解释表面上看完全是“个体的”现象。

关于自杀问题，众多先辈学者已阐明了一个基本的观点，并为涂尔干所采纳，那就是对自杀率分布情况的解释与对自杀个案的追本溯源这两者，在分析上必须加以严格的区分。19 世纪的统计学家们早已表明，一个社会的自杀率历年分布情况是稳定的，其间散布着明晰可辨的周期性波动。他们得出结论说，自杀率的分布形式必须依地域、生物和社会种类的稳定分布现象而定。②涂尔干在《自杀论》中较为细致地讨论了前两种情况，否定了用它们来解释自杀率分布情况的可能。③因此，我们必须指望第三种因素即社会因素来对自杀率的分布形式做出解释。

西欧国家的自杀分布情况表明，自杀率与宗教派别之间有着紧密的关系：自杀率在天主教占主导地位的国家比在新教为主的国家要低。这种在自杀率上的一致性差异，不能根据这个教派的信条(*credo*)中对自杀有不同程度的谴责来加以解释；这两者都同样严厉禁止自杀。其解释必须从更加普遍地根植于两个教派的社会组织内的差异中去寻找。根据涂尔干的观点，两个教派最显著的不同点是，新教建立在倡导自由探索精神的基础上。天主教会以传统牧师阶层为中心而建立起来，其权威紧紧维系于宗教教义上，而新教徒则单独站在上帝面前：“教士像祈祷者一样除了他本人和良心之外别无任何资源。”④ 用涂尔干的话来说，与天主教相比，新教属于“结合性不那么强”的教派。

---

① “Suicide et natalité, étude de statistique morale”, p. 447.

② 实际上，涂尔干在《自杀论》中引用的自杀与社会现象之间在统计数字上的关系是前辈学者们所确认的。参阅拙文“The suicide problem in French sociology”, *British Journal of sociology*, vol. 16, 1965, pp. 3 – 18。

③ *Su*, pp. 57 – 142.

④ *Su*, pp. 160 – 161；涂尔干承认，英国国教对于这一点有些例外，但英国比其他新教国家的自杀率要低。

由此可以推断出，这里面并没有什么与宗教特别切合的东西，需要用来解释天主教所具有的“保护性作用”；换句话说，社会其他领域内的结合程度与自杀率的关系也都是相比较而言的。涂尔干发现，事实确实如此。未婚者的自杀率一般比年龄相当的已婚者要高，而且自杀与婚姻单元的大小成反比——该家庭中的子女数越多，自杀率就越低。这同自杀与宗教派别之间关系的情形相似，表明自杀和家庭结构中的结合程度之间存在着某种关系。自杀率和社会结合水平之间的类似关系可以在另一种很不相同的社会制度语境中加以证明。在国家政治危机时期，或战乱岁月，自杀率会下降：在后一种情况下，不仅军人中的自杀率会下降，连平民男女也都如此。①原因是，政治危机和战乱激发了人们对一组特定事件的参与程度，“这至少在一段时间内增强了社会的结合度”②。

因此，不管分析哪个特定的社会领域，社会整合与自杀之间都存在着某种关系，并形成了这样一种命题：“自杀事件之变化与由个人组成的社会团体的结合程度成反比”。③那么，这类自杀可称之为“利己主义的”，它是一种处在“个人自我面对社会自我时过分坚持自己的权利而不惜损害它……”④的状态下而产生的结果。利己主义的自杀特别反映了当代社会的特点，但它不是惟一的自杀类型。第二种自杀类型来源于涂尔干在《社会分工论》中比较详尽地讨论过的现象：成为经济关系特征的道德失范状态。这类自杀反映了自杀率和职业结构之间显示出的相关性。涂尔干指出，自杀率在工业和商业职业领域内比在农业职业领域内要高。此外，在非农业职业里，自杀率与社会经济水平成反比，长期贫

① 按照涂尔干的观点，在这些例子中，没有一个自杀率下降是因为战时官方自杀资料不怎么精确造成的（*Su*, pp. 206 – 208）。

② *Su*, p. 208; *LS*, p. 222.

③ *Su*, p. 209; *LS*, p. 223.

④ *Su*, p. 209; *LS*, p. 223.

穷的人中，自杀率最低，而较为富裕的和从事自由职业的人中，自杀率最高。这是因为，贫困本身就是一种道德约束力的根源：在最低层次以上的职业更易摆脱稳定的道德约束。涂尔干在《社会分工论》中还讨论了作为工业领域内道德失范状态的结果的另一种现象：经济危机由此同样可以表明道德失范与自杀之间的关系。在经济萧条的年代，自杀率显著上升。这不能单纯根据相关的经济损失来解释，因为在经济显著繁荣的时候，自杀率也以同等的幅度提高。经济周期内的上下波动都会产生同样的结果，那就是，每种情况都会对人们习以为常的生活方式造成破坏性的影响。那些在他们的物质环境里有过突出的大起大落经历的人，往往被置于一种其惯常的期待超出其限度的紧张境地，于是造成了道德失范状况。

因此，道德失范像利己主义一样，"在我们现代社会的自杀事件中是一种不变的和特有的因素，它是每年滋生意外事件的来源之一"[①]。涂尔干对利己主义的自杀和道德失范的自杀之间差异的讨论并不是没有模棱两可的地方，而这一点已经使得一些评论家认为，根据涂尔干分析的实质，这两类自杀情形实际上无法很有意义地加以区分。[②]然而，如果对照《社会分工论》更为广阔的背景来仔细阅读涂尔干的叙述，就会发现这种观点很难站得住脚。涂尔干把利己主义的自杀行为同当代社会中"个人崇拜"的增长明显地联系在了一起。新教是宗教的先驱和现代道德个人主义的首要来源，它已在社会生活的其他领域内完全世俗化了。[③]因此，利己主义的自杀行为是"个人崇拜"增长所衍生的结果。

① *Su*, p. 258; *LS*, p. 288; 这些概念可以参照心理学理论来加以思考和发展。参阅拙文"A typology of suicide", *Archives européennes de sociologie*, vol. 7, 1966, pp. 276–295。

② Barclay Johnson: "Durkheim's one cause of suicide", *American Sociological Review*, vol. 30, 1965, pp. 875–886.

③ 涂尔干在他那部被忽视但却很重要的著作 *L'évolution pédagogique en France* (Paris, 1969) 中，对这一点阐述得很清楚。

只要“人是人类自己的上帝”，利己主义的增长就在所难免：“个人主义(Individualism)毫无疑问不必等于利己主义，但两者很接近；一者离开另一者的进一步蔓延就不能得到刺激发展。因此，利己主义的自杀行为便发生了。”① 从另一方面来说，道德失范的自杀行为源于道德约束的缺乏，这尤其成为现代工业一些主要部门的特征。根据涂尔干的观点，只要道德失范是一种“病态”(pathological)现象，那么道德失范的自杀也是病态的，因此，这是当代社会不可避免的一种特征。②然而，利己主义的自杀和道德失范的自杀彼此关系紧密，尤其是在个体自杀这个层次上。“利己主义者有某种摆脱约束的倾向，这的确是几乎不可避免的现象，因为既然他要与社会分道扬镳，那么社会也就没有足够约束力来规范他了。”③

自杀在传统社会中呈现出与利己主义和道德失范类型不相同的形态：这应直接追溯到《社会分工论》中详尽论述的社会组织的特点，这种社会与现代社会形态迥然相异。在传统社会中，有那么一种类型的自杀，那就是当某人被置于一种特定的环境中时，把杀死自己当作他应履行的一项义务。一个人杀死自己，那是因为他有义务这样做。这就是“义务性的利他主义自杀”(obligatory altruistic suicide)。还有其他一些类型的并不涉及某项确切义务的利他主义自杀，但在这当中，自杀与促进一定的荣誉和声望规范有关(即“选择性的”利他主义自杀)(“optional”[faculatif] altruistic suicide)。然而，这两种利他主义的自杀形式均建立在强烈的集体意识基础之上，因为集体意识支配着个人的行为，所以人们为了提升一种集体价值而不惜牺牲个人生命。

---

① *Su*, p. 364; *LS*, p. 416.

② 涂尔干坚持认为，在走向进步的社会变迁过程中，某种最低限度的失范状况是一个必要的因素。“因此，每一种改良和进步的道德都是建立在某种程度的失范基础上的。” *Su*, p. 364; *LS*, p. 417.

③ *Su*, p. 288; *LS*, p. 325.

“外在性”与“制约性”

《自杀论》中所阐述的概念是对涂尔干社会学研究方法论丰硕成果尤为强有力的证明。他在《自杀论》中表达了下列基本观点：

> 在任何特定的时间里，社会的道德法规都在确认着自愿死亡的突发事件。因此，对于每个人来说，有一股由一定能量构成的集体力量，它迫使人们选择自我毁灭。毁灭者的行为乍一看似乎只是其个人性情的流露，但实际上却是一种社会状况的补充和延伸。这种状况通过他们的行为表达出来。①

涂尔干接着补充说，这并不意味着心理因素与自杀无关：当某些个人处在与自杀有关的社会环境中(如失范状态)时，有些特别的动机和条件促使他们这样做，心理学家应做的贡献就是研究这些动机和条件。涂尔干在《社会学方法的准则》中极为系统地阐述了他的方法论思想，但他认为书中陈述的观点直接源自《社会分工论》和《自杀论》中展示的大量研究。“我们描述的方法纯属对实践的总结。”②

《社会学方法的准则》一书的主要论点是，必须廓清社会学的学科性质、界定其研究的领域。涂尔干在著作中反复强调，社会学大体上仍属于“哲学”学科，由形形色色、包罗万象的普遍原理所构成，这些原理大多建立在先验规则的逻辑推理基础上，而不是建立在系统的实证研

---

① *Su*, p. 299.

② “La sociologie en France au XIXe siècle”, *Revue bleue*, vol. 13, 1900, p. 649；涂尔干在《社会学方法的准则》中还谈到，书中所阐述的方法“当然也包含在我们最近出版的《社会分工论》一书中”。*RSM*, p. ix.

究基础上。涂尔干在《自杀论》的开篇就说，社会学“仍然处于建构其系统和进行哲学性综合的阶段。它并未试着针对社会领域中的有限部分释疑解惑，却偏好文采飞扬的笼统论述……”[①] 从某种意义上说，该学科所关心的显然是对社会中的人的研究，但“社会的”这个范畴常常过于松散。可能被界定为“社会的”现象有哪些具体的特征，并据此与其他诸如“生物的”和“心理的”现象相区分呢？[②]

涂尔干企图运用“外在性”（exteriority）与“制约性”（constraint）这一著名判断标准来界定社会范畴的特征。尽管人们对于涂尔干在这一点上的论述众说纷纭，但对于他这一点的本质立场却不难做出解释。社会事实对于个人来说是“外在的”，这其中有两层互为相关的含义。首先，每个人都降生在一个发展前进的社会中，该社会已经具备了一定的组织或结构形式，而且还会影响他的个性：“教会成员会发现，信仰和宗教生活的习俗，早在他们出生时就已预备好了，信仰和习俗先于他们而存在这个事实意味着，它们是外在于他们而存在的。”[③] 其次，社会事实对于个人来说是“外在的”，意思是说任何个人都只是构成社会关系整体的一个单一元素而已。这些社会关系不是任何单个人的创造物，而是人与人之间多重作用交互形成的。“我用于表达思想的符号系统，用于支付债务的货币体系，在商业往来中运用的信用手段，职业生涯中所遵循的种种惯例，等等，这一切都不以我自身对它们的运用为转移。”[④] 人们常指出，涂尔干在这里所使用的术语“个人”（individual），其含义不止一个。有时候，在一定的语境中，他显然是指（假设的）“孤立的个人”，即形成功利主义理论出发点的非社会存在，而在另一些时候，涂

---

① *Su*, p. 35.

② 帕森斯指出，涂尔干把社会“事实”一词等同于社会“现象”一词，造成了认识论点上的混乱（Parsons, pp. 41 – 42）。

③ *RSM*, p. 2.

④ *RSM*, p. 2.

尔干使用该词指某个“特定的”（particular）个人——经验社会中有血有肉的个人。[①]然而，事实上，就涂尔干的目的而言——其目的在一定程度上有争议——对于“个人”这个词的各种不同含义进行辨析并不重要。涂尔干论题的要旨是，没有任何以“个人”——无论上述定义中的哪一种——作为出发点的理论，能够成功地把握社会现象的独特性质。

换句话来说，涂尔干这里的观点是概念性的。确实，他坚持讨论社会“事实”，这在一定程度上把这个问题给弄得模糊不清了，但是，“外在性”并不是一个经验判断的标准，这应该是很明显的。如果它是经验判断的标准的话，那就会直接得出可笑的结论，即社会存在于所有个人之外：这就是涂尔干所说的“我们可以不必费事采纳的明显谬误”。[②]他多次强调：“社会仅仅由个人所构成。”[③] 但是，对应于化学元素和由化学元素化合在一起的物质之间的关系，可有类似叙述如下：

> 就社会事实而言易于被断定为不可接受的事，在自然界的其他领域却易于被接受。无论什么时候任何元素合成，并由此产生新的现象，很显然这些新现象都不处在最初的元素中，而是处在由元素结合成的整体结构中。活细胞只含有矿物粒子，就如社会只包含个人一样。然而，说具有生命特征的现象存在于氢、氧、碳、氮等原子中，显然是不可能的事。我们可将这一原理运用到社会学中。我们可以说，如果每个社会都会形成的这种独特的结合，产生了新的现

---

① 参阅 Harry Alpert：*Emile Durkheim and his Sociology*（New York，1939），pp. 135－137；Parsons，pp. 367－368；Guy Aimard：*Durkheim et la science économique*（Paris，1962），pp. 26－31。

② *Su*，p. 320.

③ 也就是说，个人加上其构建的人造物，但是，只有当社会中的人赋予这些物品以某种意义时，它们才具有社会相关性。*RSM*，pp. 1ff.

象，而这些现象又不同于个人心目中所产生的现象，那么，我们确实必须承认，这些事实存在于产生它们的社会本身，而不是社会的组成部分即其成员中。①

涂尔干用于阐明社会事实特征的第二个判断标准是一个经验性的标准：道德“制约性”的呈现 。在这里，最好用涂尔干自己提供的一个例证——“父性”（fatherhood）——来加以说明。从某种意义上来说，亲子关系是一种生物学上的关系：一个人通过生殖行为而成为一个孩子的父亲。但是，父母身份也是一种社会现象：按照习惯和法律的规定，一个父亲有义务以各种特定的方式来对待他的子女（当然，也包括家庭中的其他成员）。这些行为模式不是我们这里讨论的个人所设计创造的，而是个人与其他人共同受到制约的道德责任系统的一部分。虽然某个人可能漠视这些义务，但他在这样做的时候，会感觉到义务的力量，因而证明了其约束的性质：“即使我要摆脱这些规则的约束，并且成功地违犯了它们，这时候我总是有一种要被迫与其斗争的感觉。到最后终于克服了，但还是会因为其抵抗性而充分地感觉到其约束的力量。”② 当然，这一点在法律义务的情境中表现得最为明显，法律义务受诸如警察、法庭等一整套强制性机构的支持。但是，还有众多不同的支持手段来强化法律中所没有明文规定的种种义务。

然而，涂尔干反复重申，惩罚手段适用于对付不履行义务的行为，但人们履行义务很少是因为害怕惩罚。在大多数情况下，个人接受义务的合法性，因此不会意识到义务的制约性：“当我心悦诚服地遵循义务

---

① *RSM*, pp. xl vii－xl viii；*RMS*, pp. xvi－xvii.

② *RSM*, p. 3；在运用这个判断标准时，涂尔干把韦伯说的“习惯”（usage）——惯常的行为，但不为规范所容许或废止——移到了社会学的边缘，因此，实际上得出了一个同韦伯相类似的结论。参阅本书下文第 207 页。

时，这种制约性（强制性）如果有的话，也只是略有感知，因为它没有必要。然而，它却是这些事实的内在特征，其证据是，如果我要抵抗制约性，那它立刻就会显现出来。”① 涂尔干强调制约性的重要性，显然主要是针对功利主义的。但是道德义务总有其两面性，另一方面是接受蕴含在义务中的一种理想（不管这种接受是多么不完整）。涂尔干后来谈到，在这一点上，他一贯被人误解：

> 既然我们已使制约性成为外在的符号（outward sign），通过它，社会事实可以很容易加以辨认，并且同个人心理事实加以区别，那么，可以这样认为，根据我们的看法，肉体上的制约性对于社会生活来说是必需的。实际上，在其中有一种内在而根深蒂固的并且是完全理想性的事实，我们所看到的就是这种事实的物质化的和显而易见的表露：这是一种道德的权威。②

解释性通则的逻辑

“把社会事实看作事物”在《社会学方法的准则》一书中或许是最著名的论点，人们对此发表了反对的意见，涂尔干在该书第二版前言中进行了回应。③该论点显然是一个方法论上的而不是本体论上的假设，但必须根据涂尔干承自孔德的科学发展模式的概念来加以理解。所有科学在成为概念精确、实证有力的学科之前，都是源于宗教基础的形式粗糙、高度概括的概念聚合：“……思想和反省先于科学，科学只是对它们

① *RSM*, p. 2；*RMS*, p. 4.

② *EF*, p. 239；*FE*, p. 298（脚注）。参阅 Raymond Aron：*Main Currents in Sociological Thought*（London, 1967）, vol. 2, pp. 63 – 64。

③ *RSM*, p. 14.

有条理地加以运用。”但上述概念从未系统性地加以检验。“事实作为例证式的证据只起次要的作用。”[①] 实证方法的运用，而不仅仅是概念上的论述，结束了这种前科学的阶段。这一点对于社会科学来说可能比对自然科学更加重要，因为在这里论题关系到人类活动本身。因此，有一种强烈的倾向，把社会现象看成要么是缺乏实际本质的东西（如个人意愿的创造物），要么正相反，是已经完全熟知的东西：因此，诸如“民主”、“共产主义”之类的词被任意使用，好像它们确切地表示了已知的事实，而事实上，“它们在我们心中唤起的只是含混不清的概念，模糊的印象、偏见和情绪交织在一起”[②]。社会事实必须被看作“事物”的论点就是针对上述倾向提出来的。因此，涂尔干把社会事实比作自然世界，这是因为，像自然界的事物一样，社会事实的特性不可能凭直觉就立刻为人所知，也不以个人的意志为转移。“确实，一个‘事物’的最重要特征是，它不可能凭单纯意志力的投入就发生改变。这倒不是说事物抗拒一切变化，而是说单纯的意志行为不足以使其产生变化……我们早已懂得，社会事实具有这种特性。”[③]

要坚持把社会事实看作事物的原则以及客观性原则，就要求对社会现实进行调查的研究者保持严格的超脱态度。这并不是说，他应该以一种完全“开放的心态”来开展一个特定领域内的研究，而是说他在对待所从事的调查研究时必须采取感情上中立的态度。[④]这反过来有赖于结构严密的概念体系的建立，这样就避免了表达通俗思想时混乱不堪和变化无常的术语。然而，显而易见的是，在研究的开始，我们对所要研究的现象可能缺乏系统的知识：因此，我们必经根据那些“很外化而立刻

① *RSM*, pp. 14 - 15.

② *RSM*, p. 22.

③ *RSM*, pp. 28 - 29.

④ 涂尔干警告说：“过于疏远待测问题，会在行动和思想上产生无法连贯的严重缺点。”“Sur le totémisme”, *AS*, vol. 5, 1900 - 1901, p. 89.

可以看出的"特征使我们的论题概念化。[①]例如，在《社会分工论》中，涂尔干根据压制性惩罚的"外在特征"来界定构成犯罪的因素；犯罪是任何招致惩罚的行为。但以下是表达关于犯罪的更加圆满的概念的一种手段：犯罪是一种违背集体怀有的信仰和情感的行为。[②]这种方法可能招来批评，说过于重视一种现象的表面特征，而忽略了更加本质的内在特征。涂尔干对这种批评给予了回应，坚持认为，根据"外在"特征下定义只是一种初步的处理办法，其目的是要"建立起与事物的联系"[③]。这一概念提供了一张进入某一领域的许可证(*entrée*)，允许研究工作从可观察到的现象入手。

涂尔干对于社会学中的解释和证明所具逻辑的观察，与他对社会事实主要特点的分析紧密相关。有两种方法可以用来解释社会现象：功能的方法和历史的方法。对一种社会现象进行功能分析是指确定"所涉事实与社会有机体的一般需求之间的对应关系，以及这种对应关系存在于何处……""功能"必须同心理学上的"目的"(end)或"意图"(purpose)区分开来，"因为社会现象一般不是因其产生的有用结果而存在的"[④]。促使个人参与社会活动的动机或情感与社会活动的功能一般不完全相关。社会并不单纯是个人动机的聚合，而是"有其自身特征的具体现实"：因此，社会事实不能根据这样的动机来加以解释。

根据涂尔干的观点，确认社会功能并不能解释清楚社会现象"为什么"存在的问题。产生一个社会事实的原因与社会事实在社会中的功能是分离的。涂尔干指出，如果要在功能与原因之间做一个解释性的结

---

① *RSM*, p. 35；另参阅罗歇·拉孔布(Roger Lacombe)所做的鞭辟入里的分析：*La méthode sociologique de Durkheim*(Paris，1926)，pp. 67ff。

② *RSM*, pp. 35－36.

③ *RSM*， p. 42.

④ *RSM*, p. 95.

论，那就会导致一种在终极原因这一意义上对社会发展的目的论解释。根据终极原因所做的“解释”必然形成荒谬的推论，涂尔干在《社会分工论》和《自杀论》中都给予了批评：

> 因此，孔德把人类的整个进步动力追溯到这样一个根本倾向，即“在任何情况下，不论环境如何，该倾向都会促使人类不断改善其环境”。而斯宾塞则把这种动力归于对更大幸福的需求……但这种方法把两个截然不同的问题混为一谈了……我们对事物的需求并不能导致事物的存在，也不可能赋予其特殊的本质。①

因此，导致某一特定社会事实形成的原因必须同其可能实现的社会功能区分开来。此外，适宜的方法论步骤是，先确定原因，再分辨功能。这是因为，在某种情况下，知晓导致某种现象存在的原因可使我们深入认识其可能产生的功能。根据涂尔干的观点，原因和功能在性质上的区分并不影响两者之间的相互关系。“离开了原因，结果无疑是不存在的，但反过来，原因也需要结果。结果正是从原因中获得动力的，但它有时也将动力送回到原因中，因此，原因不消失，结果是不可能消失的。”② 因此，涂尔干在《社会分工论》中举例说明，“惩罚”之所以存在，那是因为人们普遍怀有集体情感。惩罚的功能就在于要在同等强度上维系集体情感：如果不对违规行为加以处罚，维持社会统一的情感力量就不会持续。

常态与病态

《社会学方法的准则》一书用了相当大的篇幅来确立判断社会病态

① *RSM*, pp. 89 - 90.

② *RSM*, pp. 95 - 96.

(social pathology)的科学标准。涂尔干在本书中的论述直接拓展了他早期论文所关注的论题，而且在他的整个思想体系中也的确至关重要。涂尔干指出，大部分社会理论家认为，在科学命题(事实陈述)与价值陈述之间存在着一道绝对的逻辑鸿沟。按照这种观点，科学论据可作为一种技术手段，用于更好地实现目标，但目标本身无法通过使用科学程序来确认有效。涂尔干反对这种康德式的二元论，因为他否认二元论所假定的“手段”与“目的”之分事实上可以成立。对于涂尔干来说，对手段与目的做抽象的二分，其在普遍哲学领域内所犯的错误，类似于在功利主义理论的社会模式中表现得更加具体的错误：也就是说，人们遵循的“手段”和“目的”，从经验上来说都是人们作为其成员的社会形态的结果。

> 根据另外一种观点，每一种手段本身就是目的，因为手段要运用到实际中，必须如同其要实现的目的一样由意志来决定。达到某一特定目的的途径有若干条，因此，需要在这中间做出选择。这样一来，如果科学不能帮助我们选择最佳目标，那么我们怎么可能知道，哪个是实现目标的最佳手段呢？为什么科学该推荐最快速的而不是最经济的，最可靠的而不是最简便的，或者相反？如果科学不能引导我们决定终极目标(*fins supérieures*)，那么，在我们称之为手段的，即那些所谓次要的和从属的目的，也同样无能为力。①

在涂尔干看来，通过运用类似于生物学上支配“常态”(normality)与“病态”(pathology)之间区分的原理，手段和目的对分是可以连通

① *RSM*, p. 48；*RMS*, p. 48；作为对韦伯在这个问题上所持观点的含蓄批评，这一点与Strauss的观点相似。参阅Leo Strauss：*Natural Right and History* (Chicago，1953)，p. 41。

的。涂尔干承认，要界定社会学上的病态，会有特别难以解决的问题。因此，他试图运用先期著作中用过的方法论原则：在社会领域中，常态可由普遍性的“外在的和可察觉的特征”来加以确认。换句话说，常态可根据特定类型社会内的社会事实的普遍状况来加以初步确认。如果一种现象在相同类型的所有社会或绝大多数社会中都存在，那么，对于该类型的社会而言，这种现象就可看作“常态的”，除非更加深入细致的研究表明，普遍性的标准被误用了。那么，一种对于特定社会类型而言是“普遍的”社会事实，当普遍性被证明是建立在对该社会类型起作用的基础上时，这个社会事实就是“常态的”。这一点可根据《社会分工论》的主题加以阐明。涂尔干在该书中表明，强烈的集体意识与具有先进劳动分工的那种社会的运作是不协调的。有机团结的优势增强会导致传统信仰形式的衰弱：但是，严格说来，因为社会团结越来越有赖于劳动分工方面功能上的相互依赖，集体信仰的衰弱是社会现代类型的正常特征。然而，在这个特殊的情形中，普遍性的初步判断标准并不能提供可供确认常态的模式。现代社会仍然处在一个过渡的时期，传统信仰继续发挥着足够重要的作用，所以一些学者声称，传统信仰的衰弱是一种病态的现象。因此，在这种情况下，传统信仰的持续普遍性就不是判断何为常态、何为病态的确切指标了。因此，在社会快速变化的时代，“当整个社会类型都处在演化的过程中，还未在新的形式中稳定下来时”，对于正在被替代的社会类型来说属于常态的因素仍然存在。有必要分析“过去确定这种普遍性的条件……然后研究的这些条件目前是否依然存在”①。如果这些条件不复存在，那么所涉及的现象虽然“普遍”，也不能称之为“常态的”。

有些人把历史看作一系列独一无二的、不可重复的事件，另一些人

① *RSM*, p. 61.

则企图建构超越历史的伦理原则，按照涂尔干的说法，针对特定的社会类型推论出判断常态的标准，可使我们在两者之间开辟一条伦理学理论的途径。按照前一种观点，不存在普遍伦理学；按照后一种观点，伦理法则“为整个人类一劳永逸地”制定了。可以举一个涂尔干自己经常使用的例子，适用于古希腊城邦(*polis*)的种种道德理念根植于宗教思想中，而且根植于以奴隶制为基础的特殊阶级结构形式中：因此，许多当时的伦理观念如今都已过时了，而企图将它们在现代世界中加以恢复的努力是徒劳的。例如，在古希腊，全面发展的“文明人”的理想——通晓科学和人文知识——对当时的社会是不可或缺的。但是，这个理想却不符合劳动分工高度专门化体制的要求。

关于涂尔干对此事的看法，人们可能会提出明显的批评，说它导致了对现状的遵从，因为它好像认同在道德上维持现状的倾向。[①]涂尔干否认这种情况，相反，只有对社会现实中可能出现的趋势有确切的了解，积极干预以便促进社会变化的行动才会获得成功。“未来已为那些读得懂它的人写好了……”[②] 对道德的科学研究使我们能够识别那些正在形成但仍然大部分隐藏在公众意识之外的理想。通过说明这些理想不仅仅是失常，同时分析孕育了这些理想并促进其发展的社会变化条件，我们就能够弄清楚，哪些倾向应该鼓励，哪些倾向作为过时了的东西应该加以排斥。[③]当然，科学永远不可能完成到使我们完全不必由它来指导便可以行动的程度。“我们必须生活，而且必须常常期望科学。在这样的情况下，我们必须尽我们的能力行事，而且利用我们可以利用的科

---

① 批评家们纷纷发表意见，涂尔干在*AS*上回复了三个最初的评论，载 vol. 10，1905－1906，pp. 352－369。

② *Ibid.* p. 368.

③ “The determination of moral facts”，载 *Sociology and philosophy*（London，1965），pp. 60ff。

学研究成果……”①

涂尔干指出，采用他的立场并不会使一切要建构在逻辑连贯的伦理学上的抽象“哲学”尝试完全徒劳无益。“道德不会等到有了哲学家们的理论才形成并发挥作用”，虽然情况确实如此，但这并不意味着，有了道德规范存在其中的社会架构的经验知识，哲学思索仍不可能给已有的道德规范带来变化。事实上，哲学家往往在历史上扮演了这样的角色——但他们通常没有意识到这一点。这些人企图阐明普遍的道德原则，但实际上却成了社会内部变化的先驱和前辈。②

① *Ibid.* p. 67.

② *RSM*, p. 71；马克思也提出了类似的观点，讨论了犯罪行为的革新性质。*Theories of Surplus Value*（ed. Bonner & Burns）, p. 376.

第七章　个人主义、社会主义与“职业群体”

与社会主义的冲突

《社会分工论》所阐发的理论，以及涂尔干随后对该书主题所做的进一步研究，最终都不可避免地与社会主义学说发生正面冲突。莫斯证明，涂尔干早在学生时代就决心投身于“个人主义与社会主义之间关系”的研究。[①]当时，涂尔干已熟悉圣西门和蒲鲁东的学说，并已初步接触了马克思的著作。但在撰写《社会分工论》时，他的社会主义理论知识却很薄弱。在他学术生涯的早期，他密切关注的社会主义是诸如舍夫勒和讲坛社会主义者（*Kathedersozialisten*）提出的改革社会民主的理论。[②]

在《社会分工论》《自杀论》以及众多其他著作中，涂尔干论及了当代社会经历的危机。《社会分工论》清楚地表明，这种危机主要不是经济上的，也不是能够靠经济手段解决的。究其原因，根据涂尔干的看法，大多数社会主义者提出的方案是通过经济的集中控制来形成财富的再分配，但该办法没有抓住现代社会面对的重大问题。社会主义是现代社会不适症（*malaise*）的一种表现，但社会主义自身并不是消除不适症所必需的社会重构的恰当基础。

涂尔干对于社会主义的态度是建立在这样一种假设基础上的：社会主义学说本身必须取决于对其他理念系统的分析，也就是说，社会主义理论必须根据其产生的社会语境来加以研究。他试图做这种分析，以给出“社会主义”和“共产主义”之间的根本区分为开端。[3]按照涂尔干的理解，共产主义理念在历史的众多阶段都存在，而社会主义却只是近代的产物。共产主义的著作典型地以虚构的乌托邦形式出现：柏拉图、托马斯·莫尔和康帕内拉的著作中可以找到各种各样的例子。支撑这种乌托邦式的社会结构的主要观念是，私有财产是一切社会罪恶的根本来源。因此，共产主义作者把物质财富看作道德危险，必须通过实施严厉的限制性手段来控制其增长。在共产主义理论中，经济生活与政治领域是分开的：例如，在柏拉图的理想社会中，统治者无权干涉劳动者和工匠的生产活动，而后者也无权影响政府的行为。

> 按照柏拉图的观点，这种分离的理由是，财富和与其有关的一切都是导致公众腐败的根源。正是这个东西，激发了利己主义，使得公民争斗，引发毁灭国家的内部冲突……因此，有必要把财富置于公众生活之外，尽可能远离其导致的危害。[4]

社会主义是在18世纪末期和19世纪改变了欧洲社会的一系列社会变革的产物。共产主义筑基于政策和经济必须分开这一观念，而根据涂尔干的观点，社会主义的实质是两者必须结合。社会主义的一个根本原则是，不仅生产应该集中掌握在国家手中，国家的角色也应该是完全经济性的——在社会主义社会中，对经济的安排或管理是国家的基本任

① 马塞尔·莫斯为 *Soc* 第一版所写的“序言”，p. 32。

② 涂尔干评论了舍夫勒所著 *Der Sozialismus*，见于“Le programme économique de M. Schäffle”，*Revue d'économie politique*，vol. 2，1888，pp. 3－7。

③ 涂尔干指出，这种区分在语言学上也比较明显。“社会主义”这个词语不同于“共产主义”，它起源于近期，尤其是19世纪初，参阅 *Soc*，p. 65。当然，马克思知道这一点，但他在两者之间未做出前后一致的术语区分。

④ *Soc*，p. 68；*Le socialisme*（Paris，1928），p. 44.

务。共产主义追求的是尽可能远离财富，它通常具有禁欲的性质，而社会主义学说则建立在这样的前提上：现代工业生产为所有人提供了丰裕财富的可能性，实现普遍富足是他们的首要目的。社会主义主张："把目前松散无序的所有经济功能，或其中一部分，集中到社会的指挥和意识中心。"①

因此，社会主义的目标是为了所有社会成员的利益而调节和控制生产。但是，涂尔干认为，没有哪一种社会主义学说主张消费也必须集中调控，相反，社会主义者认为，每个人为了满足自己的需要应该自由支配劳动果实。相比之下，共产主义则认为，"消费是公共一致的，而生产则是个人的"。涂尔干补充说，"毫无疑问，这是欺人之谈，两者都主张调控(*réglementation*)，但必须注意的是，两种调控的方向是相反的。社会主义的目标是要把工业系于国家，以便提升其道德，而共产主义的目标是要使国家远离工业，以便提升国家的道德。"②

那么，这种分析与《社会分工论》所做分析的联系就很明显了。共产主义的信条适合于生产力发展水平低的社会，而且最初也是从其中产生的。共产主义理论坚持每个人或每个家庭作为全能生产者(universal producer)这一概念。由于每个人生产的场所相似，劳动任务也都相似，因此，在生产中不存在普遍合作的依赖性。在这种社会中，职业的专门化程度还不很高：

> 在乌托邦中，每个人都按自己认为合适的方式劳动，只是不要无所事事……由于每个人都做同样的事，或几乎同样的事，那么就不存在合作来进行调控。只是每个人生产的东西不属于他自己。他不能随意支配劳动产品。他要把产品带到群体中，然后只有社会集体支

① *Soc*, pp. 54 – 55; *Le socialisme*, p. 25.

② *Soc*, pp. 71 & 70; *Le socialisme*, pp. 48 & 47.

> 配它时，他才能享受。①

相反，社会主义是一种只有在社会分工高度发达的社会才能出现的理论。它是对现代社会中劳动分工病态状况的一种反应，而且要求实施经济调控，以重新组织集体生产活动。涂尔干强调指出，我们必须理解，社会主义理论并不鼓吹经济必须从属于国家这一概念。经济和国家应该彼此融合，这种融合尤其降低了国家的“政治性”色彩。

> 例如，按照马克思的学说，这样的国家——也就是说，只要国家扮演了一个具体的角色，而且代表了一定的利益，该利益是独特的，超出商业和工业利益、历史传统、公共信仰和宗教或其他性质的范围——将不复存在。今天属于国家特殊领域的纯政治功能不会有存在的理由，只会有经济功能。②

在涂尔干看来，阶级冲突不是社会主义基本原理中固有的。当然，涂尔干承认，大多数社会主义者——尤其是马克思——认为，他们目标的实现，与工人阶级的命运密不可分。但是涂尔干指出，事实上，社会主义首要关注的是实现生产的集中调控，其次才主张工人阶级的利益与资产阶级的利益对立。按照社会主义者的看法，影响工人阶级状况的主要因素是，其生产活动并不取决于整个社会的需要，而取决于资产阶级的利益。社会主义者认为，据此可以说，消除资本主义社会剥削性质的惟一途径是完全消灭阶级。但阶级冲突只是实现某些更加基本的目标的历史性手段。“因此，改善工人的命运不是一个特殊的目的，而只是由

---

① *Soc*, p. 71.

② *Soc*, p. 57.

社会手段处理经济活动时必然产生的结果之一。”[1]

于是，在大多数方面，共产主义与社会主义呈现出明显的对立。然而，在很重要的一点上，双方是一致的：两者都想要纠正个人利益高于集体利益的状况。“双方都怀有这种共同的感受，利己主义的自由活动不足以自动形成社会秩序，另一方面，集体需要必须高于个人之便。”[2]但是，即便在这一点上两者也不完全一致。共产主义想要彻底消除利己主义，而社会主义则认为，“只有当个人占据了特定历史时期所建立的大型经济实体的情况下，那才是危险的”[3]。从历史的角度来说，18世纪共产主义理念的盛行预示着随后社会主义理论的发展，两者部分地交织在一起。“因此，社会主义受到了共产主义的影响。它在努力实现自己纲领的同时，也试图在共产主义的内部发挥作用。从这一点来看，它实际上是共产主义的后继者，但与共产主义并不同源，在保持其性质的同时对共产主义有所吸收。”[4] 涂尔干指出，正是因为对这一点辨别不清，使得社会主义者常常犯“主次颠倒”的错误。也就是说，他们“只对作为共产主义基础的宏大意念做出反应”，而且竭尽全力“减轻工人的负担，用自由和法律的庇护来弥补他们所遭受的压迫”，当然，这些并不是完全不合需要的努力，但“偏离了迫在眉睫的目标……”[5] 他们提出问题的模式避开了问题的实质。[6]但涂尔干认为，社会主义是现代世界中具有重大意义的运动，因为社会主义者——或至少其中那些更加成熟和老练的人，如圣西门和马克思——不仅意识到当代社会与传统社会类型之间的明显不同，而且还制定了综合性的纲领，以实现社会重组

① Soc, p. 60; *Le socialisme*, p. 33.
② *Soc*, p. 75.
③ *Soc*, p. 75.
④ *Soc*, p. 91.
⑤ *Soc*, p. 92.
⑥ *Soc*, pp. 104 - 105.

来消除新旧社会转换中带来的危机。但是，社会主义者所提出的种种政策不足以改变他们在一定程度上已做出准确判断的局面。

国家的作用

涂尔干明确反对必须以阶级革命来重组当代社会的做法，但他却预见到了阶级划分终将消失的必然趋势。①保留继承权是维系“社会中两个主要阶级”——劳动者和资本家——划分的基本因素：财富的继承性转移使得资本集中在少数人手中的状况得以延续。②涂尔干也赞同实施改善贫困者物质状况的各种福利计划和其他措施。但他承认，这一切只有在经济得到调控的前提下才有可能实现(然而他认为，经济调控不应当只由国家来施行)。③

但是，单凭经济上的重组不但不能解决现代世界面临的危机，还会使其加剧，因为危机是道德上的，而非经济上的。随着作为先前社会形态道德背景的传统宗教制度的瓦解，经济关系的支配地位日益增强，这正是当代社会道德失范的主要根源。由于没有认清这一点，社会主义并未提出比正统政治经济学更加有效的解决现代危机的办法。虽然在大多数问题上，社会主义者与经济理论家针锋相对，但他们也有一些共同的特点：两者都视经济手段为解决现代社会当前困难的途径，两者都相信把政府的职能降低到最低限度是可能的和可取的。经济学家建议，应当充分发挥市场自由运作的作用，而政府的职责仅限于契约的强制履行。社会主义者希望通过生产的集中控制而把指挥市场的权力转交给政府。“但两者都否认政府有能力控制其他社会机构，并且将它们集中在一个

---

① 参阅本书下文第 274—276 页。

② *PECM*, p. 213.

③ “La famille conjugale”, *RP*, vol. 91, 1921, pp. 10ff.

超越它们的目标上。”①

涂尔干认为，国家必须同时在经济和道德上起作用，并且寻求普遍道德的而非经济的措施以减轻现代世界的不适症。在从前的社会类型中，宗教权威的优势地位为社会所有阶层提供了一个实现其强烈愿望的空间，安抚贫者甘于接受其命运，教训富者承担起照顾无特权者的义务。虽然这种秩序是压制性的，把人的活动和潜力限定在狭小的范围中，但它给社会提供了一种稳定的道德统一性。现代所面临的独特问题是，把因传统社会瓦解而滋生的个人自由与社会赖以生存的道德控制之维持协调起来。

涂尔干对国家和民主政体中政治参与的本质所做的分析，处在他关于当代社会可能发展趋势思想的核心位置。涂尔干指出，“政治性”(the “political”)这个概念预先设定了政府与被统治者之间的区分，因此，主要是较为发达社会的特征。在较为简单的社会中，专门化的行政管理机构极少。但是，权威机构是否存在并不能作为政治组织存在与否的惟一标准，例如，由亲属关系构成的群体虽然有某个特定的个人或群体掌权，如族长和长老会，但它并不因此就成为政治社会。涂尔干也拒不接受这一观念(韦伯却极为重视)：长久占据一块固定领土是国家存在的必备特点。开发固定、明确勘定的领土是历史上较为晚近的事情：虽然这是先进社会的特征，但在确定一个社会是不是政治性社会时，并不具有根本的重要性。这样就“否认了大型游牧社会的政治性质，其结构有时候极为复杂”②。相反，家族常常有自己严格勘定界线的领地。

有些政治思想家企图以人口的多少作为政治性社会的指标。涂尔干指出，这是不能接受的，但它的确包含着一个政治性社会所必须具备的

---

① *Su*, p. 255； *LS*, p. 284.

② *PECM*, p. 43.

某些特征：这里讨论的社会不单单是由亲属关系所组织起来的单位，而是由家族或次团体聚合而成的。“那么我们就该给政治性社会下个定义，将其定义为由多个或大或小的次级社会团体所组成，归属于同一个权威，该权威本身不再归属于其他任何更高的权威。”① 涂尔干建议，“国家”这个术语不应该与政治性社会在整体上重合，而是应该用来指行政官员组织，该组织是政府权威行使的工具。

因此，在涂尔干所分析的三个组成部分中存在着既构(constituted)的权威，该权威在至少有一定程度的结构分化的社会内行使，而且由一明确的行政官员团体进行运作。通过论及这些特征，涂尔干试图把自己的观点与思想主流区别开来，他认为它们给出的是关于国家与社会的对立理论：一方是黑格尔的唯心主义，另一方是功利主义和社会主义。其实，国家并不“高于”社会，如果它所治理的不单纯是经济关系，那么它也不是社会的寄生物。按照涂尔干的观点，国家确实必须实现道德功能(他认为这是一个有别于社会主义和功利主义的概念)，但反过来，也不必要像黑格尔所设定的那样(据涂尔干所说)使个人从属于国家。

民主与职业群体

正如涂尔干在《社会分工论》中所表明的那样，随着社会日益复杂化，发展的主流是个人从集体意识的附庸中不断地解放出来。与这一过程相关联的是，出现了强调个人权利与尊严的道德理想。乍一看，这似乎无法与国家活动扩张的情形相对抗。涂尔干指出，很显然，随着劳动分工差异性的日益加大，国家越来越趋于重要：国家的发展壮大是社会

① *PECM*, p. 45; *Leçons de sociologie* (Paris, 1950), p. 55.

发展过程中的一个正常特征。[①]但是，这个看似矛盾的现象可以通过评述下列事实来加以认识，在现代社会中，国家是一个以负责提供和保护这些个人权利为首要任务的机构。因此，国家的发展与道德个人主义和劳动分工的增强直接相关。然而，没有任何一个现代国家只是担当公民权利的保证者和管理者的角色。持久不断的国际竞争刺激了把国家当作一个集体的共同信念的滋长(爱国主义、民族自尊)。涂尔干认为，虽然民族主义只是现代社会中次重要的观念，[②] 然而，它势必导致民族理想与泛人道主义之间的冲突，泛人道主义以个人平等和自由等观念为本质特征，而这些观念在今天已根深蒂固了。但从另一个方面来说，将来通过驾驭民族自尊，借以推动普遍人道主义理想的发展，也不是无法想象之事。[③]

有了这种分析，是否可能出现这样一种情况，即国家活动的日益扩大最终发展到国家成为一个官僚暴君的地步？涂尔干坦言，有这种可能。国家会成为一个压制性的机构，与文明社会中由个人所构成的群体的利益相分离。如果介于个人与国家之间的次群体未能发展壮大，上述情况是可能发生的：只有这些群体充分地壮大起来了，形成了一种对国家抗衡的力量，个人的权利才能受到保护。正是这种要求多元的主张，把涂尔干的国家理论与他的民主思想联系在了一起，而且由此涉及他对复兴职业群体(occupational associations)即法人团体(*corporations*)的呼吁。

---

① 参阅本书前注(第105页注①)。不过，涂尔干强调指出，在社会与国家之间，并不存在普遍的关系："社会的种类不应与不同类型的国家相混淆……一个国家的政府体制发生变化，并不一定就会引起社会普遍类型的变化。"这构成了涂尔干对孟德斯鸠批评的一个因素。参阅 *Montesquieu and Rousseau*(Ann Arbor，1965)，p. 33 以及全书各处。

② 也可以病态形式出现，如德国军国主义。参阅涂尔干对特赖奇克(Treischke)所著 *Politik* 的分析，见 *L'Allemagne au-dessus de tout* (Paris，1915)。

③ *PECM*，pp. 73－75；另参阅 *Moral Education* (New York，1961)，pp. 80－81，涂尔干在书中指出，国家可以"看作人性这一理念的部分体现"。

涂尔干拒不接受传统的民主观念，因为这种观念主张全体民众直接参与政府。

> 除了最不发达的小部落，没有哪个社会中的政府是由全体民众直接参与运作的：政府总是掌握在一群凭出身或选举挑出来的少数人手中，根据具体情况，其规模可大可小，但它从来都是由有限的个人圈子所组成。①

用涂尔干的术语来表达，如若国家和社会的其他层面达到双向交流的程度，那么这个社会就有几分民主了。他认为，民主制度的存在会产生出一种极端重要的结果，即对社会生活的管理会呈现出有意识的和受监督的特性。过去由不加思考的风俗习惯所管制的许多社会生活领域，现在成了国家干预的对象。国家涉及经济生活和司法行政，涉及教育，甚至艺术和科学的组织。

因此，国家在民主政体中的作用不仅仅是归纳和表达全体民众分散和未经反思的意见和情感。涂尔干把国家称作社会自我（social ego，即“意识”），而整个集体意识是社会的“心灵”（social“mind”，即包括许多惯常的、反射性的思维模式）。因此，国家常常是新思想的起源，它引导社会，同时也受社会引导。在那些国家未承担引导作用的社会中，结果可能是停滞不前，其情形几乎像在传统束缚下的社会中一样严重。在现代社会中，传统束缚的影响大体上已清除，途径多样，批评畅通，社会大众常常可以交换意见和交流思想：如果政府只是反映这些，结果就会在政治领域内不断出现不稳定和动荡，这样就不会带来任何实质性的变化。会发生许多表面上的变化，但结果是此

① *PECM*, p. 85; *Leçons de sociologie*, p. 103.

消彼长："那些表面上风云变幻的社会常常是墨守成规的。"① 在没有次群体介于个人和国家之间的情况下，这种情形势必发生。对于一个强国，同样的情况会导致暴君的独裁体制，而对于一个弱国，则会导致反复无常的动荡局面。

甚至在《社会分工论》出版之前，涂尔干就已得出了职业群体应当在当代社会中起比目前更大作用的结论。②虽然该主题没有在书中详尽地阐发，但不难看出这一点与他在书中对劳动分工失范状况分析之间的关系。③只要在社会分工的"节点"（nodal points）——不同职业阶层之间接合和交换的点——上缺乏道德上的一致性，失范状况就会在职业系统中出现。职业群体的一个首要功能就是要加强这些节点的道德管制，并以此来促进有机团结。在现代社会中，该任务是无法由家族来完成的，因为家族在功能上已越来越受到限制了。只有职业群体"足够贴近个人，使其有所依赖，而且足够稳定持久，使其有所期盼"④。涂尔干承认，很显然，诸如中世纪那样的旧式职业行会已经完全消失了。当今的工会总的来说是比较松散的组织，不能满足社会的需求，因为工会处在与雇主持久冲突的境地：

> 雇主与工人彼此处在如同两个独立自主的国家一样的境地，只是力量不均等罢了。它们像国家一样，通过各自政府的中间作用，彼此

---

① *PECM*, p. 94；涂尔干并非如人们常常认为的那样，对于社会冲突几乎视而不见；如参阅他对孟德斯鸠的批评，后者未能看到"每个社会都包含有冲突的因素，就因为社会逐渐脱胎于旧有的形态，而且朝着未来的形态演进"。*Montesquieu and Rousseau*, p. 59.

② 涂尔干在"La famille conjugale"一文中讨论了职业群体的作用，该文最初是1892年的一次讲演，讲演内容至1921年才发表（*RP*, vol. 91, pp. 1 – 14）。

③ 涂尔干原计划在写完《社会分工论》之后再写一部具体论述职业群体的重要性的书，但该计划未能实现。参阅《社会分工论》第二版序言，p. 1。

④ "La famille conjugale", p. 18.

> 间订立契约。但是，这些契约只表明各自拥有的经济实力状况，就像两个交战国订立的条约只表明各自的军事实力一样。契约认可一种事实状况，但却不能使其成为一种合法的状况。①

因此，有必要把职业群体重组为合法的团体，该团体“发挥社会作用，而不只是代表各种特别利益的组合”。

对于职业群体如何构成，涂尔干并未做出细节性阐述。但是，它们不单单是中世纪行会的再现。它们虽然有高度的内部自治，但必须置于国家整个法律系统的监督之下。它们具有解决群体内部成员之间的纠纷，以及解决与其他职业群体之间纷争的权威。它们将是各种教育和娱乐活动的中心。②它们也直接在政治体制中起重要作用。某些现代社会表面动荡的一个原因可以追溯到选举体制中盛行的直接代表制，该做法使选举出的代表极易受选民情绪的左右。这种情况可通过建立两阶段或多层次选举制度来加以克服，在这样的选举制度中，职业群体将作为主要的中间选举单位。

涂尔干指出，上述建议并不只是一厢情愿的想法，而是印证了他在《社会学方法的准则》一书中所提出的有关“正常”社会形态的评述。也就是说，职业群体的发展是复杂社会分工条件下的当务之急。

> 那么，在我们时代的民众组织中，如果完全缺乏职业群体的制度，就会形成一个真空，此事关系重大，很难用语言来形容。我们所缺乏的正是共同社会生活发挥正常功能所必需的整个组织系统……当国家成为人们能够共同生活在其中的惟一环境，人们不可避免地要失去交往、彼此疏离，社会也就因此而解体了。在国家与个人之

① *DL*, p. 6; *DTS*, pp. vii – viii.

② *PECM*, pp. 28ff & 103 – 104; *Su*, pp. 378 – 382; *DL*, pp. 24 – 27.

间，需要有一系列的次群体，这些群体很贴近个人，能够强有力地把个人吸引到群体活动的主流中去，只有这样，国家才能生存下去。我们刚才已经表明，职业群体适于扮演这个角色，而且这个角色也注定由它们来扮演。①

① *DL*, pp. 29 & 28. 参阅 Erik Allardt: "Emile Durkheim: sein Beitrag zur politischen Soziologie", *Kölner Zeitschrift für Soziologie und Sozialpsychologie*, vol. 20, 1968, pp. 1–16。

第八章 宗教与道德准则

涂尔干在其最早的著作中论述了宗教在社会中的重要性，认为宗教是后来一切道德、哲学、科学和法律观念的起源。在《社会分工论》中，他概述了一个主题：凡构成集体意识成分的信仰都具有宗教的特性——虽然这只是作为有待进一步研究的“具有高度可能性的推测”而提出来的。[①]但是，涂尔干对于宗教在社会中对集体意识具有重要影响的认识，被有关现代社会形态已发生了深刻变化的认识所冲淡(counterbalanced)。他始终坚持自己早期学术生涯中所得出的结论：“旧式经济理论的捍卫者们错误地认为，规则(regulation)在今天已不再成为必要”，以及“那些为宗教体制辩护的人错在相信昨日的规则今天还可以有用”。[②]宗教的重要性在当代社会中的下降，是机械团结重要性下降所带来的必然结果：

> 我们因此认为宗教社会学重要，但这绝不意味着宗教必须在当今社会中扮演与在以往时代一样的角色。在某种意义上来说，相反的结论更加站得住脚。恰恰因为宗教是个最原始的现象，所以它必须越来越服从于自己衍生的新的社会形态。[③]

涂尔干承认，直到1895年，他才完全认识到宗教作为一种社会现象的重要性。用他自己的话来说，对宗教意义的认识大体上是在阅读英国人类学家们的著作时获得的，这使他对自己早期的著作进行重新评价，以引出这些新见解隐含之义。④人们对这种转变的一般解释是，涂尔干在《社会分工论》中还持比较“唯物论”的观点，而他的这种观点转向却很接近“唯心论”了。但是，这是个错误导向(如果不是完全荒谬的话)，是对涂尔干观点的错误解释，造成这种解释的部分原因是，后来的学者们常常以一种不太适合涂尔干思想的方式，把他的功能分析和历史分析混合在一起。⑤涂尔干几乎和马克思一样一再强调人的历史性，还强调对历史发展进行因果分析乃是社会学所必不可少的要素：“历史不只是人类生命的自然框架。人类是历史的产物。如果把人类同历史分开，把人看作时间之外、固定不变、静止不动之物，那就剥夺了人的本性。”⑥《宗教生活的基本形式》(*The Elementary Forms of the Religious Life*)一书的基本理论具有功能主义的特征。也就是说，该书集中论述了宗教在社会中的功能。但是，我们还必须联系一系列使得现代社会与先前社会大不相同的深刻变化，以发展的眼光来阅读这本书。涂尔干在早期批判滕尼斯时强调指出，机械团结与有机团结之间并不存在绝对的断

---

① *DL*, p. 169.

② *DL*, p. 383.

③ *AS* 的前言，vol. 2，1897－1898，载 Kurt H . Wolff：*Emile Durkheim et al.*, *Essays on Sociology and Philosophy* (New York, 1964), pp. 352－353。

④ 致 *Revue néo-scolastique* 编者的信，p. 613。

⑤ 帕森斯把涂尔干的所有著作都看作对“秩序问题”所做的整体式抨击；而涂尔干著作的主要旨趣是在社会发展过程的背景下对社会团结的变化形式做出分析。参阅 Parsons，尤其是 pp. 306，309 & 315－316。此外，涂尔干强调指出，他的著作并不“涉及对社会学的一般探讨”，而主要限于探讨“界线分明的事实常规”，那就是“道德或司法准则”。“La sociologie en France au XIXe siècle”, *Revue bleue*, vol. 13, 1900, part 2, p. 648.

⑥ “Introduction à la morale”, *RP*, vol. 89，1920，p. 89. 关于涂尔干对于历史与社会学之间关系的看法，参阅他对三篇关于历史本质的文章(其中两篇由克罗齐和索列尔撰写)的评论，*AS*，vol. 6，1901－1902，pp. 123－125。亦可参阅 Robert Bellah："Durkheim and history"，载 Nisbet：*Emile Durkheim*, pp. 153－176。另参阅本书下文第 302—308 页。

裂：后一类型与前者一样把道德约束作为先决条件，不过这种约束不可能是传统的那种。涂尔干对宗教的新见解的重要性，就如他在《宗教生活的基本形式》中所阐述的那样，在于他的新见解使他看清了传统社会形态与现代形态之间的连续性。"为了理解新的社会形态，我们必须将它与宗教的起源联系起来，但是，确切地说，也不能因此而将它与宗教现象相混淆。"①

与此同时，毫无疑问，这使得涂尔干更能以一种直接的手法来分析现代社会的某些要旨。其中的一个主要特点就是，在涂尔干后来的著作中，他由强调社会现象的制约性特征，转向进一步强调象征(symbols)在使人"积极地"怀有理想方面所具有的重要意义。但这并不是对理想主义的突然归附。涂尔干在其早期著作中浓墨重彩地强调制约性和义务性，这在相当程度上是由于这些著作被他用来进行批判性抨击的结果；而综观涂尔干的全部著作，他始终认为，社会同时是人类理想的来源和宝库。②

神圣之物的性质

涂尔干把澳大利亚的图腾崇拜(totemism)称为"当今已知的最简单、最原始的宗教"，《宗教生活的基本形式》一书就是在对其仔细研究的基础上写成的。③涂尔干在确立宗教概念时，采用了菲斯泰尔·德·库朗热关于神圣与世俗的类型分析。涂尔干指出，认为超自然的神灵是宗教产生的基础，这是荒谬的：有一些我们应该确切称之为"宗教"的信仰

---

① *AS* 的前言，1897－1898，p. v。参阅 Gehlke 的早期研究，Charles Elmer Gehlke：*Emile Durkheim's Contributions to Sociological Theory* (New York，1915)，pp. 48ff。

② 参阅本书上文第 93—98 页。

③ *EF*，p. 13；*FE*，p. 1.

和习俗制度，但其中或完全没有神(gods)与灵(spirits)，或有也无关紧要。所谓“宗教”的信仰不能从观念的实质内容方面来定义。宗教信仰的特性是，“它预设了一种分类法，把人们知道的现实和理想的所有东西分成两类，不同性质的两类……”①宗教思想的性质是，如果你不通过这种二分法概念本身，就根本无法掌握它。这个世界被分成了两类完全不相同的事物和象征，即“神圣”与“世俗”：“这种区分是绝对的。在人类的思想史上，根本不存在别的例子像这样两类事物那样大相径庭，彼此根本对立。”②

神圣为大量的仪式规则和禁忌所拱绕，这些东西强化了神圣与世俗的区分，其特殊性质由此可见。宗教绝不仅仅只是一组信仰而已：它也总是涉及各种仪式和特定的组织形式。没有哪种宗教会没有教会(church)，尽管教会的呈现形式可能大不相同。涂尔干在运用“教会”这个术语时，意指一个由特定一群信徒所组成的、有规律地举行仪式的组织。这并不是说，一定要有专门的教士阶层。因此，涂尔干给宗教下了一个著名的定义：宗教“是一个由关于神圣事物的信仰和仪式组成的统一(*solidare*)体系……信仰和仪式把所有信奉者联合在一个单一的称作教会的道德共同体中”③。

根据这一定义，图腾崇拜中虽然没有人格化的神灵，但它是一种宗教形式。这肯定是我们当今已知的最原始的宗教类型，而且可能是曾经存在的最原始的宗教形式。④因此，把构成图腾崇拜起源的因素分离出来，预计就能够“同时找到导致人类产生宗教情感的原因”⑤。

---

① *EF*, p. 52; *FE*, p. 50.

② *EF*, p. 53; *FE*, p. 53.

③ *EF*, p. 62; *FE*, p. 65.

④ *EF*, p. 195.

⑤ *EF*, p. 195；对于认为各种图腾崇拜本身起源于一种先前宗教形式的理论，涂尔干是反对的(pp. 195 – 214)。

图腾崇拜与澳大利亚社会独具特色的氏族组织系统密切相关。崇拜图腾的氏族有一个显著的特点，代表氏族群体同一性的名字是一件物品——一个图腾——的名称，它被认为有很特殊的性质。在同一部落中，没有哪两个氏族的图腾会是一样的。通过对氏族成员认为其图腾所具有的特性进行调查，我们可以看出，图腾是区分神圣与世俗的基轴(axis)。图腾“就是神圣之物的原形”①。图腾的神圣性在仪式典礼中得以展示，仪式典礼把图腾与平常实用的普通物品区分开来了。围绕图腾标志(totemic emblem)——镶嵌在物品上或作为饰物佩戴在人身上的图腾表征——还有各种不同的仪式规则和禁忌，其实施常常比涉及图腾物体本身的事物还更严格。

然而，除此之外，氏族成员本身也具有神圣性。虽然在更加高级的宗教中，信徒是个凡夫俗子，可在图腾崇拜中，情况却并非如此。每个人都承受了其图腾的名字，都分享了图腾本身的宗教性，而且他们也相信，个人与其图腾之间有着谱系上的关联。因此，图腾崇拜确认三种东西为圣物：图腾、图腾标志和氏族成员本身。这三类圣物反过来又构成了普遍宇宙观的一部分：“对于澳大利亚土著人来说，宇宙中的所有事物本身都是部落的一部分，它们是组成部落的要素，而且可以说，是其永久性的成分，就像人一样，它们在社会组织中拥有永久性的地位。”②因此，比如云彩属于一个图腾，太阳则属于另一个：整个自然界都被置于一个以图腾为基础的氏族组织的有序分类体系中。所有被归类到某个氏族或胞族(即由氏族群体的联合)里的事物都被认为拥有共同的特性，而该氏族成员都相信这些事物与他们自己的血脉相连——人们“把它们

---

① *EF*, p. 140; *FE*, p. 167.

② *EF*, p. 166; *FE*, p. 201.

称作朋友，认为它们也是由跟他们自己一样的血肉构成的”[①]。这表明了宗教的范围比其最初看起来的要广延得多。“它不仅包括了作为图腾的动物和氏族里的人类成员，而且，由于所有的事物都归类到一个氏族和图腾的名义下，所以一切事物都在不同程度上具有某种宗教的特性。”[②]

因此，上面所区分的三种神圣之物，没有哪一种的神圣性是从其他两种中衍生而来的，因为它们都享有共同的宗教性。所以，它们的神圣性必然来自一个将它们都涵盖在内的源头，一种它们部分分享然而又与它们分离的力量。在澳大利亚土著人的图腾崇拜中，这种神圣的力量与体现力量的事物之间并没有清楚地区别开来。然而，在其他地方，两者是区别开来的，例如，在北美印第安人中和美拉尼西亚，这种神圣的力量被叫作曼纳(*mana*)[③]。在澳大利亚的图腾崇拜中，这种宗教的力量无所不在，深入人心，它是所有后来比较复杂的宗教中以神灵鬼怪形式出现的普遍力量的源头。

因此，为了解释宗教的存在，我们必须找到这种普遍力量的基础，因为它是一切神圣之物的源头。很显然，图腾作为物体所产生的直感，不能解释为什么说神圣的力量是由它产生的。用作图腾的物体常常是无关紧要的动物或小植物，而这些东西本身并不能唤起那种因它们而存在的强烈宗教情感。再者，图腾的表征(representation)通常被认为比图腾物体本身更加神圣。这证明“图腾首先是一种象征(symbol)，一种其他东西的物质表达”。因此，图腾同时象征着神圣的力量和氏族群体的一致。“那么，”涂尔干反问道，“如果那既是神的象征，又是社会的象

---

① *EF*, p. 174；关于这种分类体系的详细描述，参阅涂尔干和莫斯的 *Primitive Classification*(London，1963)。

② *EF*, p. 179；*FE*, p. 219.

③ 根据涂尔干的观点，曼纳作为一种普遍的抽象概念的发展，只是发生在图腾氏族制瓦解之后。于贝尔·亨利和马塞尔·莫斯的“Théorie générale de la magie”一文对曼纳有比较详尽的论述，*AS*, vol. 7, 1902 – 1903, pp. 1 – 146。

征，难道不是因为神与社会是一体的吗？”图腾崇拜产生的根源来自氏族群体本身，“氏族群体被赋予实体的形式，它们在人们的想象中被表现为可被感知的植物或动物”。①社会要求人们有责任感和敬畏感，这正是神圣之物的两个密切相关的特点。无论神圣之物是一种广为传播的非人格化的力量，还是一种人格化的力量，它都被看作一种崇高的实体，实际上象征了社会高出个人的优势地位。

> 一般来说，社会只需要通过它对人类所施加的影响，便无疑拥有了能唤起人们心灵中对神圣之物的感受的所有必要条件，因为社会之于其成员，就如同神之于其信徒一样。实际上，神灵首先是一种存在，一种人类认为在一定程度上高于他们自己的存在，而且他们相信自己要依靠这种存在。无论该存在是有意识的人，如宙斯或耶和华，还是只是抽象的力量，如图腾崇拜中表现出的那样，信徒都相信自己必须坚持神圣原则赋予他的某些行为方式，因为他觉得自己与神圣原则融为一体……这样一来，社会以强大的力量要求其成员践行的行为模式就因此而被赋予了激发崇敬之情的特殊标志。②

涂尔干在这里把“社会”与“神圣之物”等同，我们不可对此产生误解。他并不认为“宗教创造了社会”③，正是由于这种错误的理解，才会有人认为他在《宗教生活的基本形式》中持有“唯心主义”的观点。相反，他指出的是，宗教是人类社会自我创造（self-creation）的体现，即人类社会的自主发展（autonomous development）。这不是唯心主义的理论，而是对社会事实必须参照其他社会事实才能加以解释这一方法

① *EF*, p. 236；*FE*, p. 295.

② *EF*, pp. 236－238；*FE*, pp. 295－297.

③ 语出 H. Stuart Hughes：*Consciousness and Society*（New York，1958），p. 285。

论原理的进一步确认。①

涂尔干试图用具体的方式表明，宗教的象征意义是如何在仪式中被创造出来并进行再创造的。澳大利亚社会经历了不断更迭的周期，在某个周期中，每个亲属群体都分开生活，所有活动都围绕着经济目的来展开，而在另一个周期中，所有氏族或胞族的成员都聚居在一起度过一段特定的时期(可能短至几日，也可能长至数月)。后一种情况是指公众祭典的重大活动，这种祭典往往带有浓厚的情感特征。根据涂尔干的看法，在这些仪式中，人们觉得被强于自己的力量征服了，这是受了仪式上集体狂热兴奋的场面所影响。个人被引领进另一个世界，这个世界完全不同于他把自己大部分生活都倾注于日常功利活动的那个世界。因此，这里我们就明白了初始状态中(*in statu nascendi*)的神圣之物的概念。这种集体的狂热兴奋状态衍生了人们对神圣之物的认识，因此，也就产生了对它分离于并高出日常世俗世界的理解。

祭典与仪式

但是，为什么这种宗教力量会以一种图腾的形式呈现呢？那是因为图腾是氏族的标志：由集体状态引发的情感集中在作为该群体最容易识别的象征物即图腾上。这就解释了为什么图腾的象征比图腾实物本身更加神圣的原因。当然，还有个问题未解决，那就是，为什么氏族群体一开始要选择图腾？涂尔干认为，图腾实物只是那些人们不断接触的东西，而每个氏族群体所选取的大多是祭典集会上最能经常见到的动物或植物。以图腾物品为起点，宗教情感被寄托到那些与图腾相似的、不同的并使它变得丰富的物品上去，从而产生出一种根据与图腾相关的程度

① *RSM*, p. 110.

而对自然进行普通分类的方法。再者，由于宗教力量产生于集会，同时它又“显得外在于个人而且有一种超越个人的性质”，所以它“只有在个人身上并通过他们才能得到体现；从这个意义上说，它又是内在于他们的，而且他们必须这样表现它”。[①]因此，这就有了图腾崇拜的第三个特点，即集体中的个体成员共同享有图腾的宗教性。

这个解释说明，根据信仰的实际内容来给宗教下定义的企图是徒劳无益的。某件物品或某个象征是否变得神圣，这并不取决于其内在的特征。对于某件再普通不过的物品，如果它被赋予了宗教的力量，它就可能变得神圣了。“这样一来，一块破布便有了神圣性，一张碎纸片可能变得极为珍贵。”[②] 这也表明，一个神圣的物品可以一分再分，而不失其神圣的特质。耶稣斗篷上的一块碎片与整件斗篷一样神圣。

现在来讨论宗教的第二个基本方面，即所有宗教中都可以见到的仪式习俗。存在着两种紧密结合在一起的仪式。根据定义，神圣的现象与世俗的现象是不相同的。有一种仪式就是在执行这种区分的功能：那就是消极仪式(negative rites)或禁忌(taboos)，是限制神圣与世俗相混淆的戒律。这些禁忌涉及与神圣之物有关的行为和言语。在正常情况下，世俗世界中任何东西都不允许原封不动地进入神圣世界领域。因此，在祭典的场合中要穿特殊的圣服，一切日常的世俗事务都必须停止。[③]消极仪式有一个积极的方面：遵守它们的个人使自己神圣化了，而且因此替自己做好了进入神圣世界的准备。积极仪式促使个人与宗教更加圆满地融合，这是宗教祭典本身的核心所在。两组仪式的功能很容易界定，而

① *EF*, p. 253；关于对涂尔干在这一点上的分析的批判性评估，参阅 P. M. Worsley：“Emile Durkheim's theory of knowledge”, *Sociological Review*, vol. 4, 1956, pp. 47 – 62。

② *Sociology and Philosophy*, p. 94.

③ 毫无疑问，在宗教仪式和游戏之间存在紧密的联系。涂尔干提到，游戏起源于宗教祭典。关于这个问题，参阅 Roger Caillois：*Man, Play and Games* (London, 1962)。当然，对涂尔干来说，宗教祭典从字面上的理解就是“娱乐”(re-creation)。

且对于解释前面所提到的宗教信仰的起源而言也是个必要辅助。消极仪式保持着神圣之物与世俗之物的根本区分，这也是神圣之物赖以存在的基础；这些仪式保证两个领域互不涉界。积极仪式的功能在于强化对宗教理想的执着，否则，这种执着会在功利世界中减退。

关于这一点，我们不妨在这里简略地重述一下本分析与《社会分工论》中所做分析之间的关系。小规模、传统型社会的团结建立在强烈的集体意识基础上。使这种社会成为"社会"的根本原因在于，其成员保持了共同的信仰和情感。因此，宗教信仰中表达出的理想也就是作为社会团结基础的道德理想。当个人聚集在宗教祭典上时，他们由此再次肯定了对作为机械团结基础的道德秩序的忠诚。因此，宗教祭典中的积极仪式使群体的道德信仰不断得到加强，它之所以必要，是因为在世俗世界的日常活动中个人追求自我利益，结果很容易与作为社会团结基础的道德价值形成疏离。

> 使与神圣之物有关的集体表征得到更新强化的惟一方法是，将其回炉到宗教生活的来源中，也就是聚集的群体中……人们更加自信了，因为他们觉得自己更加坚定向上，而且他们真的更加坚定向上了，因为正在日趋衰弱的力量现在又在他们的意识中重新振奋了起来。①

还有另一种仪式："赎罪"（piacular）仪式，其中最重要的例子见于哀悼仪式中。就像在祭典上宗教性的欢乐情感会在集体狂欢中推向高潮

① *EF*, p. 387；莫斯的"Essai sur les variations saisonnières des sociétés eskimos"对集体生活的"节奏"（rhythm）进行了详尽的分析，*AS*, vol. 9, 1904 – 1905, pp. 39 – 130。

一样，“悲伤之痛”也会在哀悼仪式中不断增强。①这种仪式的目的在于，当群体中失去某个成员而令其团结面临威胁时，可使群体的成员团结起来。“他们一起痛哭相互拥抱，虽然蒙受了打击，但群体并没有衰弱……群体所感觉到的力量又慢慢地得到了恢复，又开始怀着希望生活了。”② 这有助于解释恶毒宗教神灵的存在。到处都存在两种宗教力量：一种是仁慈的；另一种是邪恶的，它会带来疾病、死亡和毁灭。举行赎罪仪式的集体活动，除了悲痛成为主导情感之外，其所提供的情境类似于仁慈力量这一概念所产生的情境。“这是人们对经验的解释，他们想象自己身外有邪恶的东西存在，其敌意无论是本质性的还是暂时的，都只有通过人的痛苦才能平息。”③

知识的范畴

神圣原则在图腾崇拜中比在较为复杂的社会形态中更加深入人心：我们发现，在澳大利亚社会中宗教理念往往成为后来各种不同理念体系的本源。对自然的图腾分类是知识得以归类的逻辑范畴或类别的最初来源。对自然界的物体和特征所进行的分类建立在把社会按图腾崇拜划分氏族的基础上。“这些最初的逻辑体系的统一只是再生了社会的统一。”④ 这并不是说，社会完全建构了对自然的认识。涂尔干并未断言，生理上不存在某些可以感觉得到的区别，相反，他指出，最初级的分类是以对某种感官上的相似和差别的认识为先决条件的。涂尔干论点的含义是，这些天然的区别并不构成分类体系的轴心，而只是构成排序的次

① *EF*, p. 446.
② *EF*, pp. 447－448.
③ *EF*, p. 459; p. 590.
④ *EF*, p. 170.

要原则：[①]“相似的感觉是一回事，类别（*class* [*genre*]）的概念则是另一回事。类别是外在的框架，其中，被认为相似的物体部分地构成了内容。”

逻辑类别之存在与界限清晰的二分法之形成直接相关。然而，自然本身显现出时空上的连续性，而且我们从外界获得的感官信息并不是以这种不连贯的方式排列组合而成的，而是由“模糊不清和变化不定的意象”构成的。[②]因此，逻辑类别的概念本身，以及范畴间关系的层级分布，源于把社会细分为氏族和氏族群体的现象。但是，把事物划归到某一范畴，而不是另一范畴，其模式直接受感官分辨力的影响。例如，如果太阳归于某一范畴，那么月亮和星星就通常被归于与之相对的另一范畴；如果把白色凤头鹦鹉归于某一范畴，那么黑色凤头鹦鹉就属于另一范畴。

正如据以排列抽象思想的核心范畴来源于社会一样，力、空间和时间这些基本维度也来源于社会。基本的宗教力量是一个初始模型，力的概念由此形成，然后才并入哲学和自然科学中。[③]其他亚里士多德范畴也是如此：时间概念在社会生活的周期性特征中找到了它的原型，而空间概念则来自社会所占据的有形领地。时间和空间并不像康德所认为的那样，是人类大脑中固有的范畴。毫无疑问，每个人都意识到自己生活在一个有别于过去的现在之中。但是，“时间”这个概念并没有个人化，它是一个为群体所有成员所共有的抽象范畴。“受到这样安排的并不是我的时间，而是一般的时间……”[④]这必定是起源于集体活动的经验：

① 然而，这的确让涂尔干的理论陷入了循环论证的难题。参阅 Parsons，p. 447。

② *EF*，pp. 171－172；*FE*，pp. 208－209.

③ 涂尔干注意到，这一点已经由孔德指出过，但孔德错误地推断力的概念终究会从科学中消除，“由于其神秘的起源，他拒绝接受其一切客观价值”。*EF*，p. 234.

④ *EF*，p. 23.

年、月、日这些时间的划分来源于公共祭典、仪式和圣日的周期性分配。空间的概念也同样以某种最初的定点为基础：如果没有某些据以判断方位的共同标准，那么根本就不存在“南”或“北”，“左”或“右”。社会占据的领地提供了这种标准。这一点可由以下事实来直接加以说明：在某些澳大利亚社会中，空间呈现出圆的形状，这反映了营地帐篷的形状，空间上的圆形又可根据每个氏族占据的位置再行划分。

涂尔干在此并不是要提出一个“机械唯物主义”的简单形态，也不是如一般所批评的那样，在《宗教生活的基本形式》的其他部分中又重蹈了唯心主义。事实上，他煞费苦心地强调，这种观点以社会“本源”(substratum)和集体演化而成的观念(collectively-evolved ideas)之间的动态交互作用为前提：

> 当然，社会生活基于其本源而且承载了其特征，就像个人的精神生活基于神经系统甚至整个有机体一样，我们认为这是显而易见的。但是，**集体意识**并不只是其形态基础的一个附带现象，就像个人意识不只是神经系统的一个简单延伸一样。①

作为一种知识理论，《宗教生活的基本形式》中提出的论点从根本上说具有发生学的(genetic)特征：它并不像人们有时所认为的那种理论那样，假定在社会组织与集体理念之间存在着一系列不变的联系。确实，涂尔干关于社会发展历程的思想有一个基本的关注点，涉及当代社会中理念体系内容的变化特征，以及成为其基础的社会历程日益多样化的性质。这里，尤为重要的是现代理性主义和世俗化道德之间的关系。在涂尔干的思想中，《宗教生活的基本形式》的重要性在于，它专门证

① *EF*, p. 471，参阅本书下文第294—297页。

明了没有任何集体道德信仰不具有“神圣”的性质。因此，虽然与传统社会相比，当代社会道德秩序在内容和形式上发生了巨大的变化，但是，在团结的传统形式与现代形式之间的确没有中断其连续性（*solution de continuité*）。

理性主义，也就是涂尔干所说的道德个人主义的“理智方面”（intellectual aspect）正在日益向现代世界渗透。其结果之一是对“理性道德”（rational morality）的需求。要维持道德的权威性，要求道德理念“好比被一道神秘的屏障围住，使违背者保持一定的距离，就像宗教领域受到保护，不让世俗者接近一样”①。当宗教与道德合二为一时，这种特点很容易保持，因为宗教的象征物和装饰品会激发崇敬之情。想要将宗教的痕迹于道德中完全抹去，则可能导致所有道德准则都为人们所拒绝的结果，因为道德准则只有受到尊敬并且在实行时被认为是不可违背的情况下，才可能持续下去。这就是为何道德准则甚至在远离其神圣律法中的原有基础时，仍然保持着神圣的性质。②

理性主义、伦理与“个人崇拜”

这一分析可再一次回溯到关于宗教与道德最初结合在一起的理论。在宗教思想中，人类处处把自己看作灵与肉两个不同的存在。肉体被认为存在于物质世界中，灵魂则存在于不连续的神圣世界领域。一种普遍存在的信仰不可能是偶然发生的，也不可能完全是虚幻的，它必然建立在社会中人类生活固有的某种双重性基础上。这种双重性可追溯到感觉与思想观念及道德信仰之间存在的区别上。在某种重要的意义上说，它

---

① *Moral Education*, p. 10.

② *Ibid.* pp. 9 - 11；“道德生活尚未，而且永不会失去其与宗教所共有的特点”，*Sociology and Philosophy*, p. 48。

们相互分离。感觉以及诸如饥渴等感官需求“必然是利己主义的”，因为它们与个人机体的欲望有关，而不与别人相关联。[①]相比之下，思想观念和道德准则是“非个人的”（impersonal），因为它们被普遍化了，不属于任何特定的个人。每个人都是作为一种利己主义的存在(当然不是失范状态下的)开始其人生的，只知道感觉，且其行为受感官需求的支配。但是，随着儿童的社会化(socialised)，其利己主义的天性部分地为他从社会学来的东西所遮蔽。因此，每个人的人格中都有利己主义的一面，同时，他又是一个社会的人。社会生活的道德需求不可能完全与利己主义倾向一致：“我们必须做出永久而又巨大的牺牲，没有这一点，社会不可能形成并维持下去。”[②] 然而，这一点也必须在历史的范围内来加以理解，虽然感官需求是“利己主义倾向的典型类型”，但是，仍然存在各种各样的利己主义欲望，它们并非直接源于感官需求。“我们的利己主义在很大程度上是社会的产物。”[③]

涂尔干曾在别的地方通过历史的分析来澄清这一点。[④]基督教，更加确切地说是新教，是现代道德个人主义的直接起源。

> 由于在基督徒看来，美德和虔诚不存在于物质程序中，而是存在于灵魂的内部状态里，于是他不得不长期注视自己……因此，在一切思想缘起的两极中，一个是自然，另一个是人，基督教社会的思想当然是围绕着后者了……[⑤]

基督教伦理体系为“个人崇拜”提供了道德原则的基础，但是，现在基

① “The dualism of human nature and its social conditions”，载 Wolff，p. 327。

② *Ibid.* p. 338.

③ *Su*, p. 360.

④ 参阅 *L'évolution pédagogique*, pp. 332 – 334 & 326 – 327。

⑤ *Ibid.* p. 323.

督教正日益被神圣的象征物和新式的事物所取代。涂尔干指出，法国大革命的例子再清楚不过地说明了这一点，革命中，自由和理性受到颂扬，公共“祭典”所激发起的集体热情空前高涨。但是，虽然这一点催生了至今支配我们生活的理想，但这些时候的集体热情却转瞬即逝。现代世界因此处于道德的间隙期：

> 总而言之，旧的神正在变老，或者说正在衰亡，而新的神却尚未诞生。这正是使孔德企图人为地恢复历史记忆但却徒劳无益的原因：不是衰亡的过去，而是生命本身，能够激发对生命的崇拜。但是，这种变化不定和困惑混乱的状态不可能永久持续。终究会有那么一天，到那时，我们的社会将再一次经历那充满了创造性狂欢的时刻，其间会涌现出新的观念，新的准则会被发现并在一段时间里成为人性的向导……①

法国大革命对现代道德个人主义的滋长起了最具决定性的促进作用。但个人主义的发展，虽然在西方历史上的不同时期里无规律地呈现，却并不是任何特定时代的产物，其发展“不停顿地贯穿着整个历史”②。因此，人类个体具有至高无上价值的思想感情乃是社会的产物，正是这一点，与利己主义有了决定性的区别。“个人崇拜”并不建立在利己主义的基础之上，而是建基于对人类苦难的同情这类完全相反的思想感情的延伸和对社会公正的渴望。虽然与机械团结占主导的社会相比，个人主义不免导致利己主义的滋长，但它绝对不是源于利己主义的，因此，个人主义本身并不会导致“使一切团结都无法形成的道德利

① *EF*, p. 475; *FE*, pp. 610 - 611.
② *DL*, p. 171; *DTS*, p. 146.

己主义”①。这一点可由科学活动的例子来加以说明。道德个人主义的一个思想分支表现为科学中的自由探索精神：但对科学的探索并未因此造成观念领域的无序状态，科学研究只能在道德准则的框架内进行，道德准则强调人们要尊重他人的意见、研究成果的发表和信息的交换。

日益高涨的个人主义趋势是不可避免的，因为它正是《社会分工论》中细致论述的那些深刻社会变革的结果，这是涂尔干关于自由及其与道德秩序之间关系的思想之根源。自由不能等同于摆脱所有约束：后者就是失范，在这种状态中个人并不自由，因为他们被自己无尽的欲望束缚住了：

> 权利和自由就其本身而论，并不是人类所固有的东西……社会将个人奉为神圣，并使他出类拔萃，令人尊敬。他们逐步获得解放，这并不意味着社会约束的弱化，而是社会约束的转化……个人服从于社会，而这种服从是他获得解放的条件。对于人类来说，自由是指从盲目无理的物质力量中解放出来。人类通过反抗这些力量，获得了被称作社会的伟大而又明智的力量，并受其保护。人类将自己置于社会的羽翼之下，在一定程度上来说，他们也依赖于社会，但这是一种获得解放的依赖。②

因此，认为道德权威与自由势不两立的想法从根本上讲是错误的。既然人类只有作为社会成员时才能获得任何享受得到的自由，那么他们就必须服从于社会赖以存在的道德权威。在涂尔干看来，这其中并没有

① “L'individualisme et les intellectuels”, pp. 7－13；“因此，捍卫个人权利的个人主义者同时也捍卫了社会必不可少的利益……”（p. 12）

② *Sociology and Philosophy*, p. 72.

矛盾，因为“自由并不等于想干什么就干什么，而是要自己做自己的主人……”①

就对冲动的内在控制而言，纪律是所有道德准则的一个基本要素。但是，根据上述观点，如果认为纪律本来就等于对人类自由和自我实现的限制的话，那是错误的。涂尔干指出，没有任何生命组织不是依据特定恒常的原则来发挥作用的，社会生命也是如此。社会是一个社会关系的组织，正因为如此，社会需要根据既定原则对行为加以规范，这在社会中就只能是道德准则了。道德约束使社会生活得以实现，只有接受了道德约束，人类才能获得社会给予他们的好处。涂尔干在分析这个问题时，未能引入历史的因素，这使众多批评家认为，他的观点等于对独裁主义政治信条所做的几无掩饰的辩解。②但实际上，涂尔干的中心论点是，道德约束的所有形式是不完全一致的。换句话来说，“约束”（社会或社会约束）不可能单纯在一种抽象的和普遍的意义上与“缺乏约束”（失范）相提并论。③利己主义和失范这两个概念必须在《社会分工论》中所论述的关于社会发展的一般思想范围内加以理解。置于这种语境中，利己主义和失范就不仅仅是所有社会类型所同等面对的纯粹功能性问题：它们是由作为社会演化结果的道德个人主义激发出来的。涂尔干坚持认为，就现代社会所面临的困境而言，再援引传统社会的专制纪律是无济于事的，只有通过社会分工的分化所带来的道德统一才能解决问题，这就需要与先前社会类型中性质大不相同的权威形式。

---

① *Education and Sociology*(Glencoe, 1956), p. 90.

② 如参阅 John Horton："The de-humanisation of anomie and alienation", *British Journal of Sociology*, vol. 15, 1964, pp. 283 - 300。

③ 注意涂尔干对这一点的陈述："这并不是说，在需要纪律的情况下，相信纪律必定需要盲目和奴隶般的服从。" *Moral Education*, p. 52.

第三篇

马克斯·韦伯

第九章　马克斯·韦伯：新教与资本主义

虽然马克斯·韦伯与涂尔干几乎是同时代人，但两人所处的学术氛围在某些重要的方面却大不相同。涂尔干年轻时曾短时间留学德国，那段时间使他了解了德国社会思想的一些主要倾向，之后也并未放下对德国社会科学家著作的兴趣。涂尔干当然熟悉马克斯·韦伯和其兄弟阿尔弗雷德(Alfred)的著作。把涂尔干和韦伯直接联系在一起的德国学者的著作至少有两类：一类是施莫勒和社会政治联盟成员的；另一类是西美尔(Georg Simmel)的[①]。但是，就连这些相当直接的学术关系，其意义都微不足道。虽然西美尔的思想对于韦伯学术观点的形成无疑具有一定的重要意义，但涂尔干对西美尔持尖锐的批评态度，而且并未在任何重要方面受后者著作的影响。施莫勒和讲坛社会主义者的著作构成了涂尔干早期著作的一个出发点，但他对于他们的观点最为心悦诚服的方面，恰恰是韦伯不予接受并坚决反对的。[②]

很明显，涂尔干和韦伯之间没有重要的相互影响，后来的学者们往往对此颇感惊讶。[③]但是，由于上述原因，这一点兴许也就不如初看上去那么异常。浸透韦伯著作的主要学术影响显然来自德国，就像对涂尔干写作的影响主要来自法国一样。再则，涂尔干早期的研究更具抽象性和哲学性——他曾写道："我始于哲学，所以要回到哲学，或者说，我在学术研究的道路上碰到的种种问题自然而然地把我领回到哲学中。"[④]相反，韦伯最初的著作是具体详尽的历史研究。他主要以由德国历史学派的学者们所提出的特殊问题为背景出发，不断拓宽自己著作的领域，以探明一般理论性质的问题。史学、法学、经济学、社会学和哲学素有竞争的传统，韦伯在这一浪潮中借助众多资源，最终形成了自己的学术观。

早期的著作

韦伯的博士论文(1889年)是一部法律著作，主要论述管理中世纪贸易公司的法律条文。⑤在本论文中，韦伯尤其关注意大利的商业城市，诸如热那亚和比萨，表明在那些地方发展起来的商业资本主义需要建构起法律原则，以便规范企业合作者之间风险共担、利益共享的分配模式。彼时，韦伯的研究虽然还只限于这个方面，但已经开始关注日后在其著作中占有重要分量的问题了，即罗马法律对中世纪和后中世纪欧洲法律体系发展的影响。然而，他发现自己无法在替论文选定的参考文献

---

① 涂尔干评论了西美尔的 *Philosophie des Geldes*，载 *AS*，vol. 5，1900－1901，pp. 140－145，以及西美尔的两篇论文，载 *AS*，vol. 7，1902－1903，pp. 646－649。涂尔干还在"Sociology and its scientific field"一文中讨论了西美尔的形式社会学，载 Wolff，pp. 354－375(最初发表于1900年)。

② 参阅本书上文第93—97页。

③ 例如，Edward A. Tiryakian："A problem for the sociology of knowledge"，载 *Archives européennes de sociologie*，vol. 7，1966，pp. 330－336。Tiryakian 错误地认为，涂尔干与韦伯的著作之间毫无相互参考之处。实际上，涂尔干在报道德国社会学学会会议(1911年)时提到了韦伯，*AS*，vol. 12，1909－1912，p. 26。(关于韦伯给大会递交的论文，参阅 *GASS*，pp. 431－483。)

④ 引文出自致乔治·达维(Georges Davy)的一封信，公开于达维的"Emile Durkheim"一文，*Revue française de sociologie*，vol. 1，1960，p. 10。

⑤ "Zur Geschichte der Handelsgesellschaften im Mittelalter"，*Gesammelte Aufsätze zur Sozial- und Wirtschaftsgeschichte* (Tübingen，1924)，pp. 312－443. 关于论文最初的标题，参阅 Johannes Winckelmann："Max Webers Dissertation"，载 René König 和 Johannes Winckelmann：*Max Weber zum Gedächtnis* (Cologne and Opladen)，1963。

范围内圆满地论述清楚这个问题。[①]韦伯的第二部著作是在蒙森(Mommsen)的指导下写成的，完成于约两年之后，专门研究罗马本身。[②]这同样是一部过于专门化的著作，直接针对当时盛行的学术争辩，它详尽地分析了罗马土地占有权(land-tenure)的演变，并且把这个问题与法律和政治变化联系了起来。[③]有人认为，罗马的农业经济史所呈现的特有形式是独一无二的，韦伯与这些人的观点相反，他试图表明，根据源于其他经济背景的概念来解释这个问题同样站得住脚。

这些著作的重要性兴许不在于其本质内容，而在于勾勒出了韦伯学术发展早期的轨迹。它们已显示了韦伯后来在著作中所主要关注的问题：资本主义企业的性质和西欧资本主义的具体特征。早期对罗马土地所有制历史的分析研究只是后来几部著作的开端，这些著作考察了古代世界的社会和经济结构。[④]正如先前的马克思那样，韦伯觉察到，古罗马时代的某些主要因素在现代资本主义形成中起了重要的作用。同马克思一样，韦伯也认为，“古代文明在某些具体方面与中世纪文明是不同的”[⑤]，但在强劲的扩张主义、大规模商业利益的形成、货币经济的发展等方面，罗马的经济发展水平堪与后中世纪早期的欧洲媲美。实际上，他对古罗马衰亡的解释与马克思对这些事实的概述在很大程度上是相同的。[⑥]

---

① *Jugendbriefe*, Tübingen, p. 274.

② *Die römische Agrargeschichte in ihrer Bedeutung für des Staats- und Privatrecht*(Stuttgart, 1891).

③ 关于对该作背景的简短讨论，参阅 Günther Roth：“Introduction”, *ES*, vol. 1, pp. xxxvi - xl。

④ 参阅“Agrarverhältnisse im Altertum”, *Gesammelte Aufsätze zur Sozial- und Wirtschaftsgeschichte*, pp. 1 - 288；以及“Die sozialen Gründe des Untergangs der antiken Kultur”, *ibid.* pp. 289 - 311。

⑤ “Agrarverhältnisse im Altertum”, p. 4.

⑥ 马克思论述罗马帝国解体的主要部分刊于 *Grundrisse*，当然，这些东西韦伯见不到；参阅本书上文第 38—41 页，还有拙文“Marx, Weber and the development of capitalism”, *Sociology*, vol. 4, 1970, pp. 300 - 301。

从韦伯早期关于罗马史的著作还可以看出他早期对经济结构和社会组织其他方面之间关系的复杂性的认识，其中尤其表明了这样一种信念，即所有形式的粗糙经济决定论都必须被摒弃。[①]这些最初的历史研究论著与稍后出版的研究成果之间存在着明显的连续性，后者涉及现代德国经济的两个不同方面：一是易北河东岸地区的农民状况调查；二是对德国金融资本运行状况的研究。这两方面的研究分析了现代商业的性质和成效。韦伯在写作过程中，得出了许多结论，这些结论对他后来的研究有持久性的影响，《新教伦理与资本主义精神》（*The Protestant Ethic and the Spirit of Capitalism*）一书中的论述主题就是直接由此而来。

1894—1897年间，韦伯撰写了一系列关于股票交易运作和股票交易与资本理财之间关系的论文。[②]他旨在反驳一个观念，他认为，该观念源于对现代经济运行状况的天真理解，竟草率认为股票交易不过是一种"反社会的阴谋"。[③]这种认为股票交易只是少数资本家牟利的观念，完全忽视了这种制度在经济中所起的中介作用。股市提供了一种机制，凭借这种机制，商人通过合乎理性的计划可以促使其公司向前迈进。把股票交易仅仅等同于毫无责任的投机行为是错误的。当然，投机现象是存在的，但是，股票交易的主要作用是促进市场的理性行为，而不是为赌博集团提供机会。韦伯为了说明这个问题，列举了信用交易的例子。要进行一次期货交易，商人可以在未来的某个特定时间完成自己一方的交易，这使得拓展商贸运作的范围成为可能。然而，由于现代经济中交易规模和数量的增长，韦伯注意到了规范股市的困难。因此，商业活动的扩展使交易活动中必需的道德约束趋于中立。

① 另参阅"Zur Geschichte der Handelsgesellschaften", p. 322。

② 其中最一般的是"Die Börse"，载 *GASS*, pp. 256 – 322。参阅 Reinhard Bendix：*Max Weber, an Intellectual Portrait* (London, 1966), pp. 23 – 30。

③ "Die Börse", pp. 256 – 257.

韦伯对德国东部的农业劳动进行了长期研究，研究结果发表于1892年，其中对于市场关系扩展的作用是放在不同背景中加以分析的。[①]在19世纪德国的农业企业结构中，易北河是一条主要的分界线。大河以西，大部分农业人口是独立的农民，但是，大河以东，容克地主(Junkers)拥有大片私有土地，其中许多方面还保留着半封建组织。因此，在易北河以东地区，农工由两种不同类型所构成。一类农工按照每年签订的契约依附于雇主，生活在类似于中世纪的环境中；另一类是领报酬的劳工，他们被按日雇用，其雇用的条件近似于工业无产阶级。在这种情况下，正如韦伯在其著作中所指出的那样，传统形式和现代形式的劳动生态系统很不稳定地结合在了一起。他得出结论说，按日雇用的劳工一定会逐渐取代契约制劳工(*Instleute*)。韦伯指出，这个过程正在改变着私有土地的整体结构。契约制劳工不仅因经济关系而依附于雇主，而且还受到一整套权利和义务的束缚，而按日雇用的劳工则是以报酬契约为基础受雇用的。结果是，后一种劳工与传统劳工生活于其间的社会体制毫无有机的联系。因此，按日雇用的劳工的利益几乎完全与确保尽可能高的报酬密切相关。农业的不断商业化进程刺激了对按日雇用劳工的需求，因此也就引发了劳工与其雇主之间经济冲突的恶化。

尽管如此，农业商业化不但未改善劳工的生活水准，反而使其变得更糟了。[②]韦伯比较详细地描述了按日雇用的劳工的生活状况。他指出，按日雇用的劳工未能享受到通常给予契约制劳工的附加利益，所以他们的整体经济地位还不如后者。在短时间看来，按日雇用的劳工报酬可能要高些，但从长远来说，情况则相反。然而，韦伯指出，契约制劳工中有一种明显的倾向，即企图摆脱每年签订契约的规定，以摆脱对雇主的

---

① *Die Verhältnisse der Landarbeiter im ostelbischen Deutschland* (Leipzig, 1892). 另参阅"Capitalism and rural society in Germany"，载*FMW*, pp. 363－385。

② *Verhältnisse der Landarbeiter*, pp. 774ff.

依附。在契约制劳工用他们有保障的生活来换取按日雇用的劳工的不稳定生活中，可以看出这种寻求独立的现象。按照韦伯的观点，这种现象不能仅从经济方面来加以解释，部分原因在于，他们企图摆脱家长制式的“人身依附关系”，以获得人身的“自由”。[①]因此，拥有一小块属于自己的土地的劳工，会宁愿忍受极度的贫困和对高利贷者的繁重债务，以便保留自己的“独立”。

以这种方式获取的“自由”大半是假象，但韦伯断定，这些假象是了解人类活动的基础。劳工的行为不是“仅仅通过面包”就可以理解的。然而，引导劳工行为的种种观念虽然不单纯是经济利益的“表现”，但也不是凭空产生的。相反，它们与社会和经济的变革有关，这些变革使中世纪共同体与劳工的形式发生了变化。要说明清楚观念与物质利益之间的关系，难以从一个“层次”到另一个“层次”的单线型因果推衍角度来详细说明。然而，韦伯在此主要着眼于文化历史，根据观念的内涵来分析历史发展：我们必须依据某一特定阶层或社会成员所持的价值观本质，来研究那根深蒂固的社会与经济变迁可能蕴含的意义。[②]

如果认为韦伯思想体系中的这些观点只是在接触了马克思主义之后才形成的，那未免过于简化了韦伯著述时所处的学术环境。韦伯写作第一部著作时，以当时成为德国经济历史和法学关注焦点的问题作为出发点。他早年对古罗马的兴趣反映了当时关于古罗马经济衰败的原因的论争。他对德国东部地区劳工的调查是社会政治联盟成员们所进行的一次大规模调查的一部分，源于对具有实际政治意义的问题的关注，这些问

① *Ibid.* pp. 797ff；韦伯的解释应与考茨基的观点进行比较，后者的观点见 *Die Agrarfrage*（Stuttgart，1899）。

② 参阅“Sozialen Gründe des Untergangs der antiken Kultur”，pp. 291－296。

题主要是关于德国社会中容克“贵族”的作用。[1]然而，确实可以说，韦伯在这些早期研究中所得出的结论把他的关注点日益引入了新的途径，使他直接接触马克思主义思想所关注的领域，尤其是现代资本主义的特征和影响资本主义兴起与发展的条件。

资本主义“精神”的起源

《新教伦理与资本主义精神》一书是由韦伯1904年和1905年发表的两篇长文合成的，该书是他最早尝试在一般意义上研究这类问题的标志。[2]韦伯在书中所关注的精神气质(ethos)的某些主要特征，已在他对农业劳动者的研究中得以说明。关于契约制劳工和按日雇用的劳工在生活状况和人生态度上的对比，大体上体现在一方接受服从和庇护的传统模式，另一方则是一种经济个人主义的态度。然而，这里所说的态度显然不仅仅是按日雇用劳工的经济状况的结果，而是某种伦理观念的体现，这种观念本身有助于打破土地私有的旧有传统结构。

韦伯在《新教伦理与资本主义精神》中一开始便用一个统计事实来做出解释：在现代欧洲，“商业领袖、资本所有者以及高级熟练工，甚至还包括现代企业中受过高等技术和商业训练的人员，绝大多数都是新教

---

① 参阅 Dieter Lindenlaub：*Richtungskämpfe im Verein für Sozialpolitik*（Wiesbaden，1967）。关于韦伯在弗赖堡大学就职演说中所表明的对1895年德国政治形势评估的描述，参阅本书下文第258—259页及以后。

②《新教伦理与资本主义精神》最初发表在 *Archiv für Sozialwissenschaft und Sozialpolitik*，vols. 20 & 21，1905，后来作为 *Gesammelte Aufsätze zur Religionssoziologie*（Tübingen，1920－1921）一书的导论部分重印。韦伯在后面这个版本中做了些修改，并且添加了一些他对此书初版后所引发批评的说明。参阅其“Antikritisches Schlusswort zum‘Geist des Kapitalismus’”，载 *Archiv*，vol. 31，1910，pp. 554－599。有关与 Rachfahl 争论的描述，见 J. A. Prades：*La sociologie de la religion chez Max Weber*（Louvain，1969），pp. 87－95。

徒"[1]。这不只是一个当代的事实，也是一个历史的事实：追溯社团组织的历史，可以看出，在16世纪早期的一些资本主义的早期发展中心，新教徒的势力都很强大。这种现象可以这样解释：在这些发展中心出现了与经济传统主义决裂的现象，这也就形成了对一般传统尤其对旧有形式的宗教制度的扬弃。但是，这种解释经不起仔细推敲。把宗教改革(the Reformation)看成摆脱教会的控制，这种看法是相当错误的。事实上，天主教会对于日常生活的监管很宽松：新教运动呼吁人们接受一种比天主教要求更加严格的行为规范。对于放松和享乐，新教持十分严厉的态度——这种现象在加尔文教中尤其突出。因此，可以得出结论，我们如果想要解释清楚新教与经济理性(economic rationality)之间的关系，就必须认识新教信仰的特殊性。

当然，韦伯所做解释的新颖性并不在于指出了宗教改革与现代资本主义之间存在着关联。早在韦伯的著作问世之前，就有众多学者指出过这种关联。主要以恩格斯著作为代表的经典马克思主义认为，新教是一种资本主义的早期发展所带来的经济变革在意识形态上的反映。[2]韦伯视之为一种站不住脚的观点而不予接受，因此，他在著作的一开始便提出明显不同的观点，对该观点进行证明和解释便成了写作《新教伦理与资本主义精神》的真正动因。一般认为，忙于经济活动和追求利益的人对于宗教要不就是漠不关心，要不就是对它持坚决反对的态度，因为他们的行动是直接指向"物质"(material)世界的，而宗教所关注的是"非物质"(immaterial)世界。但是，新教不但不放松教会对日常活动的监管，反而要求其教徒遵守比天主教要求更加严厉的纪律，因此就将一种宗教的因素渗透到了信徒生活的所有领域。新教和现代资本主义之间

---

① *RE*, p. 35.

② 参阅本书下文第256—257以及283—285页。

显然存在着关联，这种关联并不能完全说前者是后者的“结果”；但是，新教的信仰和行为准则在性质上毕竟不同于那种表面上看来可能会激发经济活动的东西。

要阐明这种不同的观点，不仅要分析新教信仰的内容，评估其对信徒行为的影响，而且还要详细说明作为一种经济形态的现代西方资本主义的特征。不仅新教在某些重要方面不同于先前的宗教形式，而且现代资本主义也呈现出了有别于先前种种资本主义活动的基本特点。韦伯区分出来的各种其他形式的资本主义存在于以“经济传统主义”为特征的社会中。现代资本主义雇主已尝试把当代生产方法引入了人们原先不了解它们的社会，他们的经验生动地表明了人们对传统主义劳动特征的态度。如果雇主旨在确保最大收益，采用一种计件付酬的方法，工人本可能获得比以往更高的报酬，但结果往往是完成的工作量反而减少了，而不是增加。传统主义的工人想的不是最大限度地获得每天的报酬，而是只考虑干多少工作才能满足日常要求。“一个人并非天生就希望挣越来越多的钱，而只是生活下去，并且按以往的习惯生活下去，挣的钱够生活的需要就行了。”①

传统主义也不是与贪图钱财完全不相融。“获取财富的过程中极端而且存心的冷酷无情往往与最严格地遵循传统息息相关。”② 自私自利、贪得无厌存在于所有社会中，而且事实上在前资本主义社会比在资本主义社会表现得更加明显。举例来说，通过军事征服或海盗行为获取财物的“冒险者资本主义”（adventurers' capitalism）存在于历史的所有阶段。然而，这跟现代资本主义很不相同，后者并非建立在不道德地寻求个人财富的基础上，而是建立在对责任性工作的义务约束的基础上。韦伯认为现代资本主义“精神”具有如下主要特点：

---

① *PE*, p. 60; *GAR*, vol. 1, p. 44.
② *PE*, p. 58; *GAR*, vol. 1, p. 43.

获取越来越多的钱财，加上严格地避免所有天性的享受……完全被视为自成目的本身，而个人的幸福或利益，则看起来是完全超验的和非理性的。挣钱成为生活的目标。挣钱不再是满足人的物质需要的手段。公平地说，这种我们可能称之为“自然的”现象的颠倒，完全是毫无意义的，但它显然是资本主义的一条主要原则，这是没有受到资本主义影响的人们所无法理解的。①

因此，通过正当的经济活动而全力以赴地投身于财富的追求，与避免把这样得来的钱财用于个人享乐，两者独特地结合在了一起，这便是现代资本主义精神的特征。这种精神根植于这样一种信仰，即相信在一个选定的职业中有效地工作是一种义务和美德。

韦伯强调指出，传统主义的观点并非与经济企业的现代形式完全不相融。例如，有许多小型企业就是按照传统固定的程序模式、传统的交换和利润率等进行经营的。“如今，有的时候，”韦伯指出，“这种悠闲从容的生活就突然被摧毁了……”② 而且这种情况常常发生在没有经过任何技术改革的企业中。这类企业一旦结构重新调整，就会进行生产的理性化重组（rational reorganisation of production），重组的目标就指向生产效率最大化。在大多数情况下，这种变化不能用资本突然流入该企业来加以解释。倒不如说这是向投资企业引入了一种新的精神——资本主义精神——的结果。因此，现代资本主义突出的特征是：

它因建立在精确计算基础上而得以理性化，以远见和谨慎寻求经济的成功，这与传统主义的农民过一天算一天的生活形成鲜明的对照，而且也与中世纪行会工匠的生活、与旨在利用政治机会或非理

① *PE*, p. 53; *GAR*, vol. 1, p. 36.

② *PE*, p. 67.

性投机的冒险资本家形成鲜明的对照。[1]

资本主义精神不可能单纯从西方社会整个理性主义的发展中推导出来。这种分析问题的方法往往假设，理性主义是一种进步的、单线性的发展：实际上，西方社会中不同制度的理性化程度呈现出不均匀的分布。例如，有些国家的经济理性化程度超前，但在法律的理性化程度方面，比起某些经济落后的国家来还要滞后(在这方面，英国就是个显著的例子)。理性化是一个复杂的现象，它呈现出许多具体的形态，而且在不同的社会生活领域中的发展也各不相同。《新教伦理与资本主义精神》一书意在探讨“那种特殊的、具体的理性思想和生活方式到底从何而来，由此衍生出天职(calling)观念和在天职观念中为劳动而献身的思想……”[2]

韦伯指出，“天职”概念是到了宗教改革时期才出现的。在天主教中或是在古代，都未发现有这种概念或它的同义词。天职概念的重要意义以及它在新教信仰中的使用方式，是要将日常生活中的世俗事务置于无所不包的宗教影响中。个人的天职就是要通过其日常生活中符合道德的行为来完成他对上帝的义务。这就迫使新教远离天主教排斥世俗而隐修遁世的理想，进入对世俗的追求。

新教禁欲主义的影响

但是，路德教的教义不能看作资本主义精神的主要来源。宗教改革在引进天职概念、并由此将世俗活动的义务性追求置于人生舞台的中心

① *PE*, p. 76.

② *PE*, p. 78.

方面起了根本性的作用。然而，路德关于天职的思想在某些方面还保留有传统主义的特点。①天职思想的进一步发展完善是后来新教诸教派努力的结果，它们形成了韦伯称为“新教禁欲主义”（ascetic Protestantism）的各种不同分支。

韦伯把新教禁欲主义分为四个主要分支：加尔文教（Calvinism）、卫理公会（Methodism）、虔信派（Pietism）和浸礼派（Baptist sects）。当然，这几个教派之间关系密切，而且也往往无法清楚地区别开来。②韦伯关于新教禁欲主义的讨论并不是要对其教义做全面的历史性描述，而只是关注其教义中那些对个人的实际经济行为有重要影响的因素。他分析的最重要部分集中在加尔文教上，但不仅仅集中在其教义上，而且还集中在大约 16 世纪末以及 17 世纪这些教义具体表现于其中的加尔文教徒身上。

韦伯在做了这些限定之后，便着手把加尔文教中三条主要信条确定为最重要的教义。第一，宇宙被创造出来是为了增进上帝的荣耀，而且只有与上帝的目的有关时才有意义。“上帝不是为了人而存在的，人倒是为了上帝而存在。”③ 第二，全能的上帝的动机超出人的理解范围。人只知道上帝向他们展示的神圣真理的一小部分。第三，信奉上帝预选说（predestination）：只有一小部分人被选择以获得永恒的恩惠，这是从人诞生的第一刻起就决定好的无法改变的事实，它不受人类行为的影响，因为，设想它受人类行为的影响就是在想象人的行为可以影响神的判断。

韦伯坚持认为，信徒在掌握了教义之后一定会有一种“前所未有的

---

① *PE*, p. 85；韦伯所关注的重要一部分是要说明路德教与加尔文教之间的不同，而不仅仅是天主教与加尔文教之间的不同。

② 韦伯指出，卫理公会和虔信派都是从加尔文教中衍生出来的，而浸礼派则代表了一个“加尔文教以外的新教禁欲主义的单独来源”。*PE*, p. 144.

③ *PE*, pp. 102 - 103.

内心孤独感”。“对于宗教改革时代的人来说，生命中最重要的事情是获得永恒的救赎，他们必须沿着自己的路孤独地前行，去面对那早已被决定了的命运。”[①] 在这个重要的方面，每个人都是孤独的，无论是教士还是俗人，没有哪个人能够向上帝说情，以求得救赎。按照韦伯的说法，这种认为不可能通过教会或圣事来求得救赎的观点，是加尔文教区别于路德教和天主教的最关键的不同点。于是，加尔文教促成了一个伟大历史过程的最后定局，韦伯在别的地方对此有详细的论述：这个世界逐渐“去魅”（*Entzauberung*）的过程。[②]

> 如果上帝决定拒绝赐予某些人恩惠，不但不存在施用巫术来获得它的手段，而且也不存在任何别的办法。如果把这种个人内心的孤独感同视上帝有绝对的优越性以及与人的肉体有关的一切皆为腐朽的严酷教义结合起来……便可解释清教主义（Puritanism）为什么对文化和宗教上的所有感官性、情感性的东西都持绝对否定的态度了，就因为这些东西对于获得救赎毫无作用，同时还会增加情感上的幻觉和偶像崇拜的迷信。因此，这是它从根本上反对所有感官文化的基础。[③]

这给加尔文教信徒带来的极度焦虑感是显而易见的。每个信徒最终都会感到不得不去问自己那个至关重要的问题——我是不是被选者——可问题没有答案。对于加尔文本人来说，这个问题根本不会带来焦虑。因为他相信自己是被上帝选中来完成一项神圣使命的，他相信自己能够得救，可是他的追随者却没有这种把握。因此，被选择者与被抛弃者之

① *PE*, p. 104; *GAR*, vol. 1, p. 94.
② 参阅本书下文第 289—293 页。
③ *PE*, p. 105.

间不存在外表区别的加尔文教义很快造成了教徒们在精神上的压力，从而形成了两种相关的反应：第一，个人有义务认为自己是被选者之一：任何对天选确定性的怀疑态度都是信仰不坚定的证据，因此也就是得不到恩惠的证据。第二，“热情主动的世俗行动”（intense worldly activity）是滋长和保持这种必要自信的最恰当不过的途径。因此，“出色的工作”表现被看作天选的“征兆”（sign）——这绝不是获得救赎的方法，但却是消除怀疑能否得救的途径。

韦伯援引英国清教徒巴克斯特（Richard Baxter）的著作来说明这一点。巴克斯特提出要警惕财富的诱惑，但根据韦伯的看法，这种告诫针对的仅仅是利用财富来享受悠闲放松的生活。悠闲懒散和虚度光阴是十恶不赦的罪行。这一教义“还不等于富兰克林的‘时间就是金钱’，但在一定的精神意义上，这个命题已经偏向那一立场了。时间具有无限的价值，因为每一个丧失的时辰，都不能再用于为上帝之荣耀而进行的劳动”①。加尔文教要求自己的信徒始终如一地遵守生活戒律，从而消除忏悔和赎罪的可能——而天主教是可以忏悔的。后者明显容许对生活持放任的态度，因为信徒们知道，牧师的介入可以免除道德上的过失。

因此，对于加尔文教徒来说，物质世界中的劳动会得到伦理上的最高评价。拥有财富并不能使一个人免于上帝的旨意：谨守天职而全身心地工作。清教徒的天职思想与路德教的也不同，前者强调个人有义务作为上帝的工具以有条不紊的方式对待自己的职业。财富的积累只有在成为懒散享乐生活的诱惑时才会在道德上受到谴责，而通过履行天职中所奉行的禁欲精神来追求物质利益，不但是被容许的，而且实际上在道德上还受到称赞。“人们坚决认为，希望贫穷等于希望不健康。作为对工作的美化，这是令人反感的，是对上帝荣耀的不敬。”②

---

① *PE*, p. 158；*GAR*, vol. 1, pp. 167 - 168.

② *PE*, p. 163.

韦伯的分析中至关重要的一点在于，这些特点不是加尔文最初宣扬预选说的“逻辑”结果，而是其“心理”结果。这些清教教义的后续发展源于信徒们所经受的不同寻常的孤独感，以及由此产生的焦虑感。对预选说的信仰并不是加尔文教所独有的，但根据该信仰与其他相关信仰之间的关系，以及该信仰产生的社会背景，它对人类行为所造成的结果是不相同的。例如，伊斯兰教中信仰命运预选说所产生的就不是加尔文教的世俗禁欲主义，而是“为了打赢征服世界的圣战，以完全的忘我来执行宗教的律令”。①

因此，资本主义精神的起源便应该到主要由加尔文教所阐发的那种宗教伦理中去寻找。我们可以把这些独一无二的特性追溯到这种伦理中，这些特性使潜含在现代资本主义活动背后的态度与先前大多数资本盈利形式所具有的与道德范畴无关的特性区别开来。“从基督教禁欲主义的精神中，诞生了现代资本主义精神——不但是现代资本主义精神，而且是现代文化——的基本特征之一：建立在天职观念基础上的理性生活行为，这也是本论述要说明的问题。”② 一般来说，新教禁欲主义其他教派的戒律不像加尔文教那样严厉，韦伯称加尔文教具有“钢铁般的坚定”（iron consistency）。然而，韦伯指出，在资本主义精神的起源上，不同的新教禁欲派别与资本主义经济中的不同社会阶级之间可能存在着某种历史性关系。例如，虔信派往往主张持谦卑和克制的态度，而加尔文教则主张锲而不舍地倾注精力。虔信派可能在工业界下层雇员中最为盛行，而加尔文教则可能在企业经营者中有更直接的影响。③

清教徒遵从神的引导，对于当代资本主义世界来说，这越来越与劳动分工等级中所有层次的工业生产在经济和组织上的迫切需求存在着机

① *ES*, vol. 2, p. 573.

② *PE*, p. 180; *GAR*, vol. 1, p. 202.

③ *PE*, p. 139.

械性一致(mechanical conformity)。有一种观点认为，一旦现代资本主义运行体系广泛地建立起来了，清教精神就是其中所必需的因素，韦伯对此谨慎地加以否认。相反，《新教伦理与资本主义精神》中有一个明确而具体的结论：虽然清教徒因其宗教信仰中的天职观念而工作，但实际上是资本主义劳动分工的专业化使现代人不得不如此。①

> 自从禁欲主义企图重塑世界，而且要在世界上获得成功以来，这个世界的外在财富就获得了一种日益加强而且最终无法阻挡的力量，它史无前例地影响着人的生活。如今，这种精神已从牢笼(*Gehäuse*)里溜走了——它是否永远走了，谁知道呢？但无论如何，胜利的资本主义因为建立在机械的基础之上已不再需要禁欲精神的支持了……天职中的义务观念也像逝去了的宗教信仰的幽灵一样，在我们的生活中徘徊。②

韦伯把《新教伦理与资本主义精神》列为计划中的一部著作：它是对一组复杂问题所做的初步探讨，他对著作涉及范围的要求适度而且有限。据韦伯自己讲，③ 该作的主要成就在于阐明了资本主义精神的道德手段(moral instrumentality)是加尔文的宗教伦理无意中衍生出来，更加笼统地讲，是新教据以同天主教隐修遁世的理想决裂的世俗天职观念中衍生出来的。但是，在一定程度上来说，禁欲的新教只不过是贯穿整个基督教历史的各种趋势发展成的高潮罢了。天主教的禁欲主义已有了理

---

① "Der Puritaner wollte Berufsmensch sein - wir müssen es sein"(*GAR*, vol. 1, p. 203).韦伯强调指出，清教徒重视固定天职的思想为专门化的社会分工提供了最早的道德认定(*PE*, p. 163)。另参阅韦伯关于美国企业中的"教会意识"(church-mindedness)衰退的讨论，见"The Protestant sects and the spirit of capitalism"，载 *FMW*, pp. 302 - 322。

② *PE*, pp. 181 - 182; *GAR*, vol. 1, pp. 203 - 204.

③ 参阅"Antikritisches Schlusswort", pp. 556 - 557。

性特征，从隐修遁世的生活到清教的理想有一条发展的直线。宗教改革的主要结果，以及后来新教诸教派的发展历史，都是要将禁欲主义从修道院转移到现实的世界中。

《新教伦理与资本主义精神》阐明了，加尔文教——更准确地说是加尔文教的某些信仰——与现代资本主义活动的经济伦理之间有一种“选择性的亲和力”（*Wahlverwandtschaft*）。该著作的显著特点在于，它要说明作为现代资本主义特征的经济生活理性化与非理性的价值约束（*irrational* value-commitments）有关。这是一项对因果关系做出评估的初期工作，但它本身不足以分析出原因。[①]韦伯明确指出，要实现这一目的，先必须完成两项主要任务：第一，对理性主义在经济之外（即政治、法律、科学和艺术）诸领域中的起源和发展情况做出分析；第二，对新教禁欲主义本身如何受社会和经济力量的影响情况进行调查。然而，韦伯强调，《新教伦理与资本主义精神》中分析的题材足以摆脱“幼稚的历史唯物主义学说”，该学说认为，诸如加尔文教信仰中的思想观念纯粹是经济条件的“反映”（reflections）。[②]韦伯主张：“我们必须消除这样的看法，即认为从经济的变革中可以推断宗教改革是历史发展的必然结果。”[③] 但是，韦伯并不打算用别的什么“理论”来取代他拒绝接受的这种历史唯物主义思想。韦伯关于方法论的一些论文大部分是在写作《新教伦理与资本主义精神》的同一时期写的，在这类文章中，他也的确说明了这种理论是不可能创立的。

---

① *PE*, p. 54, pp. 90 – 91 & p. 183.

② *PE*, p. 55; *GAR*, vol. 1, p. 37.

③ *PE*, pp. 90 – 91; *GAR*, vol. 1, p. 83.

第十章　韦伯的方法论著作

《新教伦理与资本主义精神》最后呼吁，既不用唯物主义也不用唯心主义的历史解释作为总的理论框架。韦伯指出："每一种解释方法，如果不是用来作为研究的准备，而是用来作为结论，对于揭示历史的真理都是无济于事的。"①韦伯的方法论著作在这一方面有着相当深刻的阐述。②

然而，韦伯方法论作品的谱系是很复杂的，同时也必须把它们置于当时盛行的关于自然科学与"人文"或社会科学之间关系的争论这一框架内进行探讨。涂尔干沉浸在经验主义的传统中，该传统可以上溯至孔德以前，但在德国的社会思想中不存在可与其比较的传统。在德国，有关人的科学(sciences of man)的地位有着旷日持久的复杂辩论，这些辩论在法国的历史和社会哲学领域大体上仍然无人触及。孔德认为，科学乃是以一种经验和逻辑的等级形式来排列的，其中每一种科学都有赖于等级中低于它的科学在历史上的先期出现。韦伯和他的大多数德国同时代学者一样，断然拒绝接受孔德这一观念。在这种正统的实证主义形式中，社会科学只被看作自然科学的前提假设和方法向人文研究领域的拓展。李凯尔特(Rickert)和文德尔班(Windelband)确定了"自然的"与"文化的"这两种根本上不同的科学秩序，或"研究一般规律的"(nomothetic)与"表意的"(ideographic)横切二分法。韦伯在驳斥孔德的思想同时，也并未完全遵循上述两人的观点。虽然他采用了他们所确定的普遍化陈述的逻辑与特殊性个案的解释之间存在区别这一观点，但却是以一种不同的方式来加以运用的。

主观性与客观性

韦伯对罗舍尔(Roscher)和克尼斯(Knies)的批判是他的第一篇方法论论文，他在文中指出，把自然科学与社会科学区分开来的假说可以用来支持一种伪直觉论(spurious intuitionism)。例如，按照韦伯的看法，罗舍尔利用这一区分的方式使其写作充满了半神秘的唯心主义色彩。③人类的行为领域无法运用自然科学的方法来加以分析，所以不得不运用不确切的和直觉的方式。人类世界因此成为一个“非理性”的世界，可以用“人的精神”(*Volksgeist* 或 *Volksseele*)来概括。韦伯指出，这种观点与该作者自己提出的要以严谨的历史研究为目标的主张无法协调起来。

韦伯承认，社会科学必然涉及“精神的”或“观念的”现象，这些现象是人类所特有的，在自然科学研究的课题中不存在。但是，这种“主体”(subject)与“客体”(object)之间的必然区分并不需要而且也不应该牺牲社会科学中的“客观性”(objectivity)，更不应该用直觉来代替因果分析。韦伯那篇题为《社会科学和社会政策中的“客观性”》的论

---

① *PE*, p. 183.

② 相关的背景说明，尤其是关于唯心主义的，参阅 Alexander von Schelting：*Max Webers Wissenschaftslehre* (Tübingen，1934)，pp. 178－247。韦伯的方法论著作只是他打算对问题所做详细阐述的一部分，参阅 Marianne Weber：*Max Weber: ein Lebensbild* (Heidelberg，1950)，pp. 347－348。关于韦伯的方法论著作的“局部性”，清晰的说明见 F. Tenbruck：“Die Genesis der Methodologie Max Webers”，*Kölner Zeitschrift für Soziologie und Sozialpsychologie*，vol. 11，1959，pp. 573－630。

③ *GAW*, pp. 9ff.

文就是试图说明这个问题。①

韦伯指出，社会科学产生于对实际问题的关注，并受到人们所要实现的社会变革愿望的刺激。在这种背景之下，便产生了要订立法则以对人类社会和文化的现实予以陈述的动力。然而，这一发展并不会使人们清楚地理解，一方面社会科学的事实性或分析性的陈述与另一方面有关"应然"（ought to be）而非"必然"（is）的规范性命题之间存在的本质上的逻辑不连贯有何意义。大多数形式的社会思想都企图在以下两个相互联系的假设上建立起事实性命题与规范性命题之间的结合。一个假设是"渴望的东西"（the desirable）可以等同于"永恒存在的东西"（immutably existent）：不变的规律支配着社会和经济体制的运行。另一个假设是渴望的东西与实际的东西会在演化发展的普遍原则中同化：不是永恒存在的，而是必然出现的。

这两个观念都必须摒弃。在一门经验学科里，要科学地界定"应然"的理念，在逻辑上是不可能的。这是韦伯所采取的新康德主义认识论的基本前提，同时也是贯穿其整部著作的一个基本立场。然而，虽然价值判断不能通过科学分析的方法来加以证实，但这并不是说，价值判断完全被排除在科学研究的范围之外。所有涉及某一特定行为是否"应该实施"的判断，都可以分为旨在达到某些特殊的或一般的"目的"的"手段"。"我们具体想要得到某个东西时，或是因该东西自身的缘故，或是将其作为一种获得别的更想要得到的东西的手段。"② 科学的分析可使我们断定特定范围内的手段是否适合于某一特定的目的。可是，没有哪种科学知识能够在逻辑上证明，一个人应该把一种特定的目的作为

① *MSS*，pp. 50 – 112；要了解韦伯的作品，还必须参照门格（Menger）及其"科学的"经济学学派的观点。参阅 Marianne Weber，pp. 352 – 353，更详尽的说明见 Lindenlaub，pp. 96 – 141。

② *MSS*，p. 52.

价值来接受。社会科学家也能够表明，追求某一特定的目的时，通过权衡采取某一种手段可以获得什么样的好处，以及这样做将要付出什么样的代价。选择特定手段所要付出的代价可以有两种类型：一是想要达到的目的实现了一部分，而不是全部；二是造成了有碍于实现个人其他目的的附加结果。从某种间接意义上来说，通过实证分析，还可能对目的本身进行评估，根据追求该目的时所处的特定历史环境，看看它是否真的能够实现。

韦伯常常联系革命社会主义的抱负来说明这几点，因为追求建立一个社会主义社会这一目标所面临的困境，分外尖锐地引出了以上的某些问题。通过革命的手段来实现社会主义社会，就是要运用武力来确保渴望的社会变革。但是，运用武力就必然意味着革命后的政治镇压，这样做有损于蕴含在社会主义本身理想中的一些自由。其次，要建立起社会主义的经济体系，尤其是处在一个其他国家仍属于资本主义的世界中，很可能出现一系列社会主义者未曾预料也不想看到的经济困难。[①]再次，不管实现社会主义的手段如何，结果都不可避免地要转化为一种官僚制的国家形式，肯定与使其得以实现的目的相抵触。

在另外一个意义上，科学分析有助于实现实际目的，但与以上所述有所不同。它不用实证研究，而是对一个人所持的各种理念之间的内在一致性予以评估。通常的情况是，人们往往不清楚他们追求的特定目标所蕴含的价值，因此他们往往设定一些相互间部分或完全不一致的目标。如果一个人对其特定的目标所依据的理念不曾“深思熟虑”的话，那我们“就可以帮助弄清楚他无意识地偏离了的，或者他必须要以其为前提的终极原理”。[②]

然而，我们所做的只能到此为止了。通过实证科学和逻辑分析，可

① 关于后面一点，参阅 *ES*，vol. 1，pp. 65 – 68 & 100 – 107。
② *MSS*，p. 54；*GAW*，p. 151.

以使一个人明白，哪些是他能够实现的，实现了之后会有什么结果，从而帮助他弄清其理想的性质。但科学不能以这种方式给他指明他该做出什么决定。

> 世界上没有哪种伦理可以回避下列事实：在很多情况下，要达到“善的”目的，往往离不开道德上成问题的或至少是道德上存在危险的手段——而且面对着造成罪恶后果的潜在可能性甚至是极大可能性。至于在什么情况下，在什么程度上，道德上善的目的能够证明道德上成问题的手段及其副作用是“正当的”，这不是世界上任何伦理所能断定的。①

韦伯所采取的这个立场的逻辑结论和必然支持是，人文领域中存在着无数不可化约的竞争中的理想(*irreducibly competing ideals*)。因为在历史上的任何时候，都不存在哪个单一的理想或一套理想能够被科学的分析证明是“正确的”或“错误的”，所以也就不存在普遍适用的道德准则。韦伯的这种方法论观点可以在他的宗教社会学著作里找到主要的例证，从中可以追溯到历史上各种不同理想的起源。但是，虽说理想和意义是在宗教和政治的斗争中产生的，但绝不可能产生于科学本身：

> 偷食了知识树上的果实之后，我们无可避免地面对这样一种命运：不管分析的手段是多么完善，我们都无法根据分析的结果来了解世界的意义，而必须去创造这个意义本身。必须知道，对生命和宇宙的普遍性观照绝不可能是经验知识增加的产物，而最强有力地推动我们的最高理想，永远只是在与其他那些别人看来和我们看来同样

---

① *FMW*, p. 121.

神圣的理想的斗争中产生的。[①]

韦伯对政治和政治动机的逻辑的分析建立在下列思想的基础上：政治行为可能取决于一种“终极目的伦理”（*Gesinnungsethik*）或一种“责任伦理”（*Verantwortungsethik*）。[②]追求终极目的伦理的人往往把坚持某一种理想作为他们一切政治行为的目标，而不对手段进行理性思考：

> 你可以向一个坚信终极目的伦理的工团主义者（Syndicalist）证明，他的行为会增加对抗的可能性，会增加对他的阶级压迫，会阻碍该阶级的上升——而他一点也不会听你的解释。如果一个本意良好的行动导致了不良的后果，那么，在行动者眼中，原因不在于自己，而在于这个世界，或是其他人的愚蠢行为，或是上帝的旨意。

这样的行为最终具有“宗教的”性质，或至少具有宗教行为的典型属性：行为指向终极目的的人相信，他惟一的义务是要确保意图的纯洁性，“其行为的目标是极其不理性的，那就是重燃烈火……”[③]

另一方面，责任伦理意味着韦伯有时称为“后果悖论”（paradox of consequences）的意识。某个人行为的实际后果与其行为的意图经常有很大的出入，甚至完全相反。政治行动者如果意识到这一点，那么他的行为就不会完全为动机的完整性所控制，而是会理性地考虑为达到其目标所采取的行动可能带来的后果。因此，上面所论及的各种社会科学对于

---

① *MSS*, p. 57；另参阅 *FMW*, pp. 143－146。

② *FMW*, p. 120.

③ *FMW*, p. 121.

责任政治来说便非常重要，而与终极目的伦理的追求完全无关。[①]更重要的是，要把追求责任伦理与实用主义(pragmatism)区分开来，人们在对韦伯的思想进行间接解释时往往把两者混淆了。实用主义作为一种哲学把真理等同于在任何特定时刻都切实可行的东西。但是，韦伯并不把切实可行性看作“真理”的标准，其分析的整体论点是，在事实真理和伦理真理之间存在着一条绝对的逻辑鸿沟，任何经验知识都无法判定何种伦理追求较另一种更为妥当。

> 当然，对于某个实际当政者来说，他主观上有义务在相互冲突的观点中选择坚持其中一种。但是，这与科学的“客观性”毫不相干。从科学上来说，“中间路线”(middle course)丝毫不比或左或右派理想更加接近真理。[②]

韦伯讨论“客观性”本质的意图在于消除种种混淆的状况，在他看来，这些状况常常模糊了科学判断与价值判断之间的逻辑关系。正如上文所提到的那样，对韦伯来说，这绝不意味着把理想排除在科学的讨论之外。实际上，社会科学家有责任尽可能搞清楚自己的理想。要是这种责任严格地得到了履行的话，那么，社会科学家所持的价值观就不会被排除在他所从事的研究之外：“道德上漠视的态度(*Gesinnungslosigkeit*)与

① 即使逻辑分析有助于说明理想，但正如前面所提到的那样，这并不是经验科学本身所带来的结果。

② *MSS*, p. 57；值得指出的是，一些批评者们经常将本书所讨论的三位学者的观点与实用主义哲学联系在一起。涂尔干感到此事十分重要，有必要进行一系列的演讲来加以澄清。参阅 *Pragmatisme et sociologie* (Paris, 1955)。用一种可能过于简化的说法来说，三位都出于相同的理由而反对实用主义：因为实用主义否定行动主体具有理性地影响世界变化的能力。

科学上的‘客观性’毫不相干。”①

事实判断与价值判断

事实命题与价值命题两者之间的绝对逻辑区别——即科学本身无法成为确有价值的文化理想的来源——必须从下列意义加以区分：科学的存在本身是以价值的存在为前提的，价值界定了科学分析本身为什么是一种“可取的”或“有价值的”活动。与别的其他价值一样，科学本身所依据的理想无法科学地判定自身的价值。因此，按照韦伯的观点，社会科学的主要目标是“理解我们活动于其中的社会现实的特性”。也就是说，社会科学的主要目标是理解独特的历史现象为何会这样发生。但是，这样就假定了经验现实可以从无限复杂的状态中抽象出来。韦伯接受李凯尔特和文德尔班的新康德主义思想，认为我们不可能对现实进行完全科学的描述。现实丰富多彩，可以无限地细分。即使我们集中注意现实中的某个特定因素，也会发现，它只不过是这一无限当中的某些特征而已。不论在自然科学还是在社会科学中，任何形式的科学分析，任何科学知识体系，都是对广袤无垠的现实抽出的选集。

这样一来，正如刚才所指出的那样，社会科学主要关注的是：“一方面，个别事件在当前状态中所具有的相互关系和文化意义；另一方面，它们在历史发展过程中是‘如此’而不是‘那般’的原因。”② 由于现实在外延和内涵上都是无限的，也由于社会科学家必须要选择“有兴趣的问题”（无论具体的研究者是否意识到了这一点），我们必须要问清楚决定“我们希望了解的事物”的价值标准到底是什么。韦伯认为，这个

---

① *MSS*, p. 60; *GAW*, p. 157.

② *MSS*, p. 72; *GAW*, pp. 170 - 171.

问题不能简单地用下面的判断来回答，即在社会科学领域，我们所应该探索的是像自然科学中的那些固定存在的关系或“规律”（laws）。规律的形成牵涉到一个把纷繁复杂的现实加以抽象化的特殊法则，如此说来，凡不属于规律涵盖范围内的事件都被认为是“偶然的”，因此在科学上没有什么重要意义。但是，要理解社会科学领域令我们最感兴趣的各种问题，这种论断显然是不适用的。韦伯毕生从事研究的主要关注点可以说明这个问题。西欧资本主义的形成，以及与之有关的理性主义，这些都不是我们的兴趣所在，因为这些历史事件(某些方面)看上去可以合乎情理地归于一般的、规律式的原则之下；在我们看来，这些事件之所以有意义，是因为它们具有独特性。

此外，人们错误地认为，自然科学只是要发现规律。例如，天文学往往涉及特殊的发展顺序，这些顺序既不属于规律的范围，也不是因为它与一般关系的形成有关而受人瞩目。虽然韦伯没有对此举例加以说明，但李凯尔特举出了天文学家们对太阳系的起源进行深入研究的兴趣，这是一个很好的实例。根据对宇宙特征的概括，我们所属的这个太阳系根本就是微不足道的。我们之所以对它的特殊发展状况感兴趣，那是因为地球处在这一空间的某个角落。

这表明，从一般规律性知识与表意性知识之间存在区别的观点来看，自然科学与社会科学之间的区分并不是绝对的。虽然自然科学主要集中在建立一般的原则上，但有时也会关注特殊知识。认为只有在一般规律的指导下对事件加以归类，因果关系才能“解释”清楚，这种看法是站不住脚的。从某个特定规律的角度来看，“偶然”的事件同样可以追溯到其因果上的前因。但是，绝对不能想象某个单一的原因或某一组特定的原因能够对某个具体的历史事件做出“完整的”解释。如果“值得了解”的事情只涉及现实的某些方面，那么因果关系的解释本身也是如此。某项调查该在什么时候结束，该在什么时候宣告我们对某个具体现象有了足够的理解，就像决定调查从什么时候开始一样，是一个选择的问题：

> 某个具体“结果”的原因要在因果上倒退回其总体条件中去寻找，后者必须以某种特定的方式而不是别的方式“共同起作用”（act jointly），才会形成某种结果。换句话说，对于每一门进行因果分析的经验科学来说，决定结果产生的因素不仅仅来自某个特定时刻，而且“来自永恒”。①

韦伯强调指出，这并不意味着研究一般规律的命题不会出现在社会科学中。但阐明一般的解释性原则不是社会科学本身的目的，而是一种可以用来分析有待解释的特殊现象的有用手段：“如果不运用‘规律性’（nomological）知识，也就是有关反复出现的因果关系的知识，要想有效地归纳出某个结果的原因，一般来说是不可能的。”② 换句话来说，当研究者企图探究原因时，某个特定的构成因素在多大程度上可以确定为原因，这取决于对各类事件之间有效关系的假定（如果对假定存在疑问，还须进行证明）。研究者在多大程度上能够“凭借个人经验以及训练有素的分析方法所获得的敏锐想像力”有效地找到事物的原因，以及要在多大程度上求助于具体建立起来的一般性原则，这一切都要根据研究的特定情况而定。但事情往往是这样的：我们对于相关的一般原则的知识掌握得越准确可靠，所得出的原因推断也就越确切。③

但是，更加具体地来说，我们如何建立起因果关系呢？韦伯在其著名的程序解说中引用了爱德华·迈尔（Eduard Meyer）解释马拉松之战的

① *MSS*, p. 187；*GAW*, p. 289.

② *MSS*, p. 79.

③ *MSS*, pp. 82ff.

结果对西方文化往后发展的意义这个例子来说明他的论点。马拉松之战本身只是一次小规模的对抗，但是，历史学家们之所以对它感兴趣，恰恰是因为这一战役的结果对于后来传遍整个欧洲的古希腊文化的生存和独立发展具有决定性的因果意义。然而，为了说明马拉松之战在这方面的因果意义，我们必须考虑到两种不同的可能性（古希腊文化的精神对欧洲文化发展的影响，以及与此相对，波斯神权政治对欧洲文化发展的影响）。从哲学本体论的角度而言，这些不是“真实的”可能性；只有一种事件是“可能的”，即真正发生了的事件。这个过程必然是社会科学家进行抽象的过程，涉及一种“思想实验”（thought-experiment）的建构，社会科学家凭借该实验可以推断出，如果某些事件没有发生，或者以不同的方式发生，情况会怎么样。

> 对一个历史事实的因果意义进行评估时，首先要提出这样的问题：如果把该事实排除在被认为共同起决定作用的众多复杂因素之外，或者该事实朝着某个方向改变了，那么按照普遍的经验规则（*Erfahrungsregeln*），这些对于我们的兴趣来说具有决定性影响的特性是否也会产生相应的变化？①

从马拉松之战的重要性这个例子中可以看出：想象一下如果是波斯人取得了胜利，并考虑由此可能引发的各种结果，可以肯定，事情的确会大大影响古希腊文化，因而也影响欧洲文化的后来发展。韦伯认定这是个“足以”确定因果关系的例子。在这种情况下，我们可以充满信心地声明，马拉松之战的不同结果可以充分地或“足够地”使欧洲文化的后来发展产生变化。

---

① *MSS*, p. 180.

对社会科学关注点的选择与认定必然是“主观的”——即涉及对问题的选择，这些问题令人感兴趣，因为它们具有特定的文化意义——这个事实并不意味着不能进行客观有效的因果分析。相反，因果解释可以由其他人来加以证实，而不只对某一特殊个体而言才“有效”。但是，无论是对研究问题的选择，还是研究者认为有必要在无限的因果网络中深入探究的程度，都受价值假设的支配。既然韦伯假定了这样一种前提，即研究兴趣的焦点在于独特的结构，那么，社会科学的研究题材就是不断变化着的：

> 无数的事件像流水一样源源不断地流向永恒。驱动人类的各种文化问题不断形成新的结构，而且特点各异。给我们(即历史中的个体)带来意义和内涵的具体事件构成了不尽的事件流，其中文化领域的边界也在不断地变化着。①

理想类型的建构模式

韦伯对“理想类型”(ideal-type)概念的性质以及它们在社会科学中的运用的详细阐述，逻辑上根植于这样一种一般性的认识论立场：社会科学中所应用的概念，如果没有价值预设的介入，是不可能直接从现实中推导出来的，因为界定兴趣目标的问题本身就有赖于这种预设。因此，对一个历史情境的解释和说明需要特别为这一目的而勾画出来的概念结构，而且，就分析本身的目标来说，该概念结构并不反映现实的普

① *MSS*, p. 84；韦伯经常强调，必须区分社会科学家可能对“历史上的个人”感兴趣的两个重要方面：其一，“对历史上‘伟大’而‘独一无二’的人物有尽可能全面的了解”；其二，分析“在一种具体的历史关系中，由于某些个人行为所产生的因果动力的意义——不论我们实际上把他们看成‘重要的’还是‘不重要的’人物……”*GAW*, p. 47.

遍“本质”特征。在提出理想类型概念的形式特征时，韦伯并不认为他是在建立一种新的概念建构方法，而只是将实践中已经被运用的方法解释明白。然而，由于大多数研究者并不完全清楚自己所使用的概念，所以他们的阐述往往模棱两可、含糊不清。“历史学家所使用的语言中含有大量模棱两可的词汇，其建构是为了满足潜意识中想要准确表达的需求，他们的确感觉到了其意义，可就是没有把它吃透。”①

理想类型是通过对不确定因素的抽象和组合后建构起来的，这些因素虽然存在于现实之中，但极少或根本未曾以这种特定的形式呈现过。因此，韦伯在《新教伦理与资本主义精神》中所分析的“加尔文教伦理”的特点是从不同历史人物的著作中抽取出来的，其中还包括了那些他认为对资本主义精神的形成具有特别重要意义的加尔文教义。韦伯认为，这种理想类型既不是对现实中任何特定方面的“描述”，也不是一种假说，但对描述和解释却有帮助作用。当然，理想类型并不是标准意义上的理想，并不含有要实现它的意思。建构一种杀人或卖淫的理想类型与建构其他现象的理想类型同样合法。理想类型是一种逻辑意义而非示范意义上的纯粹类型：“就其概念的纯粹性来说，这种心理上的建构不可能存在于现实中的任何经验领域。”②

理想类型的建立本身并不是目的；某种理想类型的应用效果只有与一个或一系列具体问题联系在一起时才能得到评估，而建构它的惟一目的就是便于对经验问题做出分析。例如，在建构理性资本主义现象的理想类型时，社会科学家通过对特定形式的资本主义的实证研究，勾画出理性资本主义的最重要方面(关系到他自己所确定的关注点)。理想类型并不是纯概念思想的联结所形成的，而是经过对具体问题的实证分析后才被创立、修改并变得明晰的，同时反过来又增加了该分析的精确性。

① *MSS*, pp. 92－93；*GAW*, p. 193.

② *MSS*, p. 90.

因此，理想类型在范围和运用上都不同于描述型概念(*Gattungsbegriffe*)。描述类型在许多社会科学领域具有重要的、不可或缺的作用。这类概念概括了各类经验现象集合(groupings)的共同特征。理想类型"片面地强调某个或多个观点"，而描述类型则"对许多具体现象所共同具有的特征进行抽象的综合"①。韦伯举了"教会"(church)和"教派"(sect)概念的例子，这两个概念可以作为分类的基础。宗教团体可以被确定为属于两个范畴中的一种。然而，如果我们想要用这种区分来分析宗教运动对于现代西方文化的理性化所具有的重要性，我们就必须重构"教派"概念，以便强调在这个特定层面，宗派主义(sectarianism)中产生影响的特殊成分。那么，该概念就成了理想典型概念。通过对某些因素的抽象和重组，任何描述型概念都可以转化为理想类型：韦伯指出，从实际情况来看，人们常常就是这样做的。

韦伯的讨论集中在建构与阐明特定历史情境有关的理想类型上，因为这样最清楚地反映了描述类型和理想类型概念的差别。但是，理想类型的概念并不只限于这个目标，有各种各样的理想类型概念，它们虽不属于单纯的描述类型，但在性质上也是非特有的(generic)。如果我们把对现象分类的描述转变为对那些现象的解释性或理论性分析，这时候，描述类型就转化为理想类型了。这一点可根据"交易"(exchange)这个概念来加以说明。我们若是只满足于认为无数的人类行为可以归类为交易业务(exchange transactions)，那这就是个描述类型。但是，如果我们把这个概念当作经济学中边际效用理论的一个要素的话，那我们就建构了一个基于纯理性建构的有关"交易"的理想类型。②

社会科学与价值判断之间的关系，是韦伯在1904至1905年间发表

① *MSS*, pp. 90 & 92.

② 关于"个人"的地位在逻辑上相对于"非特有的"理想类型的分析，参阅 von Schelting, pp. 329ff;以及 Parsons, pp. 601ff。

的方法论论文中所讨论的核心主题；这种关系在韦伯十年后所撰写的关于“道德中立”（*Wertfreiheit*）的论文中，又从一个不同的层面得到了阐述。①韦伯在后面这篇论文中所探讨的问题虽然对于社会科学与社会政策之间的关系而言极为重要，但它所关注的并不是价值判断的逻辑地位问题，而是科学家是否应该利用其学术威望或学术地位来宣扬自己所怀有的理想这一实际问题。从根本上来说，这一问题本身有赖于价值，因此不可能通过科学论证来得到解决。它是一个“归根结底必须依据个人按照他自己的价值体系而委托给大学才能决定”的问题。②如果从一个极端宽泛的意义上来认识教育工作，那么，教育者的作用就在于把学生引入一个美学和道德文化的广阔领域，这样一来教师就难以从教学范围内移除其自己的理想。韦伯表明的观点是，教育中的职业专门化——尤其是在具有一定程度的科学性质的科目中——是一种适合于现代大学的结构状态。在这种状态下，根本没有理由允许教师表达他自己的世界观；社会科学的问题虽然由于源于文化价值而受人注目，但它们除了通过技术性分析之外不可能得到解决，因此，在课堂讲台上传播这种技术性分析成了教师的惟一责任。

> 然而，在当今的课堂上，学生从教师那儿首先应该学习的东西是：其一，精巧熟练地完成某项指定任务的能力；其二，确认事实，甚至是那些令个人感到不舒服的事实，并使之与个人评价相区分。其三，使自己服从于他的任务，而且抑制不必要地展示个人品味或其他情感的冲动。③

① *MSS*, pp. 1 – 47；关于韦伯阐发这些观点时所处的政治背景的分析，参阅 Wolfgang J. Mommsen：*Max Weber und die deutsche Politik*, *1890 – 1920*(Tübingen, 1959)。

② *MSS*, pp. 2 – 3.

③ *MSS*, p. 5; *GAW*, p. 493.

大学教师与一般公民一样，拥有通过政治活动来推广其理想的一切机会，但不应该为自己要求更多的特权。教授席位不是“宣讲个人预言的特殊资格”。而且，面对特别敏感但自信不足的听众时，一个企图利用自己地位的教授是能够这样做的。通过采取这一观点，韦伯表达了他个人的信念。如果要让大学成为一个讨论价值的论坛，这只有在“最不受限制地自由讨论各种价值观的基本问题”的前提下才有可能。但是，这一点根本不适合于德国的大学，因为基本的政治和道德问题在那里是不可以公开讨论的；既然这样，“在我看来，对于这类价值问题，不管是就此保持沉默，还是给予解决，同样都符合一个科学工作者的尊严”①。当然，韦伯这样说，并不意味着大学教师在大学本身的范围之外应该拒绝表明其政治和道德判断。相反，他严厉抨击在学术领域之外保持“道德中立”的错误主张。在他看来，一个人若在政治领域中用一种虚假的科学“中立”来掩盖其价值主张，就跟他在大学里公开宣扬自己的党派观点一样，都是不正当的。

按照韦伯的观点，无论如何，首先要明白，个人是否应该在教学中提出某种特定的价值观这个问题，应该与社会科学中事实前提和价值前提之间的逻辑关系加以区分。“经验学科的问题当然应该做出‘非评价性的’解决，它们不属于评价问题。但是，社会科学的问题是在所处理的各种现象的价值关联中挑选出来的……在经验调查中，这种严格的逻辑事实不能使任何‘实际评价’合理化。”②

---

① *MSS*, p. 8.

② *MSS*, pp. 21 – 22.

第十一章　社会学的基本概念

解释社会学

韦伯在早期的实证研究中所遭遇的一些特殊问题，成为其大多数方法论论文写作的背景。他最初受过法律学、经济学和历史学思想传统的熏陶，这些论文记录了他冲破这些学术传统的斗争。在他的方法论论文中，社会学被看作历史学的分支：社会科学中令人关注的主要问题被认为关系到那些具有一定文化意义的问题。韦伯反对社会科学不可能进行一般化的观点，但他认为，建构一般原理主要是达到某种目的的手段。

韦伯所强调的这种立场，在其经验著作中，尤其是在《经济与社会》(*Economy and Society*)这部巨著中有了某种变化。但他并未放弃自己的根本立场，无论是关于事实判断与价值判断之间在逻辑上存在绝对分离的主张，还是独特历史情境不能仅按照一般原则加以分析的观点(一般原则对历史分析只具有先导意义)。然而，在《经济与社会》中，韦伯兴趣的焦点转向了对确立社会和经济组织一致性的直接关注，即转向了社会学。

韦伯指出，社会学的任务在于阐述与人类的社会行为有关的一般原则和一般类型概念相比之下，历史学则“是对于具有文化意义的特定行为、结构和人格进行原因分析和解释”[①]。当然，这一点重申了他在方法论论文中所确立的基本立场，但大体说来，韦伯的关注点向社会学转移是其个人研究旨趣的变化，而不是基本方法论观点的改变。《经济与社会》表现为韦伯思想中的一种新倾向的程度往往被研究韦伯思想的人夸大了。《经济与社会》构成了一部从多视角研究政治经济的大规模合著的一部分：韦伯打算把自己的著作当作其合作者们撰写的专门化卷本的序篇。② 韦伯在描述其写作《经济与社会》的目的时指出，其中所包含的社会学分析完成了一项“非常有限的准备”工作，但它对于研究特定的历史现象很有必要，“而历史学旨在对上述现象的特点做出因果解释”。③

韦伯在一篇论“客观性”的论文中强调：“在社会科学中，我们关注精神现象，其中移情‘理解’自然是一项特别不同于一般自然科学中能够或试图通过准确设计来解决的工作。”④ 因此，对社会现象进行分析的主要步骤之一便是，把该现象的主观基础“陈述清楚”；当然该论文的一项主题就是，人类活动具有“主观性”的特征，这一事实并不排除对社会和历史现象做“客观的”分析的可能性。从另一方面来说，我们不能通过将自然科学与社会科学合二为一而对这种主观性避而不谈。韦伯在《经济与社会》中略述“解释社会学”概念时，坚持强调主观性对于社会学分析的重要意义。⑤

---

① *ES*, vol. 1, p. 19; *WuG*, vol. 1, p. 9.

② 这套文集的总标题是《社会经济大全》（*Grundriss der Sozialökonomik*）。作者包括桑巴特（Sombart），米歇尔斯（Michels），阿尔弗雷德·韦伯和熊彼特（Schumpeter）。该书首批始于 1914 年，其余至 1930 年才出齐。参阅 Johannes Winckelmann：“Max Webers Opus Posthumum”，*Zeitschrift für die gesamten Staatswissenschaften*，vol. 105，1949，pp. 368 – 387。

③ 1914 年 6 月致 Georg von Below 的信，引自 von Below：*Der deutsche Staat des Mittelalters*（Leipzig，1925），p. xxiv。

④ *MSS*, p. 74; *GAW*, p. 173.

⑤ 出自 *ES* 第一卷的论述，是早些时候一篇题为“Über einige Kategorien der verstehenden Soziologie”的论文的修订稿，*GAW*，pp. 427 – 474（最初发表于 1913 年）。

韦伯指出："这里使用的这个词意义极为含糊，从这个层面上来说"，社会学"应该被看作一门诠释性地理解社会行为从而对社会行为的过程和结果做出因果解释的科学"。[①]社会行动或行为（Social action or conduct［*soziaies Handeln*］）其中所涉及的主观意义与其他个人或团体相关。行动的意义可以从两方面加以分析：或指对于特定的个人行动者而言的具体意义；或指对某一假定的行动者而言，主观意义的理想类型。

在实际中，上面所界定的行动与纯粹未经思考或自发的行为之间根本不存在明显的区别。对于社会学研究意义重大的人类活动，其大部分在有意义的行动中只占据着非主体地位：传统模式的行为尤其如此。此外，在同一种经验性活动中，其中可能混合了可以理解的和不可以理解的东西。例如，某些形式的宗教活动可能就属于这种情况，其中包含有神秘体验，这对于没有这种体验的社会科学家来说，只有部分是可以理解的。当然，要清楚地分析一种经验，并不需要完整地再现它："人们要理解恺撒，并不需要变成恺撒。"[②]

重要的是必须好好理解韦伯在此处论述的主旨。他虽然赞同主观意义是许多人类行为的基本要素，但他的论点是，直觉论（intuitionism）并不是惟一能进行这种研究的学说。相反，解释社会学能够也必须建立在解释意义的技巧基础上，这些技巧可以重复，因此，根据科学方法的惯用准则，也是可检验和证明的。按照韦伯的观点，对构成行动者主观意识部分的逻辑关系进行理性认识，或者对更具情感色彩的因素加以理解，这一点是可以办到的。在行动者运用数学分析或形式逻辑的情况下，理性认识最完整也最精确。"当某人运用 2×2=4 的命题或勾股定

① *ES*, vol. 1, p. 4；*WuG*, vol. 1, p. 1；参阅 Julien Freund：*The Sociology of Max Weber*（London, 1968），pp. 90－91。

② *ES*, vol. 1, p. 5. Carlo Antoni：*From History to Sociology*（London, 1962），p. 170.

理进行推理或论证时，或者当某人按照我们已接受的思维模式正确地进行一系列逻辑推理时，我们完全清楚地理解其意义。”① 然而，掌握这个严格意义上的逻辑命题，与我们何以理解某个理性地选择和运用某种手段来达到一个实际目标的人的行为之间，并不存在绝对清楚的界线。虽然移情（empathy）是一种在情感领域中形成对行动的理解（understanding）的重要途径，但把移情等同于理解是错误的。后者所需要的不仅仅是社会学家的情感投入，而且要把握行动的主观意义。然而，一般来说，引导人类活动的理想与影响我们自己行为的理想越是不相干，就越难以理解理想对于坚信它的人所具有的意义。在这种情况下，我们必须接受这样的观点，即理解只能是部分的，而当连这一点都实现不了时，我们就只能满足于将其当作“给定资料”（given data）。

社会学当然必须关注影响人类活动但不具有主观意义的事物和事件。这些现象（包括例如气候、地理和生物诸因素）是人类行为的“条件”，但不一定与人类目的有必然的联系。但只要这些现象涉及人类的主观目的，它们就有了意义，就成了社会行为中的因素。像机器这样一种人工制造物，“只有根据其制造和使用中所具有的或本应具有的意义，才能被人们所理解”。②

既然对社会行动的科学分析不仅仅是描述，那么它便可以通过建构理想类型来进行：同时，考虑到在理解以价值为导向或受情感所影响的多形式行动时会存在困难，理想类型的建构通常是有用的。在对理想类型中构成理性行动的因素进行了界定之后，对于偏离它的行动便可以根据非理性因素的影响来检测。韦伯认为，合乎理性的理想类型的主要优点已经在经济学中有所展示。理想类型表述准确，运用时才不会产生歧义。韦伯把它看作分析过程中的一个关键点，是方法论中的一个手段，

---

① *ES*, vol. 1, p. 5.

② *ES*, vol. 1, p. 7; *WuG*, vol. 1, p. 3.

使用它绝不会有“理性主义的偏见”存在。

韦伯区分了对意义进行诠释性理解的两种基本类型，每一种还可以根据它是否涉及对理性行动或情感行动的理解而进行再分类。第一种是“直接理解”，在这种情形中，我们通过直接观察来理解一种行动的意义。直接理解的理性次类型可以通过前面引述的对数学命题的理解这个例子来加以说明。当我们听到或看见 2×2=4 这样的运算题时，马上就理解了它的意义。另一方面，对于非理性行为的直接理解可以体现为，比如，我们“从脸部表情、惊叫和不理智的情绪反应等表现来理解愤怒的宣泄”。第二种理解是“诠释性理解”（*erklärendes Verstehen*），它不同于第一种，因为它需要对观察到的活动与其对行动者的意义之间存在的动机联系予以解释。这一种理解也可再分为两种子类型。理性子类型指的是对个人行动的理解，当个人进行一项活动时，要使用一定的手段来达到特定的目的。因此，在韦伯引用的例子中，如果一位观察者看到某人在劈木柴，并且知道那人是要准备燃料生火，他可以毫无困难地领会那个人的行动的理性内容。同样，这种动机推测的间接关联过程也可以用于理解非理性行为。因此，比方说，如果我们知道某人刚遭受失望，我们就可以理解他痛哭流涕的反应。

在诠释性理解中，所关注的特定行动“被置于一种可理解的动机序列(sequence of motivation)中，其理解可以看作对行为实际过程的解释。因此，对于一种涉及行动的主观意义的科学而言，解释需要掌握意义复合体(*Sinnzusammenhang*)，如此解释的可理解的行动，其实际过程便属于该复合体”①。在韦伯把其解释社会学应用于实证分析的概念中，这一点极为重要。对“动机”的理解，总是会涉及将特定行为与个人行动所要遵循的较为广泛的行为规范联系在一起。要对因果关系做出解

① *ES*, vol. 1, p. 9；关于这一点在理论意义上的分析，参阅 Parsons, pp. 635ff。

释，则必须对“主观”适合性和“因果”适合性加以区分。如果某一行动的动机符合公认的或习惯的规范，那么对该行动过程的解释就是主观上适合的(“在意义层面上”适合)。换句话说，这一点表明了该行动是有意义的，因为它根据公认的规范是“行得通的”。但是，这一点本身并不是对特定行动所做的有说服力的解释。的确，唯心主义哲学的根本谬误在于将主观适合性与因果适合性混为一谈。这种观点的根本缺陷是，在“意义复合体”、动机以及行为之间，不存在直接和简单的关系。诸多个体的类似行动可能是由各不相同的动机所引起的，反过来，相似的动机也可能引起不同的行为方式。韦伯并不想否认人类动机的复杂性质。人们常常体验到动机冲突，一个人所意识到的动机可能主要是他意识不到的更深层动机的理性化结果。社会学家必须认识到这些可能性，并准备在经验层面上加以处理——当然，一种行为越是属于无意识冲动所引起的，在对意义进行诠释时，它也就越成为边缘的现象。

基于上述理由，“因果”适合性要求的是可以“断定有那么一种可能性，虽然它只是在极少数理想的情况下可以精确地表述，但总是可以预测的，那就是某一显而易见的事件(客观的或主观的)将会有紧跟或伴随着另一事件的可能性”。[①]因此，要表明解释性意义，就必须把行为的主观意义与某一特定范围的可预测结果联系起来，建构一种经验性的一般原则。当然，根据韦伯在方法上的内在假定，这样一种一般原则无论得到了多么精确的证明，如果它在意义层次上缺乏适合性，那就依然只是解释社会学领域之外的一种统计关系：

① *ES*, vol. 1, pp. 11－12；在这种情况下，正如韦伯在批评罗舍尔和克尼斯的文章中所清楚表明的那样，“历史学家的‘诠释’动机研究是归因研究，跟自然界中任何特定过程的因果解释一样……” *GAW*, p. 134.

> 只有那些统计规律，才算是社会学上的一般原则，与社会行动过程中所具有的可以理解的普遍意义相符，用我们这里所使用的标准来说，它们构成了可理解的行为类型。一些主观上可理解的行动至少在实际中可近距离地观察得到，只有那些对这样的行动所做的理性阐述，才构成了与真实事件相关的社会学类型。这绝不是说，对其主观诠释越清楚，就越接近某一公开行动过程中所发生的实际情况。①

虽然有多种统计资料与明显影响人类行为的现象有关，但按照韦伯运用该术语的含义，它们并没有意义。不过，有意义的行为并不是不可以进行统计处理：例如，包括犯罪率或职业分布统计在内的社会统计学就属于此类。

韦伯并不把对研究人类的社会行为有价值的信息限制在能够根据解释社会学方法进行分析的范围之内。与社会生活有因果关联但却不可"理解"的过程和影响有多种多样，而韦伯并不轻视其重要性。在此有必要强调这一点，因为人们常常认为，按照他的观点，解释社会学是对人类的社会行为进行概括的惟一基础。韦伯意识到，他自己把"社会学"这个术语限制为对主观上有意义的行为所做的分析，这排除了该领域经常应用到的其他概念："我们所指的社会学……仅限于'解释社会学'(*verstehende Soziologie*)——没有任何人应当或能够被迫遵从这种用法。"②

韦伯特别提到的有机社会学(organicist sociology)与这一点有关联，该学派以舍夫勒的《社会体系的结构与生命》为代表——韦伯称之为"杰出著作"。韦伯注意到，功能主义(functionalism)对于研究社会生活

---

① *ES*, vol. 1, p. 12; *WuG*, vol. 1, p. 6.

② *ES*, vol. 1, pp. 12 - 13; *WuG*, vol. 1, p. 6.

有明显的功效："作为一种实际解释和暂时定位的手段……它不仅有用，而且必不可少。"[①] 就像对有机体进行研究的情况一样，在社会科学中，功能分析使我们确认在"整体"（社会）中对研究有重要性的组成单位。但是，在某一点上，社会与有机体之间并不存在相似性，因为在对前者进行分析时，可能而且有必要超出确定功能一致性的范围。然而，诠释性理解应该被看作提供了自然科学中并不适用的对事物进行解释的可能性，而不是获取科学知识的障碍。但这样做并不是完全没有代价，它会降低社会科学所具有的精确性和确定性。

韦伯与舍夫勒之间的明显差异在于整体概念的逻辑地位这个问题。那些从"整体"出发并由此对个别行为进行研究的社会学家很容易将概念视为现实。因此，"社会"就只不过是特定环境下众多个体的相互作用而已，它呈现出具体的身份，就像是有独特意识的行动单位似的。当然，韦伯也承认，社会科学中有必要使用指称集合体的概念，诸如国家、工业公司等。但是，绝不能忘记，这些集合体"只是个人特定的行动所合成的结果和模式，因为对我们来说，惟有这些个别的人才是主观上可理解的行动的能动主体(agents)"[②]。然而，还有一个方面，集体能动者(agencies)在解释社会学中起了至关重要的作用：也就是说，他们是从个体行动者(actors)的主观立场出发，形构了现实，而且常常由个体行动者表现为自主的统一体。在影响社会行为方面，这种表现扮演了一个重要的角色。

韦伯认为，解释社会学并不意味着社会现象可以从心理学的角度予以解释。[③]心理学的研究结果当然与所有社会科学有关，但并不会比其

---

① *ES*, vol. 1, p. 15.

② *ES*, vol. 1, p. 13；*WuG*, vol. 1, p. 6；关于韦伯解释社会学中的这一点以及其他方面的广泛批判性评论，参阅 Alfred Schutz：*The Phenomenology of the Social World* (Evanston, 1967)。

③ *ES*, vol. 1, p. 19.

他相近学科的研究结果相关度更高。社会学家对于个人自身的心理构成并不感兴趣，而是对社会行为的诠释性分析感兴趣。韦伯毫不含糊地否定了这样一种观点，即认为社会制度从解释意义上来说，可以从心理学的一般原则中“衍生”出来。既然人类生活首先是在社会文化的影响下形成的，那情况实际上更可能是，社会学应该更有益于心理学，而不是相反：

> 研究过程并不是先从分析心理品质开始，进而过渡到分析社会的制度……相反，要了解心理的先决条件和制度的结果，首先要具备对后者的确切认识和对其结构的科学分析……但我们不会根据心理规律来推演制度，或用基本的心理现象来解释它们。①

社会关系与社会行为的定位

社会行动包括任何一种有意义地“关涉着其他人过去、现在或可预期的未来行为”② 的人类行为。只要两个或以上个人之间有了相互关联，社会“关系”就形成了，其中每个人的行动都关联着别人的行为(或预期的行为)。然而，这并不一定意味着包含在这种关系中的意义为其中的所有人所共享：在很多情况下，例如，在一种正如谚语所谓“一厢情愿”的“恋爱”关系中，一方所持的态度根本不被另一方认同。然而，在这样的关系中，如果他们持续下去，就会形成一种相互补充的意义——为每个人确定对方对他的“期待”。韦伯仿效西美尔，也谈到了结合体关系(*Vergesellschaftung*)，它含有形成关系的意思，字面意义为“社会化”(societalisation)，而不是“社会”(*Gesellschaft*)。社会生活赖

① *MSS*, pp. 88 - 89.

② *ES*, vol. 1, p. 22.

以形成的许多关系具有变化的特征，所以处在不断形成和解体的过程中。当然，这并不是说，社会关系首先建立在个人合作的基础上。正如韦伯谨慎地指出的那样，即便是最持久的关系也有冲突这一特征。

用韦伯的话来说，并不是个人之间的所有接触都构成了社会关系。如果两个行走在街上的人相撞在一起，而事先都没有注意到对方，他们之间的相互关系就不构成社会关系，但如果他们随后争论起谁是谁非的话，便构成了社会关系。韦伯还提到了人群中的相互关系：如果勒蓬(Le Bon)的看法正确，那么，群体成员就能形成集体情绪，这种情绪是被潜意识的影响所激发的，个人难以控制住潜意识的影响。个人的这种行为是由于他人行为的影响所造成的，但在意义的层次上，这并不是关涉他人的行动，因此，在韦伯的术语系统中，它不属于“社会行动”。

韦伯区分了社会行为定位的四种类型。在“目的理性”(purposively rational)行为中，个人根据对达到目的的手段的预测，理性地估量某种行为可能产生的结果。为了实现特定的目标，通常有许多种可供选择的手段。面对这些选择的个人会掂量每一种可能实现目的的手段的相关效果，以及达到目的后对个人所怀有的其他目标可能带来的影响。韦伯在此把关于理性地应用社会科学知识所形成的先验图式运用到一般社会行动的范式上。相比之下，“价值理性”(value rational)行动指向一种至高无上的理想，而完全不考虑任何其他相关因素。“基督徒循规蹈矩，一切听从上帝的安排。”① 这仍然是理性行为，因为它包含了确定个人活动指向的始终如一的目标。所有行动，凡是专门指向职业、荣誉或为某种“事业”而献身的理想，大都属于这一类型。价值理性行动与第三种类型——“情感”(affective)行动——之间最根本的不同点是，前者预设了个人怀有一种清楚明确的支配其活动的理想，而后者不具备这个特

① *FMW*, p. 120.

点。情感行动是在某种情感的波动状态下进行的，因而处在有意义行为和无意义行为的边缘。它与价值理性行动有一个共同的特点，那就是它们不像目的性理性行为那样，把行动的意义定位在实现目的的工具性手段上，而是在行为的实施本身。

行动的定位第四种类型为“传统性”（traditional）行动，它同样处于有意义行为和无意义行为的边缘。传统性行动是在风俗习惯的影响下实施的。这种类型适应于“人们习以为常的大部分日常生活行动……”①在这种类型中，行动的意义来自理想或象征，但它们不像价值理性中所追求的理想或象征那样具有清晰明确的形式。传统性价值如果理性化了，传统性行动与价值性理性行动就合二为一了。

韦伯归纳出的这种四分法构成了《经济与社会》中经验本质的基础，但并不是对社会行动做一个整体上的归类；这是个理想典型图式。韦伯做出过论断：运用理性类型可以测算出非理性的偏离度，通过这种方法，对社会行动的分析可以取得最佳效果。该图式提供了一种应用韦伯论断的模式。因此，要对人类行为的某个特定经验实例进行解释，便可参照四种行动类型中最接近的一种。但是，在实际情况中，极少有不是以不同的组合将一种以上类型的因素混合在一起的例子。

在讨论解释社会学中由证实（verification）这一问题所带来的困难时，韦伯强调指出，因果适合性永远是个可能性程度的问题，那些认定人类行为“不可预知”的人显而易见是错误的：“‘不可预测性’（incalculability）……是精神错乱者所特有的。”② 但是，人类行为中的统一性只有根据特定的行为或环境使行动者做出一定反应的可能性才可以做出表达。因此，可以说，每一种社会关系都建立在一个或多个行动

① *ES*, vol. 1, p. 25.

② *MSS*, p. 124；另参阅 *GAW*, pp. 65ff，其中，韦伯详尽论述了“非理性”“不可预测性”和“意志的自由”之间的关系。

者会把其行为定位在特定方式的"可能性"(probability)的基础之上(这里的"可能性"绝不能与含有"偶然"[accident]意义的"可能性"[chance]混淆)。韦伯认为,肯定人类行为中的可能性因素就是不否定其规律性(regularity)和可预知性(predictability);但还要再次强调,有意义的行为与诸如受到痛的刺激时下意识的回缩反应(withdrawal reaction)这样的不变响应(invariant response)是有区别的。

因此,在对社会关系的主要类型和更为广泛的社会组织形式进行概念分类时,韦伯坦言,他是根据可能性来描述的。每一种持久性的社会关系都以行为的统一性为先决条件,从最基本的层次上说,行为的统一性包含了他所说的"习惯"(usage[*Brauch*])和"习俗"(custom[*Sitte*])。社会行动中的统一性是一种习惯,"只不过它在一个群体中存在的可能性完全取决于实际实践"①。一种习俗就是长时间形成的习惯。习惯或习俗表现为"惯常"(usual)行为的形式,它虽然不为其他人明确地赞成或反对,但总是被某个人或许多人习惯地遵守。一致性(conformity)并不需要任何约束力来保障,而是行动者自觉自愿的事情。"现在,人们每天早上习惯吃早餐,这在一定范围内符合某种方式,但并不是非这样做不可(除了旅馆客人);而且它并不总是习俗。"② 但绝不能低估了习惯和习俗的社会重要性。例如,消费习性(habits)通常是习俗性的(customary),它具有巨大的经济意义。建立在习惯或习俗基础上的行为统一性,与个人主观追求自身利益之时理性行动的理想类型所具统一性明显不同。在自由市场环境下,资本主义企业家的态度就是这后者的典型。③凡出于自身利益的动机而产生的行为统

① *ES*, vol. 1, p. 29.

② *ES*, vol. 1, p. 29; *WuG*, vol. 1, p. 15.

③ 可以这么说,韦伯在这里所举的经验例子接近目的理性行为。因此,这不等于涂尔干所说的"利己主义",因为在韦伯的例证中,个人利益的主观追求是"以认定的前景为导向的"(*ES*, vol. 1,pp. 29–30)。

一性——换句话说，就是接近后一种类型的行为统一性，其社会关系与建立在习俗基础上的社会关系比起来通常更加不稳定。

合法性、支配和权威

社会关系最稳定的形式就是，那些参与其中的人主观上相信它是一种合法的秩序(legitimate order)。为了说明这一论题的特性，韦伯举了下面的例子：

> 如果家具搬运工常常在许多租房期满时做广告，这种统一性就是由自身利益决定的。如果一名推销员在一个月或一个星期的特定日子去拜访一些客户，这或者是习惯行为，或者是自身利益导向的结果。然而，当一名公务员每天在固定的时间到达办公室时，他这样做并不单单出于习俗或自身利益，因为这样的话，他可以想不理会就不理会；一般说来，他的行为同样取决于一种秩序(也就是公务员法规)的有效性，他要遵守秩序是因为不遵守会对他造成不利的影响，也因为违背了规定会触犯他的责任感(当然，程度不同)。①

对某种正当秩序的信仰可以指导行动，但并不是去遵守该秩序的原则，而是以其他方式行事。罪犯的情况就属这种，他虽然违犯了法律，但他采取措施谋划其犯罪行为，以此来承认法律的存在，并使自己的行为适应这种存在。在这个事例中，他的行为受制于下列事实：破坏法律秩序会受到惩罚，而他希望逃避这种惩罚。但是，他这种把秩序的有效性纯粹作为一种“事实”来承认的情况，只是许多种违法行为——其中

① *ES*, vol. 1, p. 31.

的个体都企图申明自己的行为是正当的——的一个极端例子。此外，尤其要注意的是，同样正当的秩序可能以不同的方式加以解释。这一点可以根据韦伯对宗教社会学所做的实证分析加以说明：因此，宗教改革中的新教是基督教秩序激进化的结果，而天主教会同样将这种秩序作为其合法性的基础。

在习惯、习俗和韦伯所称的“惯例”（convention）之间，并不存在明显的经验界线。在这种情况下，一致性就不再是个人意愿倾向的问题。例如，如果上流社会团体中的某个成员违反了恰当的礼仪准则这一惯例，他可能会被团体的其他成员所嘲笑或排斥。这些惯例的运作常常是维护固有秩序的强有力模式。当惯例不单纯由广泛的非正式规约（sanction）来支撑，而且个人或更多时候是团体具有合法的能力和责任去应用规约来制约违规者时，“法律”便存在了。[①]法律的执行者并不一定就是现代社会中的司法和警察那样的专门职业团体，例如，在家族间的世仇争斗中，宗族团体就代行了与制裁机构相同的职责。习俗、惯例和法律之间的经验关系是很密切的。即便是对纯粹习惯的坚持，也可能很强有力。那些制定法律以涵盖从前只是“惯常”行为的人常常会发现，对于这里所谈到的旧习（prescription）而言，极少找到别的什么一致性。然而，习惯和习俗在大多数情况下的确是后来法律准则的来源。相反的情况也有，虽然不那么常见：制定一项新的法律可能是直接的，也可能是间接的。因此，例如，允许自由订立契约的法律所引起的一种间接结果是，推销人员要花费大量的时间来游说，以便保住客户。这不是契约法所强求的行为，而是其存在所造成的影响。

韦伯认为，我们不能只讨论“法律”存在的情况，在这种情况下，

---

① 韦伯在某一点上对“担保”法和“间接担保”法做了区分。第一类直接由强制性机构支持，第二类指违规行为在法律上不受制裁，但却触犯了属于担保法范畴的其他规约。但是，韦伯通常使用“法律”一词而不只限于表示担保法。

执行法律的强制机构是政治机构。在某个团体——如亲属团体或宗教组织——承担了应用戒律来惩处违规者的任务的环境中，都存在一种法律秩序。实际上，宗教团体对法律理性化的影响是韦伯实证著作中的主要论题。从更加广泛的意义上来说，“法律”“宗教”和“政治”之间的相互关系对于经济结构和经济发展具有决定性的意义。韦伯把“政治”社会定义为“其存在及其秩序在一个特定领土区域内通过行政人员以威慑和物质的力量得到持续保护”。当然，这不等于说，政治组织只有频繁使用武力才得以存在，而只是说，威慑或实际诉诸武力是在其他手段均已失效的情况下最后施行的一种手段。在特定的领土内，当一个政治组织能够成功地对武力的组织运用进行合法的垄断时，它才成为“国家”。①

韦伯把“权力”(*Macht*)定义为：行动者哪怕在遭到与其有社会关系的其他人反对的情况下也能够实现其目的的可能性。这个定义的确非常广泛：从这个意义上来说，每一种社会关系，在某种程度上和一定情况下，都属于权力关系。“支配”(*Herrschaft*)的概念更为明确和具体：它仅指行动者遵从另一个人发出特定命令这样的权力行使情况。②对支配的接受可能出于各种不同的动机，从纯粹出于习惯到消极地扩大个人的利益。然而，获取物质报酬和保证社会认可的可能性是维系领导者和追随者之间关系的最普遍形式。③但是，没有任何一种稳定的支配体系是纯粹建立在自发习惯或谋求自身利益的基础上的：关键因素在于被支配者坚信其受支配的合法性。

---

① 比较涂尔干的不同概念，参阅本书上文第129—130页。拥有固定的领土或能够动用武力都未在涂尔干的定义中出现过。

② 关于“*Herrschaft*”应该译成“支配”(domination)还是“权威”(authority)的争论，这一问题存在着一个综述，参阅Roth在*ES*中的注释，vol. 1，pp. 61-62(注31)。我使用“支配”这一比“权威”(*legitime Herrschaft*)更广义的术语。

③ *FMW*, pp. 80-81.

韦伯区分了支配关系赖以建立的三种合法性理想类型：传统型（traditional）、超凡魅力型（charismatic）和法理型（legal）。传统型权威建立在对“古老法则和权力的神圣性的信仰”基础上。①在最初级的传统型支配中，统治者没有专业化的行政人员来借以行使其权威。在许多小型的农村社会中，权威掌握在村落年长者的手中：最年长者被认为对传统智慧的造诣最深，所以最有资格掌握权威。传统型支配的第二种形式实际上常常与长老制（gerontocracy）混合在一起，那就是家长制（patriarchalism）。这种类型通常建立在家庭单位的基础上，家长拥有权威，该权威根据明文的继承法则一代一代地传下去。凡有行政官员存在，且个人的臣服是出于对主子的忠诚，家长制就会得到发展。

世袭制（patrimonialism）是东方传统专制政府中的典型支配形式，这种形式在近东和中世纪欧洲也存在过。相对于结构不那么复杂的家长制，世袭制具有统治者与“臣民”之间界线分明的特点：在简单的家长制中，“虽然支配是主人继承来的一项传统权力，但它肯定必须代表全体成员的利益，作为一种共同的权力来加以行使，因此，它不会为任职者所滥用”②。世袭制权威则基于统治者的家族式管理之上，融宫廷生活和政府职能于一体是其鲜明的特色，官员最初多为统治者的个人侍从或仆人。然而，当世袭制支配施行于广袤的领土时，录用范围有必要更广泛，而且常常出现行政权力分散的倾向，于是，统治者与地方世袭制官员或“显贵”之间便有了各种各样的摩擦和冲突。

在真实的历史情境中，虽然可能出现而且也存在着许多支配类型相混合的情况，但传统结构体制的纯粹类型与理性官僚制支配的理想类型之间形成鲜明的对照，后者是建立在法律基础上的支配体制。在传统结

① *ES*, vol. 1, p. 226.

② *ES*, vol. 1, p. 231；我在这里也使用了韦伯原先在 *ES* 中对世袭制的解释，vol. 3, pp. 1006 - 1010。

构体制中，官员的工作任务没有明确的规定，权力和职责根据统治者的意愿而时有更改，录用也是任人唯亲，并且不存在“法定”（law-making）的理性过程：任何行政法规的变革都必须显示出“给定”真理的再次发现。

韦伯对法理型权威的纯粹类型做了如下阐述。[①]在这种类型中，拥有权威的个人根据不受个人因素影响的准则行使权威，这种准则不是传统的遗留，而是在目的理性或价值理性情境内有意识地建立起来的。受制于权威的人之所以服从上司，不是出于任何个人的依附关系，而是因为他们接受了界定这种权威的不受个人因素影响的准则。“因此，拥有法理权威的典型个人，也就是‘上级’（superior），其本人受制于一种不受个人因素影响的秩序，于是在他本人的意向和发布的命令方面，其行为也必须以这一秩序为取向。”[②] 受制于法理权威的人无须对一个上级效忠，而且对其命令的服从也只限于在其明确规定的权限范围内。

官僚制的纯粹类型具有如下特征。行政人员的活动定期进行，由此形成了界限明确的公务“职责”（duties）。公务人员的职责范围有明确界定，因此权威的层次也是以职责层次的形式来划定的。约束人员的行为、规定其权威和责任的法规都是以文字的形式加以明确的。公务人员的任用通过竞争性考试所显示出的专业能力，或根据可资证明具有适当资格的文凭或学位来决定。机关（office）财产不归公务人员（official）所有，公务人员与机关相分离，由此，机关在任何情况下都不归任职者“所有”。该体制类型对于公务人员职位来说具有下列明显的结果：1. 公务人员的职业生涯受一种抽象的职责概念所影响，他要忠于职守，这本身就是目标，而不是通过寻租等手段谋求个人物质利益。2. 公务人员基于个人的专业资格，由上

---

① 韦伯的另一种解释说明见 *ES*，vol. 3，pp. 956 - 1005；后一种说法见 vol. 1，pp. 217 - 226。

② *ES*，vol. 1，p. 217；*WuG*，vol. 1，p. 125.

级权威任命获得其职位，而不是选举出来的。3. 他通常拥有终身职位。4. 他获得的报酬是一种固定而有规律的工资形式。5. 公务人员的职业地位为提升权威等级提供了“履历”（career）；获得提升的程度则由表现出的能力、资历或两者兼而有之的办法来决定。

只有在现代资本主义中，接近这种理想类型的组织体系才会建立起来。在现代资本主义出现之前，发达官僚制的例子主要见于古埃及、中国、罗马帝国晚期和中世纪的天主教会。这些官僚制，尤其是前三个，主要是世袭制的，而且官员的俸禄大都建立在实物（in kind）报酬的基础之上。这说明，货币经济的事先形成并不是官僚制出现的先决条件，尽管它在现代理性官僚制的发展方面有很大的促进作用。现代社会官僚制的发展与不同社会生活领域内劳动分工的扩张有着直接的关系。对于现代资本主义，韦伯社会学中的基本要点是，职业功能的专门化现象绝不只限于经济领域。马克思把劳动者与生产工具之间的异化归结为现代资本主义的最鲜明特点，这种异化并不只限于工业领域，更延伸到了以大规模组织为主体的政治、军事和社会等其他领域。①在后中世纪的西欧，国家的官僚化先于经济层面。现代资本主义国家完全依赖于官僚体系来维持其持续存在。“国家越大，或它越是成为强大的国家，情况就越毫无条件地如此……”② 行政单位的绝对规模虽然是决定理性官僚制扩展的主要因素——就如现代大众型政党一样——但是，规模与官僚化之间并不是一种单向的关系。③履行行政职责所需要的专门化，与在规模上提升官僚制的专门化水平一样重要。因此，在古埃及这个最古老的官僚制国家中，官僚制的发展首先是由于需要有一个中央化的行政体系来控

① 参阅 *GASS*，pp. 498ff；关于这一点的重要性，以及与马克思观点之间的关系，在本书下文第 314—320 页中有进一步的论述。

② *ES*，vol. 3，p. 971；*WuG*，vol. 2，p. 568.

③ 因此，韦伯批评米歇尔斯夸大了官僚制中寡头政治的“铁律”性质。*ES*，vol. 3，pp. 1003 - 1004.

制灌溉所决定的。在现代资本主义经济中，一个跨区域市场(supra-local market)的形成是刺激官僚制发展的一个主要条件，因为该市场的形成要求货物和服务有规律且协调的分布。①

官僚体制在履行这些例行化工作时所显示出来的效率是其扩展的主要原因。

> 完善的官僚机构与其他组织形式之间比较，完全像机器生产模式与非机器生产模式之间的比较一样。精确、快速、清楚、档案信息、持续性、判断力、合一性、严格的从属关系、摩擦的减少以及物质和人力成本的降低——这些都在严格的官僚体制里达到了最适宜的程度……②

资本主义经济的运行需要速度和精确性来实现，上述特质都是它所需要的，韦伯在这一点上的观点常常被人误解。18—19世纪之交以来有一种普遍的看法认为官僚体制与"繁文缛节"(red tape)和"缺乏效率"密切相关，韦伯显然清楚这种观点。③韦伯也没有忽视非正式接触和关系模式——与正式确定的权威和责任分布之间存在重叠之处——在官僚组织机构实际运作中的重要性。④官僚组织可能"以最适合于每一个案处理的方式造成足以妨碍事务执行的明显阻碍"⑤。与"繁文缛节"有关的情况正是源于后一种事实，但它也不是完全不合时宜，因为官僚制有

---

① 必须强调的是，现代国家和现代经济并没有完全官僚化。对于那些身居"最高层"的人来说，并不需要具备专门的技术资格。内阁和总统的位置是经过某种选举程序来填充的，而工业企业家也不是由他领导的官僚体系任命的。"因此，在一个官僚组织体系的顶层，必须有某种至少不纯粹是官僚性质的因素。" *ES*, vol. 1, p. 222.

② *ES*, vol. 3, p. 973.

③ 参阅 Martin Albrow: *Bureaucracy* (London, 1970), pp. 26 - 54。

④ 参阅韦伯 1909 年讨论 *Verein für Sozialpolitik* 时所撰文章，*GASS*, pp. 412 - 416。

⑤ *ES*, vol. 3, pp. 974 - 975.

了作为理性化结构的性质，它根据系统化的行为准则运行。按照韦伯的观点，就处理某件具体的事件来说，原先的行政组织形式可能更加有优势，这是完全可以理解的。司法裁决的实例便可以说明这个问题。在传统的法律实践中，一个世袭的统治者任意干涉司法裁定，因此，基于他个人对被告的了解，有时或许能够做出比现代法庭对类似案件所做的判决更加"公正"的裁定，因为在这后一种情形中，"只考虑毫不含糊的、具有一般特性的案件事实"①。

但这种情况在绝大多数案例中肯定不会发生，而且正是因为在理性的法理型支配中，"可预测性"因素使官僚行政体制与先前类型大相径庭：确实，这是惟一能够完成现代资本主义所需大量协调工作的组织形式。韦伯对此做了如下陈述：

> 不管有多少人抱怨"官僚制"，在任何领域中，想象一下无需公务人员在机关工作就能进行持续性行政工作，那完全是一种幻觉。日常生活的整个形态被整合进这种框架。从形式、技术的观点来看，在其余情况不变的条件下，如果说官僚行政体制总是属于最理性的类型，那么，（对人或事物的）集体管理的要求就会使得该体制在今天变得不可或缺。②

韦伯所区分的第三种超凡魅力型支配完全不同于另外两种类型。传统型支配和法理型支配都有固定的行政系统，涉及日常生活中的例行事务。从定义来说，纯超凡魅力型支配是一种特别的类型。韦伯把超凡魅力定义为"某种个人人格上的特质，具有该特质的个人被视为不平凡

① *ES*, vol. 2, pp. 656 – 657.

② *ES*, vol. 1, p. 223; *WuG*, vol. 1, p. 128.

的，而且富有超自然、超人类的禀赋，或至少有特别异常的力量和品质”①。因此，一个超凡魅力型的个人是被他人认为具有突出超常能力的人，其能力常常被视为超自然的，因而使他鹤立鸡群。问题不在于一个人是否“真的”具有其追随者所认为的某些或全部特质；重要的是，别人要认为他具有超凡的品质。超凡魅力型支配可以存在于各种极不相同的社会和历史情境中，因此，具有超凡魅力的人物可以是政治领袖和宗教先知，他们的行为影响整个文明发展的进程，也包括各行各业中小的煽动家（demagogue），他们力图使自己拥有一批哪怕是暂时的追随者。因此，不论在什么样的情境下，超凡魅力型权威的合法性总是建基于领导者和追随者都相信领导者使命的真实性这一点。超凡魅力人物通常都以展示神迹或显示天启（devine revelations）的方式来“证明”自己的真实性（genuineness）。然而，这些虽然是其权威正当性的标志，却不是它赖以成立的基础，合法性“倒不如说是建立在这样的思想基础上：去认识超凡魅力型权威的真实性，并体现在行动上，这是其追随者的职责”②。

在超凡魅力型运动中，处于次级权威上的成员，其地位既不是建立在通过个人关系而得到的特权基础上，也不是凭他们所拥有的技术上的资格。其中并不存在固定的层级隶属关系，也不存在官僚制中的“履历”。超凡魅力型领导人仅拥有一群不确定人数的亲信，他们分享他的超凡魅力，或者他们自己有超凡魅力。超凡魅力型运动不同于常设的组织形式，它没有系统组织起来的经济支持手段：其收入或来自各种形式的捐助，或通过掠夺来获得。超凡魅力型运动不是围绕固定的一般法律原则组织的，而传统型和法理型支配中的情形则是然，只不过内容不

---

① *ES*, vol. 1, p. 241.

② *ES*, vol. 1, p. 242.

同；司法审判根据每个特定案例做出，并被视为天启。“一个真正的先知，就像一个真正的军事领袖和这个意义上的每个真正领导人一样，宣扬、创设或者要求新的义务……”①

这表明了超凡魅力型支配的出现所代表的含义：打破既定的秩序。“超凡魅力型权威在其所涉及的范围内排斥过去，从这个意义上说，它特别具有革命性。”② 超凡魅力是一种强劲有力而具有创造性的力量，这种力量猛烈冲破并控制着现存秩序的既定法则，无论这些法则是传统的还是法理的。根据韦伯的观点，它是一种特别不合理的现象，这的确是他为超凡魅力所下的定义的本质所在，因为超凡魅力型权威的惟一基础是对领导者所宣称的真实性的确认：超凡魅力型运动的理想根本不必受缚于现存控制体系的理想。这样一来，超凡魅力作为一种革命的力量在传统的支配体系中尤其重要。在传统体系中，权威与从过去流传下来的相对不变的惯例紧密相关。“在前理性时期，传统和超凡魅力几乎支配了整个行动导向。”③ 然而，随着理性化的推进，社会变革中的理性手段（例如把科学知识应用到技术革新上）越来越显得重要。

由于超凡魅力与例行事务和日常事务相抵触，所以，如果它要长久存在，就有必要经历深刻的变化。因此，超凡魅力的例行化（*Veralltäglichung*）就要求超凡魅力型权威向传统体制或法理体制的方向转移。由于超凡魅力型权威集中在某个特定个人的卓越品质上，那么当那个人死亡或因别的缘故不在位时，便出现了继位的难题。例行化之后产生的权威关系类型很大程度上取决于“继位问题”（succession problem）的解决方式。韦伯区分了几种可能出现的方式。

---

① *ES*, vol. 1, p. 243；“卡迪审判”（Kadi-justice）原则上就是以这种方式进行的。韦伯指出，实际上，它与传统的先例紧密相关。（“卡迪审判”指一种几乎不受任何法律约束、没有任何形式规则可言的审判。——译者）

② *ES*, vol. 1, p. 244；*WuG*, vol. 1, p. 141.

③ *ES*, vol. 1, p. 245.

历史上有一种解决继位问题的重要方式，那就是具有超凡魅力的领导者或分享其超凡魅力的追随者指定继位者。继位者不是被选举的，他显示出具有适宜于担当权威的超凡魅力品质。根据韦伯的观点，在西欧地区，这是为君主和主教加冕的原始意义。①超凡魅力也可能被看作一种遗传的品质，于是为与原承载者血缘最近的亲属所拥有。然而，这种情况主要与封建欧洲和日本的长嗣继承制原则有关。当超凡魅力型支配转变成一种例行的、传统的形式时，它便成了掌握权力的人保有其地位合法性的神圣源泉；通过这样的方式，超凡魅力成了社会生活中的一个持续因素。虽然这"与其本质格格不入"，但韦伯指出，说到"超凡魅力"的持续性，仍然有正当的理由，因为作为一种神圣的力量，它保持了超凡的特质。然而，一旦超凡魅力就这样变成了一种非个人的力量（impersonal force），那它就不必再被看作一种不能传授的品质，而超凡魅力的获得就可能部分地依赖于一种教育程序。

超凡魅力的例行化，要求行政人员的活动建立在一种规则的基础上，这种基础可以通过形成传统的规范或者建立法律准则的方式来实现。如果超凡魅力通过遗传来传递，那官僚体系就有可能变成一个传统的身份团体，而职位的补充主要靠继承来实现。在另外一些情况下，官员录用的标准可能由资格考试来决定，因此趋向于理性法理型。不管朝哪一个方向发展，例行化所要求的总是形成一套稳定的经济安排。如果朝向传统主义，那经济安排就是俸禄或封地，如果朝向法理型，那就是采取职位薪水的形式。

超凡魅力型运动出现以后，它所倡导的理想的内容不可能直接来源于先前存在的支配体系中。这并不等于说，超凡魅力型运动的主张不受秩序——它之所以出现就是为了对抗这一秩序——的象征的影响，也不

① *ES*, vol. 1, pp. 247–248.

是说经济的或“物质的”利益在影响超凡魅力型运动的发展中不重要。然而，它确实意味着，超凡魅力“使命”（mission）的内容不能解释为影响社会变化的物质过程在观念上的“反映”。在韦伯看来，革命的动力不会受整个历史发展中任何理性进程的约束。这就从一个更加经验性的层次上保持了对发展理论的排斥，是韦伯根据纯粹理论所得出的观点。

市场关系的影响：阶级与身份集团

韦伯拒绝接受历史发展的全部理论，这同样适用于对黑格尔主义和马克思主义的驳斥。但是，在韦伯的著作中，有一条在概念和经验上更加基础的思路，与马克思主义尤有关联。如果作为整体的“历史理论”不可能形成，那么在更加具体的层次上，任何企图将历史发展系于经济或阶级关系上的普遍性因果支配理论都是注定要失败的。因此，韦伯在论述“阶级”（class）、“身份”（status）和“政党”（party）时，把它们确立为三个分层“维度”，每一个都在概念上有别于其他两者；而且还明确指出，在经验层次上，每一个都可能对其他两者存在着因果上的影响。

《经济与社会》一书用了两个章节来论述阶级和身份集团。[①]但篇幅都很短，而且与这些概念在韦伯历史著作中的重要性不相称。同马克思一样，韦伯没有对阶级的概念及其与社会中其他阶层的关系做完整详尽的分析说明。韦伯关于阶级的概念以他对市场经济行为所做的更加概括的分析为出发点。他把经济行动定义为通过和平的手段对渴望获得的效用(utilities)加以控制的行为。[②]在韦伯的用法中，效用包括了货物和服务两个方面。市场有别于直接的物物交换(易货贸易)，因为它涉及通

① 早先的文本见 *ES*，vol. 2，pp. 926－940；稍后的分析见 *ES*，vol. 1，pp. 302－307。

② *ES*，vol. 1，p. 63；关于“经济”概念的早先建构，参阅 *MSS*，p. 65。

过贸易竞争来获取利益的投机性经济行为。“阶级”只有在这种市场——可能呈现出多种具体形式——形成的时候才会存在，而这样反过来又成为货币经济形成的先决条件。[1]货币在这中间起了极其重要的作用，因为它使得对交换价值进行数量化且固定的而不是主观的估量成为可能。因此，经济关系从地方性社会结构的特殊纽带和义务中解脱出来，而且任由物质机会(material chances)来决定，也就是个人在竞争的市场上运用他们所具有的财产、货物或服务进行交易的物质机会。韦伯指出，“与此同时，‘阶级斗争’也开始了。”[2]

任何交换物品的“市场状况”都可以被定义为“把它兑换成货币的所有机会，它们是交换关系中参与者所共知的，而且有助于他们在价格竞争中的定位”。[3]那些拥有类似交换物品(货物和服务)的人“共同享有他们生活机会的特定因果构件(specific causal component)”[4]。也就是说，那些共享相同市场或“阶级状况”的人，都服从于类似的经济要求，并因此影响到他们生存的物质水平和他们所能享受到的个人生活体验。一个“阶级”意指享有相同阶级状况的个人集合。从这一方面来说，那些没有财产的人，而且只能在市场上提供服务的人，可以根据他们所能提供的服务种类进行区分，就像有产者可以根据他们拥有何种财产以及如何运用它们达到其经济目的来加以区分。

韦伯承认马克思所说的，在一个竞争的市场中，是否拥有财产是阶级划分的最重要根据。他还遵循马克思的观点，在拥有财产的人中区分出食利者(rentier)阶级和企业者阶级，并分别称为“有产阶级”(*Besitzklassen*)和“商业阶级”(*Erwerbsklassen*)。有产阶级是指那些靠自

① *ES*, vol. 1, pp. 80 – 82.
② *ES*, vol. 2, p. 928.
③ *ES*, vol. 1, p. 82.
④ *ES*, vol. 2, p. 927.

己拥有的土地、矿山等收取税利的人。这些食利者是“强势”(positively advantaged)有产阶级。而“弱势”(negatively advantaged)有产阶级包括所有那些既没有财产也没有技术可提供的人(例如那些失去社会地位的罗马平民)。在强势与弱势集团之间，有一个中间阶级，他们或拥有少量的财产，或具备可为市场服务的技艺。这些人包括各种类型，诸如公务人员、工匠和农民。商业阶级是指那些强势集团中为市场提供商品销售的企业家，或参与这类运作的金融方面的人员，如银行家。[①]工薪劳动者构成了弱势商业阶级。中间阶级则包括小资产者、政府或企业中的行政人员。

有关韦伯阶级概念的大部分间接讨论都集中在其早期的论述上(参阅本书下文第223页注①)，从而忽视了他的第二种表述。这是很不幸的，因为会给人留下这样的印象，即韦伯对概念的论述不如实际中的那么完整。虽然根据市场状况来确定阶级状况，原则上可能存在同经济地位的细微层级一样多的阶级分类，但实际上，韦伯只把某些围绕财产所有权和非所有权所形成的特定结合体看作具有历史意义的。他在后来的论文中，除了区分有产阶级和商业阶级之外，还区分了他所说的纯粹的“社会”阶级。只要个人可以在一个具有共同阶级状况的群体内自由地流动(例如，某个人可以毫不费力地从行政职员的工作岗位流动到商业公司)，那他们就形成了一个特定的社会阶级。韦伯把构成商业阶级的一些分类进行了压缩，他把资本主义的社会阶级结构描述为由以下几种阶级构成：1. 体力劳动阶级：技术上的差别——尤其是在它们作为专有的东西而被垄断时——是威胁劳动阶级一体化的主要因素，但是，工业机械化程度的提升把大部分的工人推到了一个只需要有限技术的领域；2. 小资产阶级；3. 无产的白领工人、技术人员和知识分子；4. 占统治地

① 强势的商业阶级有时也包括能够控制某种垄断性专门技艺的人，诸如专业人员和工匠。*ES*, vol. 1, p. 304.

位的企业和资产集团，他们还享有受教育的优先权。①

相似的阶级利益的存在与明显的阶级冲突的发生，这两者之间的关系在历史上是偶然的。由个人组成的集团可能享有类似的阶级状况而未意识到，因此未能建构任何组织以促进其共同的经济利益。阶级斗争并不总是由财产分配中的显著不均所造成的。只有当人们看清了生活机会的不均等分配并不是“不可避免的事实”，阶级冲突才有可能展开。在历史上的许多时期，弱势阶级把自己的劣势地位视为正当的。阶级意识只有在下列情况下才极容易得到滋长：1. 阶级敌人是一个显而易见而且直接的经济竞争集团，例如，在现代资本主义社会中，劳动阶级可能更加容易组织起来对抗工业企业主或经营者，而不是那些与其关系更加疏远的金融家或持股人。“被工人敌视的不是食利者、持股人和银行家，而几乎全是制造商和经营者，因为他们是工人们工薪斗争中的直接对手。”② 2. 有为数众多的人处于相同的阶级状况。3. 联络和集会很容易组织：例如，在现代工厂生产中，工人大规模集中在生产单位里；4. 该阶级有了领导者——诸如来自知识阶层的领导者——可以为他们的活动设定清楚的目标。

“阶级”指的是众多个人的市场状况的客观属性，就此而论，阶级对于社会行为的影响不依赖于这些个人为他们自己或别人所做的价值评估。由于韦伯拒不接受经济现象直接决定人类理想的性质的观点，因此，这种评估概念的形成就独立于阶级利益之外。因此，韦伯将阶级状况与“身份状况”（*ständische Lage*）进行了区别。某个人的身份状况指

---

① *ES*, vol. 1, p. 305；参阅 Paul Mombert：“Zum Wesen der sozialen Klasse”，载 Melchior Palyi：*Erinnerungsgabe für Max Weber*（Munich and Leipzig, 1923），pp. 239－275。

② *ES*, vol. 2, p. 931；韦伯指出，正是这个事实使家长制社会主义得以滋长。同样，在军队里，士兵憎恨的是士官阶层而不是发布命令的更高层。*GASS*, p. 509.

的是他人对他或他的社会地位所做的评估，从而给予他某种形式（正面的或负面的）社会声望或评价。一个身份集团是指处于相同身份状况中的众多个人。与阶级不同的是，身份集团几乎总是会意识到他们共同的身份。“至于与阶级的关系，身份集团最接近‘社会’阶级，而且最不同于‘商业’阶级。”① 然而，社会集团与韦伯所区分的三种类型的阶级的任何一种并不存在必然的或普遍的联系。有产阶级常常——但绝非总是——构成特定的身份集团，而商业阶级则极少如此。

身份集团通常遵循某种特殊的生活方式，或者在与他人交往的方式上设置了某些限制，以此来彰显其独特性。实施婚姻限制，有时涉及严格的同族结婚，就是实现这一目的特别常用的办法。种姓制度是这种情况中最明显不过的例子。身份集团在这种情况中的特性被认为是建立在种族因素的基础上，而且同时受到宗教训诫、法律以及习惯规约的强化。虽然只有在传统的印度，整个社会才根据严格的种姓制度原则组织起来，但类似于种姓制度的特征也会在“贱民”（pariah）群体的地位上体现出来。这是一些少数族群，历史上最显著的例子莫过于犹太人，其经济活动局限于某种特定的职业或职业领域内，而且其与“主人”（host）群体的接触也受到限制。

在韦伯看来，按身份区分的阶层不单纯是阶级等级的“复杂化”；相反，身份集团与阶级不相同，并在历史发展的许多阶段具有至关重要的意义。此外，身份集团可能直接影响到市场的运行，因此，也可能影响到阶级关系。在历史上，这种情况发生的一种重要途径就是限制由市场来控制的经济生活的范围：

例如，在“身份时代”的许多古希腊城邦和最初的罗马，继承来的

① *ES*, vol. 1, pp. 306 - 307; *WuG*, vol. 1, p. 180; 关于马克思所使用“*Stand*”一词，参阅本书上文第9页注③。

> 社会地位(estate)(如在旧体制中，置败家子于监护人的监管之下)被垄断了，如骑士、农民、教士等地位集团，尤其是手工和商业行会的客户群(clientele)。市场是受管制的，而对于阶级的形成有重要影响的赤裸裸的财富力量本身，却被推至幕后。①

有关经济占有和身份特权之间的清楚界线，我们还可以举出很多例子。占有物质财产并不总是进入某个优势身份集团的坚实基础。暴发户(*nouveaux riches*)进入某个业已形成的身份集团的要求，不可能为其成员所接纳，虽然个人通常可以运用其财富保证其后代可以具备成为该身份集团成员的必要条件。然而，韦伯强调指出，虽然身份集团的成员"通常强烈反对完全财产上的优越"，但情况仍然如此，"从长远来说"，财产"最终"仍然被看作某种身份的资格。②在特定社会秩序中，身份分层(status stratification)盛行的程度受该社会经济变化速度的影响。在发生了明显经济变化的地方，与没发生什么变化的环境相比，阶级分层成了决定行动的更加普遍的因素。在后一种情形中，身份的区分仍然很盛行。

阶级和身份集团的成员资格都可以是社会权力的基础，但是政党的形成对于权力的分配具有进一步的、分析性独立的影响。"党派"是指任何怀有直接控制某种体制的目的，以在该体制内实施某些具体政策而自愿结成的团体。从该定义看，政党可以存在于任何形式的体制中，并允许自由招募其成员：下至运动俱乐部，上至国家。③包括现代政党在内，建立政党的基础多种多样。共同的阶级或身份状况可能是构成一个政党的惟一资源，但这种情况相当少见。"在特定的情况下，政党可以

① *ES*, vol. 2, p. 937.

② *ES*, vol. 2, p. 932.

③ *ES*, vol. 1, pp. 284 - 286.

代表阶级状况或身份状况所决定的利益……但是，它们不必是纯粹的阶级党或纯粹的身份党；实际上，它们更加可能是一种混合的类型，而有时候则两者都不是。”①

现代国家的成长促进了大众政党的发展，而且还导致了职业政治家的出现。一个其职业就是为政治权力而斗争的人可能是“为”政治而活的人，也可能是“靠”政治而活的人。一个依靠政治活动提供其主要收入来源的人属于“靠”政治而活的人；一个终日从事政治活动但不因此而获取收入的人是“为”政治而活的人。在某种政治秩序中，权力位置由“为”政治而活的人所占有，那么该秩序必然是由有产的实力集团所形成的，他们通常是食利者，而不是企业家。这并不等于说，这类政治家所制定的政策就会完全代表他们所来自的阶级或身份集团的利益。②

---

① *ES*, vol. 2, p. 938.

② *FMW*, pp. 85 – 86.

第十二章　理性化、“世界宗教”与西方资本主义

韦伯给他对犹太教(Judaism)以及中国和印度宗教的研究取了一个名为“世界宗教的经济伦理”的总标题。①该标题显示了韦伯兴趣的主要方向，而且表明了与他早期论述加尔文教和西方资本主义精神这一研究论著之间的密切继承关系。但是，实际上，比起韦伯先前在这个相对适中的标题下所进行的研究，这些后续研究所包含的社会和历史现象的范围要广泛得多。宗教信仰的内容和显示给定社会秩序特性的经济活动形式，两者之间的关系通常是间接的，而且受到该秩序中其他制度的影响。

韦伯强调指出，他对世界宗教的研究：

> 并不构成系统的宗教“类型学”(typology)。从另一方面来说，也不构成纯粹的历史研究。这些研究关注宗教伦理在历史上的具体体现中所具有典型重要意义的东西，从这个意义上来说，它们又是属于“类型学”的。这对于了解宗教与各种差异悬殊的经济心态(mentalities)之间的联系很重要。其他方面略而不谈，这些陈述并不打算对世界宗教作一个面面俱到的刻画。②

韦伯更是特别指出，宗教伦理对于经济组织体制的影响，尤其应当从一个特别的视角来加以考虑：其与诸如主宰西方经济生活的理性主义的进

步或受阻之间的关系。

于是韦伯在使用“经济伦理”这个术语时，并不意味着他所分析的每一组宗教信仰都包含有一个清楚明确的规定，决定哪些经济活动是被允许的或渴望得到实施的。宗教对于经济生活有多大的直接影响，这种影响的性质如何，这些都不是固定不变的。正如在《新教伦理与资本主义精神》一书中所表明的那样，韦伯的关注点并不集中在特定宗教伦理的内在“逻辑”上，而是集中在个人行为的心理和社会结果上。韦伯始终坚持超然的态度，并不认为唯物论或唯心论可以对宗教现象的起源或影响做出有说服力的普遍性解释：“外在相似的各种经济组织形式与大不相同的经济伦理相符，而且根据其特定的性质，可以产生出大不相同的历史结果。一种经济伦理不单纯是一种经济组织形式的‘应变量’(function)，就像经济组织形式也不单纯是经济伦理的‘应变量’一样。”③当然，宗教信仰只是可以决定某种经济伦理形成的各种不同影响中的一种而已，而且宗教本身也深受其他社会、政治和经济现象的影响。

宗教与巫术

韦伯论述世界宗教的文章应与他在《经济与社会》中所阐发的宗教社会学的一般原则这一背景下加以观照。④人们在参与宗教和巫术活动时，尤其分辨得出具有特殊品质的物体和人物，以及那些属于“平凡”

① *GAR*, vol. 1, p. 237.
② *FMW*, p. 292.
③ *FMW*, pp. 267 - 268; *GAR*, vol. 1, p. 238.
④ *ES*, vol. 2, pp. 399 - 634.

世界的人或物。[1]只有某些物体才具有宗教的特质，只有某些个人才能够拥有神灵感应和蒙受天恩，从而使他们有了宗教的威力。这些非凡的威力就是超凡魅力，就像曼纳(*mana*)那种在功能上相对无明显特征的威力，便是超凡魅力的最初来源，随后这种超凡魅力则以较为特定的方式表现在伟大的宗教领袖身上，他们的活动使世界主要宗教得以繁荣昌盛。这里尤其要强调的一点是，因为在韦伯对超凡魅力型支配所做的概括性讨论中，他的论述经常被人们引述来强化这样的看法，即他使用超凡魅力的概念来建构一种“伟人”(great man)的历史。[2]但是，在韦伯的分析里，合法的超凡魅力型支配是可以代代相传的，也很明显，克里斯玛不应当只看作完全属于“个人”的品质。韦伯和涂尔干一样，都认为，在最原始的宗教类型中(这并不等于说，从经过演化的更加复杂的宗教意义上看，它们是最基础的形式)，[3] 存在着被一般化了的精神能动者(spiritual agencies)，它们虽然不是人格神，但却具有意志的特征。当诸神形成时，最初只是一种飘浮不定的存在：某个神可能被认为只是掌管某个特定的事件。这样的瞬时神(*Augenblicksgötter*)[4]可能不具有个别的曼纳，只是根据其主管事件类型的名称而得名。神变成永久而强有力的神明(deity)，其条件很复杂，而且在历史上也常常模糊不清。

韦伯认为，从严格意义上来说，只有犹太教和伊斯兰教才属于一神

---

① 但是，韦伯没有像涂尔干那样强调“神圣”与“世俗”之间根本的二分性质。韦伯认为：“宗教的或巫术的行为，或者思想绝不能与日常有目的的行动范围相分离，尤其是因为即使是宗教和巫术行为的目的，也主要是经济方面的。” *ES*, vol. 2, p. 400.

② 如参阅 Gerth 和 Mills 为 *FMW* 一书写的“序言”，pp. 53－55。

③ 韦伯指出，“认为图腾崇拜具有普遍性，或认为实际上所有的社会群体和所有的宗教都起源于图腾崇拜，这种看法过于夸大其词了，但现在完全没有人接受这种观点。” *ES*, vol. 2, p. 434.

④ 德国学者乌西纳(Hermann Usener, 1834—1905)曾将神祇概念演变划分为“瞬时神”(momentary god)、“功能神”(functional god)和“人格神”(personal god)三个阶段。参阅 Usener：*Götternamen*，1896。——译者

教。在基督教中，如果不是在理论上而是在实际上来说，至高无上的神往往被看作一个三位一体的形象：这一点在天主教中尤其如此。然而，在所有具有世界历史意义的宗教中，可以看出一神教的趋势。这种趋势为何在某些宗教中比在另一些宗教中进步得更快，原因是多种多样的；其中一个有普遍重要性的因素，就是教士阶层的防卫性抵制，因为他们把自己的利益建立在自己所代表的特定神祇崇拜的基础上。还有一个因素，在传统社会中，一般民众（lay population）需要现成的且会受巫术影响的神祇。一个神越是无所不能，就越是远离民众的日常需要。即便是在某个全能神占了上风的地方，巫术的抚慰作用也通常会保存在普遍信仰者的实际宗教行为中。

人们通过祈祷、崇拜和供奉等方式与神灵交融，这时候，我们就可以说“宗教”存在了，这有别于运用“巫术”的情形。巫术的力量不受崇拜，而是通过符咒或表白书（formulae）的运用来满足人类的需求。宗教与巫术之间的不同，对应于教士与巫师或术士之间在地位和权力上的差别，这种差别具有重要的历史意义。教士阶层包含一个由神职人员组成的永久性团体，他们持续负责主持一种膜拜仪式。只要有教士阶层存在的地方，就一定会有膜拜仪式，然而可能有的膜拜仪式并不一定有教士阶层存在。[①]教士阶层存在的特殊重要性在于它影响了宗教信仰的理性化程度。在大多数施行巫术的情境中，或在没有教士而举行膜拜仪式的地方，和谐一致的宗教信仰体系通常只处于很低的发展水平。

在韦伯的宗教社会学中，宗教先知是一个与教士同等重要的人物。先知是指“具有超凡魅力的纯粹个人，他凭着他所肩负的使命颁布宗教信条或神的指令”[②]。虽然新的宗教团体的形成并不仅仅是先知执行其使命后所促成的结果——在教士阶层中，宗教改革者的活动也能形成同样

---

① *ES*, vol. 2, p. 426.

② *ES*, vol. 2, p. 439.

的结果——但在韦伯看来，在宗教历史上，先知的预言是教义的重要来源，而有了新的教义，宗教制度才会发生重大的变革。这一点尤其表现在将巫术从日常生活行为中驱除出去的历史动力上：这种动力是一种对世界“去魅”（disenchantment）的过程，该过程在理性资本主义阶段达到了顶峰。

> 在所有的时候，要摧毁巫术的力量，确立一种理性的生活行为，途径只有一条，那就是伟大的理性先知的预言。并不是任何形式的先知预言都会有摧毁巫术的力量，但是，先知以创造奇迹或其他的方式证明，他能够打破传统的神圣法规。先知的行为使世界摆脱巫术，在这一过程中，为我们现代科学技术和资本主义奠定了基础。①

先知只有极少数来自教士阶层，而且通常使自己置于与教士阶层公开对立的地位。“伦理性”（ethical）先知是这么一个人：他的训示基于传播一种神圣使命，这其中可能包括一套具体的宗教规约或更加具有普遍意义的伦理规范，而且他要求人们以此作为一种道德义务来遵从。“模范性”（exemplary）先知则是以自己生活的模范行为来照亮通往获得拯救的道路，但他并不声称自己是一种别人都必须接受的神圣使命的传播者，模范性先知在印度极为常见，在中国也有。伦理性先知尤其是近东地区的特色，该事实可追溯到犹太教中那位被称为耶和华的全能而超验的神身上。

两种类型的先知都有这样的特点：他们的行为旨在宣扬一种始终如一的世界观，这样便会激励人们“对生活怀有一种自觉协调和寻求意义

① *General Economic History*（New York，1961），p. 265.

的态度”。从严格的逻辑意义上来说，作为先知启示录汇集在一起的信条可能不够协调一致，但先知预言的一致性在于其对人生应怀有实际目标的一致性上。先知的预言“总是包含有重要的宗教思想，认为世界是一个和谐协调的体系，要把它建成一个‘有意义的’和规范有序的整体……”① 当然，先知与教士之间发生冲突，其结果或者是先知及其追随者获得胜利，从而建立起一种新的宗教秩序，或者是与教士阶层和解，或者是教士制服先知，并将其预言铲除。

印度和中国的神义论

在传统的中国，先知预言的发展很早就停止了。相比之下，在印度出现了一种重要的救赎宗教，虽然由于印度教（和佛教）先知是模范性的，他们并不把自己看作肩负着必须积极地传播神圣使命的人。印度教在一些重要方面不同于世界上别的宗教。它是一种具有折中性和包容性的宗教：某人可能是一个虔诚的印度教徒，但同时又可能接受“每一个基督徒认为专属于自己的最重要且最具特色的信条”②。但是，确实也存在某些大多数印度教徒都共同遵守的信条，这就是“教条”（dogmas），从这个意义上说，它们构成了真理，否认该真理的行为被认为是离经叛道的，其中最重要的是关于灵魂转生和因果报应（*karma*）的真理。这两者与种姓制度的社会管理体制有直接关系。关于因果报应的教义“代表了史上最能自圆其说的神义论（theodicy）”③。韦伯指出，借用《共产党宣言》中的话来说，因为有了它，位于最底层的印度人也能够“赢得世界”：在上述信仰的语境内，通过连续的转世（incarnations），他们实际上

① *ES*, vol. 2, p. 451.
② *RI*, p. 21.
③ *RI*, p. 21.

能够指望达到最高境界，到达天堂并获得神性。教义中规定，个人今生的行为对于他下一轮的转世有着不可逆转的影响，加上这一点与种姓制度密切相关，因此，印度正统派针对任何旨在对现存社会秩序的挑战设置了不可逾越的重重障碍。

> 相互疏远的种姓集团可能怀着仇恨处在一起——因为虽然每个人都认为自己是“命该如此”，但这种观念并不能使那些在社会上处于劣势地位的人更加心悦诚服地接受别人的好命运。只要因果报应的教义保持不变，那么，革命的观念或“进步”的追求根本就是不可想象的。①

在印度的早期历史中，大概在公元前5—前4世纪左右，印度教就已经牢固地建立起来了，当时，制造业和贸易活动有了空前的发展。城市中的商人和工匠的行会组织在城市经济组织结构中起着重要的作用，相当于中世纪欧洲的行会组织。此外，理性科学在印度也得到了高度的发展，在不同时期有许多哲学流派百花齐放。这一切都存在于一种兼容并包的氛围中，这在任何别的地方都是无法比拟的。法律体系形成了，如同中世纪欧洲的法律体系一样成熟。但是，种姓制度的出现，加上婆罗门(Brahmin)教士阶层的支配地位，有效地阻碍了经济朝着欧洲发展过的方向发展。

> 然而，印度发展的独特性在于：城市中这些最初的行会和公司组织既没有发展成为西方的自治城市，也没有在建立起世袭制大国之后，在领土内发展成相当于西方“区域经济”(territorial economy)

① *RI*, pp. 122 – 123; *GAR*, vol. 2, p. 122.

> 的社会和经济体制。相反，印度的种姓制度处于最重要的地位。种姓制度一方面完全取代了其他组织，一方面又使它们陷入瘫痪状态，使它们起不到任何重要的作用。①

种姓制度对于经济活动的主要影响是，它在仪式上稳定了职业结构，从而阻碍了经济理性化的进一步发展。在劳动方面，种姓制度的仪式主义(ritualism)强调的是制作精美物品所需要的传统技艺的尊严和价值。个人企图打破这些职业规定的行为会有碍于其来生获得更加有利的转世机会。正是这个原因，处在最低层的人才会坚定不移地履行其种姓义务。然而，尽管种姓制度对经济发展的负面影响是深远的，但并非一成不变。例如，我们不能说，种姓制度与拥有复杂的大规模劳动分工的生产企业——这种企业体现了西方现代工业的特征——不相容。印度殖民公司部分成功的事实就证明了这一点。然而，韦伯得出的结论是：

> 要想在种姓制度的基础上建立起工业资本主义的现代体制，那几乎是完全不可能的事情。仪式法中每一个职业的变化和每一种劳动技术的变化都可能导致仪式的削弱，因此，肯定不可能由它自身引起经济和技术上的革命……②

印度的婆罗门贵族成员和传统中国的儒家士人(*literati*)在地位上有很重要的相似之处。两者都属身份集团，其支配地位主要基于他们能读懂用不同于世俗的语言撰写的古典经文。虽然，按照韦伯的看法，印度人追求学问的精神比起中国人来更不像是一种纯书写的文化，但两者都断然否认与巫术的关系，尽管这在实践中并不总是成功的，而且两者都

① *RI*, pp. 33 - 34; *GAR*, vol. 2, pp. 35 - 36.

② *RI*, p. 112.

排斥任何酒神式的狂欢精神(Dionysian orgiasticism)。①

然而，两个集团之间也存在着重要的差异。中国的士人是世袭制官僚体系中的官僚(officialdom)，而婆罗门贵族最初属教士阶层，但受雇于各种不同的职业，诸如王公们的私人的教士、法官、神学教师和顾问等。②在婆罗门贵族中，担任官员的极少。在君主专制下的中国大一统使得学问造诣与步入仕途相联系。受过学术训练的人成了官僚机构中的官僚来源。而在印度，婆罗门教士阶层在普遍王权的早期发展之前就已牢固地建立了。因此，婆罗门贵族能够不被纳入到一个等级制度之内，而且同时拥有原则上高于国王的身份地位。

在传统中国的某些时期，存在着韦伯所认为的有助于经济理性化的许多重要发展，其中包括类似于印度的城市和行会的出现、货币体系的形成、法律的发展，以及在一个世袭制国家内部所达成的政治融合。但是，这些因素在中国的发展，与其在欧洲资本主义兴起过程中所扮演的角色之间存在着性质上的重要差异。虽然中国古代的城市化程度相当高，国内贸易量也相当大，但货币经济却处在一个相对初期的阶段。此外，与欧洲的城市相比，中国城市的特征也有很大的不同。这在一定程度上可以说是货币经济未能得到发展的结果："在中国，没有任何城市像佛罗伦萨那样能够创造出一种标准的货币并引导国家的货币政策。"③同样重要的是，中国的城市没有获得政治上的自治和司法上的独立，而欧洲中世纪的城市共同体却拥有这类权力。

中国的城市居民与其乡村故地的大多数亲属保持着密切的关系。城市依然深深扎根于当地的农村经济中，并没有像在西方发生过的那样与

---

① 无论在印度还是在中国，巫术都没有在普通民众的一些活动中消除。巫术崇拜在印度和中国的某些地方常常很盛行。

② *RI*, pp. 139 – 140.

③ *RC*, p. 13.

其对抗。中国从未有过类似于英国自治市居民所享有的“特许状”(charter)。因此，由于城市管理中缺乏政治和司法上的独立性，内部享有相当自主权的行会的潜在重要性被有效地遏制住了。城市中政治自主性的水平之所以如此低微，部分是由于国家官僚制的早熟发展。官僚在促进城市化进程中扮演了重要的角色，但也因此能够控制其后续的发展，他们从未放松过这种控制。这又与西方形成了鲜明的对照：在西方，政府官僚制在很大程度上属于自治的城市国家建立后的产物。①

传统中国社会结构的最重要特征之一是，皇帝同时掌握了宗教和政治上的最高权力。中国没有一个强有力的教士阶层，也没有滋生出对帝国秩序形成决定性挑战的先知预言。虽然皇帝统治中的超凡魅力成分糅合了大量的传统元素，但即便到了近代，皇帝仍然被指望施展其超凡魅力来呼风唤雨、引导河流。如果河流决堤，皇帝就得向民众下罪己诏，和文武百官一起接受责罚。

同现代欧洲的民族国家相比，传统中国和所有交流不畅的世袭制大国一样，其行政集权化管理的实际效率较低。但是，这种可能永远陷入封建体制的分崩离析倾向，却很有效地被另一种制度所抵消，那就是以学历为基础的选官制度：这样便将官僚与皇帝和国家连为一体了。官员的政绩每三年要考核一次，因此，他们不断受到国家教育当局②的监督。官员在理论上由国家支薪，但实际上国家并不直接向他们支薪或仅支付一部分。官员们依其所处的官位，系统地从岁入中获取其俸禄，因而其经济利益是非常有保障的：

地位最高、拥有支配权的官员阶层中的个人并不占有获利的机会，

① *RC*, p. 16.

② 吉登斯这里所使用的“国家教育当局”(state educational authorities)疑为术语误用，在传统中国，负责官员考核、升降、调动和任免事务的部门主要为吏部。——译者

> 恰恰相反，获利的机会倒是为由可任免官员组成的整个地位集团(estate)所占有。这个集团共同抵制任何外力的干预，对任何鼓动"改革"的理性思想家都极其憎恨，并对他们进行迫害。只有来自其上或其下的暴力革命才能够改变这种状况。①

中国城市共同体中政治自治性的缺乏并不意味着没有地方势力的存在。事实上，韦伯对中央政权与地方政府之间的起伏冲突状况做了大量的分析研究。作为经济活动和合作主要焦点的强大家族，在这种关系中尤其起了重要的作用。亲属集团(宗族)实际上是超出家庭规模的经济企业所有形式的基础或原型。宗族尤其控制了食品加工、纺织和其他家庭手工业，而且还为其成员提供资金便利。在农村和城市的生产中，亲属集团的合作控制是最大限度的，把个人的企业经营活动和劳动力的自由流动限制到最低程度。这两者都是欧洲资本主义的基本特征。地方长者的权力是士人统治的主要制约因素。在对待亲属集团权限范围内的某些事情上，不管官员的能力和素质有多高，他同样要服从于文盲家族长老的权威。

尽管事实上中国早在公元前6世纪就已发展了某些形式的数学，但其教育体系不进行算术训练。因此在商业活动中要用到的计数方法只能在实践中学习，于是就同正规教育脱节了。在内容上，教育完全是文学性的，集中于对古典作品的深厚学识。由于士人谙熟古典作品，他们就被认为有了超凡魅力的特质。但他们不像印度婆罗门僧侣贵族那样属于教士阶层，而且儒教也大不同于印度的神秘宗教。韦伯认为，汉语中没有英语"religion"(宗教)的同义词。最接近其意义的词如"doctrine"(道/教义)和"rite"(礼/仪式)，但这些词都没有神圣和世俗之间的

① *RC*, p. 60.

区别。

在儒教中，社会秩序被看作整个宇宙秩序的一种特殊情况，而后者又被看作永恒和必然的。

> 宇宙秩序的伟大神灵显然只渴望世界的幸福，尤其是人类的幸福。这同样适用于社会秩序。只有人类自己融入内在和谐的宇宙中时，帝国的“幸福”安宁和心灵的舒适平静才应该而且能够得到实现。①

儒教中最推崇的是“文人”（cultivated man），他做人有尊严，行事合礼仪，使自己与外界和谐统一。这种伦理观念要求克制自我、节制情感；既然心灵的和谐是最根本的善，那就不能让激情搅乱了这种平衡。这其中没有原罪或相应的拯救概念。儒教强调克己绝不是像印度教中那样要求献身于寻求从人间苦难中获得拯救的禁欲主义（asceticism）。

韦伯对儒教和清教（Puritanism）做了清晰的比较，并以此结束对中国的研究。可以据之决定一种宗教理性化程度的最基本然而又是互为关联的标准有两个：巫术被消除的程度；内在一致且具有普遍意义的神义论发展的程度。对于前者，禁欲的新教比其他任何宗教都更加激进。至于后者，儒教和清教都达到了高度理性化的程度。但是，儒教理性主义的内容及其与现实的不完善、不理性现象之间的关系，则与理性清教大不相同。清教伦理中展示出宗教理想与世俗生活之间的激烈对抗，而儒教伦理却重视个人和谐地融入不可回避的现实世界。

> 对于儒家的理想人——君子（gentleman）——而言，“文雅和尊严”

① *RC*, p. 153.

(grace and dignity)体现在履行传统义务的过程中。因此，自我完善中最重要的美德和目标便是，在所有生活情境中，参加祭典和仪式时要举止得体……儒家除了要求摆脱野蛮和无教化的状态之外，不要求任何其他类型的“救赎”(redemption)。作为美德的报偿，他只期望今生长寿、健康、富有和死后保持美名。就像真正的古希腊人一样，他们没有任何超验的伦理寄托，没有介于出世(supramundane)的神所托付使命与尘俗世界之间的张力，没有对死后天堂的向往，也没有任何固有邪恶的概念……理性禁欲主义［即禁欲的新教］所特有的冷酷无情和系统化的宗教功利主义，生活“在”(in)这个世界而不“属于”(of)世界，这有助于产生出优良的理性资质，同时还形成了职业人［*Berufsmensch*］的精神。总之，这一切都是儒教所排斥的……这种对比可以告诉我们，纯粹的节制持重、克勤克俭与“营利欲”(acquisitiveness)和重财(valuation of wealth)相结合，远不能代表和发展出现代经济中创业经济人身上所具有的“资本主义精神”。①

因此，尽管有多种多样的因素可能促进理性资本主义在中国兴起，但它还是没有自然地发展起来。就如日本的情形一样，中国可能为吸收外来资本主义生产方式提供肥沃的土壤，但这与为资本主义发展提供原动力是大相径庭的。

厘清本结论与韦伯对西欧资本主义兴起所做分析之间的关系是很重要的。韦伯明确指出，在中国，由于“根植于中国人‘民族精神’(ethos)”中的各种规范的存在，使其“缺乏一种特别的心态”，这便阻碍了理性资本主义的形成。②在西欧，随着禁欲新教的形成，这种“心

① *RC*, pp. 228 & 247；方括号中的内容为笔者所加；*GAR*, vol. 1, pp. 514 & 534。
② *RC*, p. 104.

态”的确出现了。但是，如果把韦伯对印度和中国的研究看成只是构建了一个事后(*ex post facto*)“实验”，在该实验中，相关的物质因素(即那些有利于资本主义发展的经济和政治条件)都保持不变，同时观念内容的“独立”影响得到了分析，那便会导致错误的结论。例如，在中国的特定时期，虽然存在许多可以看作对资本主义形成有必要或有利的“物质”因素，但是这些因素以一种异于欧洲的独特形式结合在了一起。由此看出，东西方在“物质”条件和“精神”条件两方面都存在着重要的差别。①

世俗理性主义的蔓延

国家的特定形式和理性法律的诞生是欧洲发展的突出特点。韦伯十分重视罗马法律的遗产对于欧洲后来社会和经济的发展，尤其是对于现代国家的兴起所具有的重要意义。“离开了这种法律上的理性主义，专制国家的兴起就会像［法国］大革命爆发一样不难想象。”② 然而，法律理性主义与理性资本主义的发展之间的关联却并不简单明了。现代资本主义首先在英国扎根，但比起欧洲大陆的其他国家来，英国受罗马法的影响要小得多。先前存在的理性法律体系只是导致现代国家形成的诸多相互影响的复杂因素中的一种。现代国家发展的趋势，以带薪的官员进行专业的行政管理为特征，以公民身份(citizenship)的概念为基础，这肯定不完全是经济理性主义的结果，而且在一定程度上还早于它。然

① 韦伯对欧洲特殊的地理位置做了些强调。在印度和中国，辽阔的陆地对商贸的拓展形成了难以逾越的障碍。在欧洲，地中海与形成了便利交通的众多河流结合在一起，为大规模商贸企业的发展提供了优良的环境。*General Economic History*, p. 260. 此外，韦伯详细分析了西方城市的特征，以及庞大的亲属集团的凝聚力最初被瓦解的意义。*ES*, vol. 3, pp. 1212－1372.

② *EMW*, p. 94，方括号中的内容为笔者所加。

而，资本主义经济秩序的进步和国家的成长两者确实有着密切的关系。国内与国际市场的发展，以及相伴随的地方集团影响力的衰退(如亲属集团，先前在调整合同法方面起了重要的作用)，所有这一切都促进了“一个普遍性强制机构对所有‘合法’强制力的垄断和控制……”①

根据韦伯的看法，用货币来理性地计算利润和亏损的可能性对现代资本主义企业来说是最根本的。离开了资本会计的发展，现代资本主义是不可想象的。他认为，理性的簿记行为是使现代类型的资本主义不同于早先诸如高利贷资本主义或投机资本主义等各种资本主义活动的最基本体现。②韦伯详尽地阐述了资本会计存在于稳定的生产企业中的必要条件，它们包括那些被韦伯视作现代资本主义基本前提的条件，还包括那些为马克思所特别强调的因素：1. 存在着众多的雇佣劳动者，他们不仅在法律上可以在开放的市场上“自由”地支配其劳动力，而且实际上为了生活也不得不这么做；2. 市场上的经济交易不存在限制：尤其是在生产和消费上不存在身份上的垄断(如印度种姓制度中存在的极端形式那样)；3. 技术的应用，这是建立在理性原则基础上建构和组织起来的：机械化是其中最明显的体现；4. 生产企业与家庭相分离。虽然家庭与作坊分离的情况别处都有，如在集市(bazaar)中，但这方面只有在西欧才得到了长足的发展。③

然而，离开了现代国家理性的司法行政，上述经济特征是不可能存在的。这是当代资本主义物质文化秩序的一大特色，就像经济领域内资本家与工人之间的阶级划分那样鲜明。一般说来，政治组织也可以像经济企业那样进行分类，看“行政管理工具”是否为行政管理人员所掌握，是否与所有权形成了分离。正如上文(前一章中)提到的那样，这里

---

① *ES*, vol. 1, p. 337.

② *ES*, vol. 1, pp. 164 – 166.

③ *General Economic History*, pp. 172 – 173; *PE*, p. 22.

韦伯在非常广泛的意义上应用了马克思关于工人被剥夺了生产工具所有权的思想。传统国家的政治组织具有“地位集团”的性质，其中行政管理工具由官僚集团所控制。但是，这种地方分权式的政权体系通常与霸主或君主集权体制处在一种不稳定的平衡状态中。君主通常要培养一批物质上依赖于他的随从，或建立一支属于自己的职业军队，以此来巩固自己的地位。统治者越是能够成功地培养出一批仅向他负责的无产僚属，来自名义上归属于他的外部政权对他的挑战就越小。这一过程在现代官僚制国家中发展得最为完善。

> 在每个地方，现代国家的发展都是通过君王的行动来推动的。对于那些常在身边的人，以及那些把持行政管理权、战争指挥权、财政组织权，以及各种各样在政治上可以动用物质资源的人，君王为剥夺其自主的、“私属”的行政权力铺平了道路。这整个过程完全对应于资本主义企业通过逐渐吞并独立生产者来谋求发展的过程。我们认为，现代国家最终将控制政治组织的全部手段，而且实际上将集中在单一首脑的控制之下。①

官僚制国家的发展与政治民主化的进展密切相关，因为民主主义者对政治代表权和法律面前人人平等的要求需要有复杂的行政和法律措施来防止特权的干预。民主与官僚化密切相关，该事实造成了现代资本主义秩序中最激烈的冲突来源之一。因为，在当代国家，民主权利的扩大离开了新的官僚制运作模式便不可能实现，而民主与官僚制之间存在着根本的对立。在韦伯看来，这可能是社会行动的形式理性与实质理性之间的各种矛盾中最为尖锐的一种：抽象法律程序的发展有助于消除其本

① *FMW*, p. 82; *GPS*, pp. 498 – 499.

身特权，又引入了一种新的稳固垄断形式，从某些方面来说，这种垄断形式比原先存在的更加“武断”和自主。根据受教育的程度，从民众的所有阶层(strata)中不受个人情感影响地进行选拔，这个民主制的必备条件促进了官僚体制的发展。但是，该体制内也形成了官员阶层，由于其职位不受来自外界的个人或集团特权的影响，他们拥有比先前更大的行政职权范围。

这并不是说——而且这也是韦伯不同于米歇尔斯和其他学者的地方①——只要现代民主制度建立在要求广大民众参与政治的基础上，那它就只是一种虚假的现象。民主制的发展已有了一种明显的“调平”(levelling)效果，而如果把当代社会与历史上高度官僚化的国家加以比较，这种效果就可以看得很清楚。这种比较非常清晰地表明，不管现代的民主制与官僚制之间的关系有多么密切，完全有可能的是，虽然民主权利的扩大要求官僚制也随之扩张，但相反的情况却不会发生。古埃及和古罗马的例子为我们提供了在一个高度官僚化的国家里全体人民完全服从统治者的充足证明。

> 从这一方面来说，人们必须记住，这样的官僚体制是一种精密的工具，它可以为各不相同的利益集团所操纵，无论是纯粹的政治利益集团，还是纯粹的经济利益集团，或者任何别的类型。因此，在衡量它与民主化之间的对应性(parallelism)时，不管是多么典型的对应性，都绝不能夸大。②

在现代民主国家中，从不间断地参与运用权力这一点来说，广大民

---

① 关于韦伯与米歇尔斯的关系，参阅 Günther Roth：*The Social Democrats in Imperial Germany* (Englewood Cliffs，1963)，pp. 249－257。

② *ES*, vol. 3，p. 990.

众要统治显然是不可能的。“直接”民主只有在小型社区内才有可能施行，因为在那儿，团体成员能够在单一场所聚集在一起。在当代西方世界，“民主”只指下列情形：首先，被统治者可以通过选票对统治者施加影响；其次，代表性会议或议会可以对施政者的决策造成影响。现代国家中大规模政党的存在是在所难免的。但如果这些党派是由对自身职业的意义怀有坚定信念的政治领袖所领导的话，那么，政治结构的官僚化就可以部分地受到遏制。民主政治必然会在其主要政治人物中间激发出“帝政主义的”（Caesarist）倾向，因为在普选的条件中，政治领袖必须具有超凡魅力的特质才能吸引民众的支持。“帝政主义”（Caesarism）本身就是对民主政府的一大威胁，但可以由议会来加以控制，政治技巧可以在议会中得到培养，对于企图超越法定权力范围的领导人，议会提供了一条弹劾他们的途径。当代国家“只有两种选择，或者是有‘核心’（machine）的领袖民主制，或者是无领袖的民主制——由职业政客所支配，这些政客并没有使命感，也不具备造就一个领袖的内在的超凡魅力特质”①。

对于建立社会主义可能带来的结果，韦伯的态度是由上述几个观点引申而来的。如果现代经济建立在社会主义的基础之上，而又想要在物质生产和分配方面可与资本主义的技术效率相媲美，那就要求“大幅度提升职业官员的重要性”②。作为现代经济根本性特征的专业化劳动分工，要求各种功能之间进行精密的合作，这是资本主义扩展过程中官僚化高涨的原因所在。但是，社会主义国家的形成势必要求更高程度的官僚化，因为它将把更大范围的行政管理任务交到国家手中。

韦伯还预测了社会主义将要面临的各种经济问题，尤其是将以工分

① *FMW*, p. 113；*GPS*, p. 532；有关马克思把“帝政主义”作为一个概念用于现代政治学中的看法，参阅 *SW*, vol. 1, pp. 244 - 245。

② *ES*, vol. 1, p. 224.

而不是以货币作为报酬的手段。社会主义经济可能还要面临另一个问题，那就是难以保持工作动机，因为人们不再害怕由于工作不称职而失去工作的可能性。然而，社会主义经济有可能利用群众所怀有的对社会主义理想的强烈情感。①任何经历过社会主义革命的国家，当其周边国家仍是资本主义国家时，都会面临许许多多额外的经济问题，尤其是如何继续与外国维持外贸和信贷的问题。②但是，韦伯反对社会主义的主要理由是，它必然导致官僚制蔓延这一后果。这是现代特有困境的又一实例。那些试图建立社会主义的人，不管他坚持哪种派别的社会主义，都幻想着要建立这样一种制度：政治参与和自我实现的程度都必将超过资本主义政党民主所限定的形式。但是，即使这一愿望得以实现，其结果必然促进了工业和国家的官僚化进程，这样实际上就进一步削弱了广大民众的政治自主权。

官僚体制有一个突出的特点，用韦伯的话来说就是，一旦建立起来就“无可逃脱”（escape proof）。在过去那些官僚制高度发达的社会中，如埃及，官僚制中的官员系统的控制力便不受任何约束，只有在作为整体的社会制度完全瓦解时才会受到损害。现代官僚制与世袭制比较起来，特点是具有更高水平的理性专业化，因此，它对社会的控制也就更不容易受到挑战。“从用武力促成全新的权威结构形成上来说，这种体制使得‘革命’越来越不可能……”③

现代资本主义社会官僚制的蔓延，既是法律、政治和工业理性化的原因，又是其结果。官僚化是行为理性化在行政管理上的具体表现，它渗透到了包括美术、音乐和建筑在内的所有西方文化领域。西方理

① *ES*, vol. 1, pp. 110 – 111.

② 韦伯在对1918年德国社会革命成功的可能性进行评估时，把这一点看成是极其重要的。参阅 *GPS*, pp. 446ff。

③ *ES*, vol. 3, p. 989.

性化的总体趋势是众多因素相互作用的结果，不过资本主义市场的扩张是最主要的推动力。当然，不能把它看成是“不可避免”的演变趋势。

理性化概念出现在韦伯众多的历史著作中，所以，要阐明其应用的主要范围并不容易。从消极的意义上来说，理性化的蔓延表现为逐渐“对世界的去魅”——消除巫术的思想和实践。伟大的宗教先知们，以及教士们有条不紊的活动是促成宗教理性化的主要力量。宗教理性化确立了清晰统一的意义体系，有别于无规则的巫术解释和抚慰形式。然而，宗教思想的理性化涉及众多的相关过程：阐明特定的象征符号（例如，历史上犹太教中出现了惟一和万能的上帝概念）；根据普遍性原则，以统一连贯的方式，把这些象征与其他象征符号联系起来（如内在统一的神义论的发展）；把这些原则拓展开来，涵盖整个宇宙秩序，以便能够根据其宗教意义对任何具体事件做出解释（因此，从这个意义上来说，例如加尔文教就是个“整体”伦理）。

要对西方世俗理性化进程的重要意义做出评价，重要的是牢记形式理性与实质理性之间的区别。①在韦伯看来，这种区别集中在社会学分析这个焦点上，而且把这种区别应用到考察现代资本主义发展的过程上，这对于他对现代人所面临的两难境地做出解释是至关重要的。行动的形式理性是指根据理性计算原则来组织安排行为的程度。因此，根据形式理性，官僚制的理想类型可能是组织的最理性类型。从更加广泛的意义上看，可以说，西方文化的形式理性从无处不在的科学中得到了体现。当然，科学不是专属于西方的，但其发展水平没有任何别的地方可比。科学原则构成了现代社会生活的基础，该事实并不是说每个人都知

① *ES*, vol. 1, pp. 85 - 86；参阅弗里德曼对马尔库塞的论文“Industrialisierung und Kapitalismus”的评论，载 Verhandlungen des 15. deutschen Soziologentages：*Max Weber und die Soziologie heute*（Tübingen, 1965）, pp. 201 - 205。

道那些原则是什么样的："除非他是一位物理学家，否则他乘坐电车时并不知道电车是如何发动的。况且他也不需要知道……野蛮人对他使用的工具的熟悉程度，别人没有办法可比。"然而，如果某个人想要求证一下这些原则，他有办法可以去这样做，而且他这么做的时候也相信，"这其中没有什么神秘而不可测算的力量在起作用，恰恰相反，原则上，他可以通过计算来掌握所有的事情"①。

形式理性的扩展与实质理性的实现——也就是说，通过把理性计算应用于实现特定的目标和价值上——之间的关系是令人难以捉摸的。现代理性资本主义，若用效率和生产力的实际价值来衡量，很容易被认为是人类发展起来的最先进的经济体系。但是，正是促成这种情况发生的社会生活理性化，导致了与西方文明中一些最有特色的价值——例如西方文明中所强调的个人创造力和行为自主性——相抵触的结果。现代生活的理性化，尤其是体现在官僚制组织形式中的理性化，越来越将人们带入了某种"牢笼"。这是韦伯在《新教伦理与资本主义精神》的结语中所表述的意思：

> 在现代世界，人们抛弃(renunciation)浮士德式的面面俱到，使自己限于一项专门的工作，这是任何有价值活动的先决条件；因此，行动(deeds)与抛弃就不可避免地互为条件了。如果中产阶级的生活要真正成为一种生活方式，而不是没有任何内容的话，那么，它所具有的禁欲主义的本质特征，正是歌德在其《漫游时代》以及他为《浮士德》所安排的生命结局中，意图以其最高智慧启示我们的东西。对他来说，这种认识意味着一种决裂，意味着告别一个富于完美人性的时代，这种时代已不可能在我们的文化发展过程中重新出

① *FMW*, p. 139.

现，就像雅典文化的全盛时代不可能重演一样。①

从这个意义上来说，西方社会可以说是建立在形式理性和实质理性两者内在对立的基础之上，而根据韦伯对现代资本主义的分析，这种对立是无法弥合的。

① *PE*, p. 181.

第四篇

资本主义、社会主义和社会理论

第十三章　马克思的影响

对于马克思的著作与涂尔干和韦伯著作之间的知识性联系，如果不涉及使得三者著作既相关又相异的社会和政治变迁，就不可能做出令人满意的分析。涂尔干和韦伯都是马克思评论家，而且有意识地在自己的部分作品中对马克思的著作予以驳斥或描述。确实，在一些间接文献中，经常有这样一种说法：韦伯学术成果的主体就是长期“与马克思幽灵的对话”①。但是，在19世纪末期的法国和德国，马克思思想的影响远远超出了纯粹知识的性质：他的著作以“马克思主义”的形式成为强大政治运动的根本推动力。因此，马克思主义，或从更一般的意义上说是“革命社会主义”，便成了涂尔干和韦伯思想视野中的一个主要因素，对后者而言尤其是如此。②

马克思构思自己的著作，是为了建立一个实现特定实践(*praxis*)的平台，而不仅仅是对社会进行学术研究。涂尔干和韦伯也是如此，尽管他们并不是完全可以比较的；他们著书立说，旨在预防他们所认为的现代人面前最紧迫的社会和政治问题，并试图提出不同于马克思的观点。在涂尔干和韦伯的那一代人中，英国没有出现任何思想家在重要性上可与他们相媲美，这是一个值得关注的事实。毫无疑问，其中的原因很复杂，但可以肯定地说，一个重要的因素是，在英国，没有发生过真正意义上的革命社会主义运动。

德国的社会与政治：马克思的立场 ③

在18—19世纪之交，德国由39个相互争战的公国(principalities)组成。普鲁士和奥地利这两个重要的日耳曼邦国同时也是欧洲的主要强国：它们相互争雄，这是阻碍日耳曼统一的因素之一。日耳曼民族主义者的希望也因普鲁士和奥地利内部的民族因素而难以实现。在1815年之后，奥地利人口中非日耳曼人多于日耳曼人，而普鲁士的东部境内则混合了大量的波兰人。对于普鲁士来说，信奉民族主义原则的势力可能迫使这些领地归还给波兰人统治。而奥地利政府则断然反对任何旨在组建一个统一德国的运动。

但是，除了上述阻碍德国发展的因素外，还有更加重要的基本因素，那就是德国的社会和经济结构。与英国这个最先进的资本主义国家相比，德国仍处在中世纪，无论就其经济发展水平来说，还是就各个公国政治自由的低下程度而言，都莫不如此。在普鲁士，容克地主拥有的权力来自他们对易北河东岸大片前斯拉夫人土地的所有权，他们控制着经济和政府。正如兰德斯(Landes)所指出的那样，19世纪早期，"在欧洲，越是往东，资产阶级就越像是附在庄园社会上的一个赘瘤，他们一方面受到贵族的鄙视，另一方面又为那些与地方领主存在着人身依附关

---

① 参阅Albert Salomon："German sociology"，载Georges Gurvitch与Wilbert E. Moore：*Twentieth Century Sociology*(New York，1945)，p. 596。

② 在后面几章中，我将把马克思本人的观点称为"马克思的"(Marxian)思想；把那些自认为是马克思追随者们的主张或行为称为"马克思主义的"(Marxist)。我将用"马克思主义"(Marxism)泛指后一集团。

③ 在本章中，我选取了本人早先发表的论文"Marx，Weber，and the development of capitalism"中的材料，pp. 289－310。关于19—20世纪之交马克思著作对社会学的影响的描述，参阅Maximilien Rubel："Premiers contacts des sociologues du XIXe siècle avec la pensée de Marx"，*Cahiers internationaux de sociologie*，vol. 31，1961，pp. 175－184。

系的农民所害怕或憎恨(或者对其一无所知)"[1]。

但是，1789 年大革命给法国带来了势不可挡的变革浪潮，德国几乎无法孤立于影响之外。马克思的早期著作就是怀着对爆发一场德国革命的期待而撰写的。甚至可以说，马克思意识到了德国社会和经济结构的落后状况，这是他关于无产阶级历史地位的最早思想来源。1844 年，马克思指出，在法国，"部分解放是普遍解放的基础"，但是在德国，由于发展如此滞后，不可能来一次"渐进的解放"：进步的惟一可能性是通过激进的革命，而这反过来只有通过革命的无产阶级才能完成。当时德国几乎还不存在无产阶级，到了 1847 年，马克思清楚地意识到，德国即将要爆发的革命是资产阶级革命，而且"那里的资产阶级才刚刚开始进行反对封建专制制度的斗争"[2]。但是，在马克思看来，由于德国社会结构的特定环境，在资产阶级革命之后，可能紧接着会有一场无产阶级革命。[3]

然而，1848 年，革命的失败消除了马克思关于德国行将"跃入未来"的乐观态度。对于日耳曼各国的统治阶层来说，尤其是在普鲁士，1848 年的暴动也是一种有益的经验，然而并没有打破他们的控制。1848 年未能造成任何根本的变革，这不仅扑灭了社会主义各个小集团所持的希望，也扑灭了自由主义者的希望。保持容克地主的经济权力，保持他们在军队的军官团体中和在行政官僚体制中的控制权，这一切使大多数德国自由主义者接受了一系列妥协的措施，这些措施只是促成了一种类似于议会制的民主制，同时在他们不同的阶层内助

① Landes, p. 129.

② *CM*, p. 167.

③ 关于这件事，参阅恩格斯的观点，如其"Der Status Quo in Deutschland", *We*, vol. 4，尤其是 pp. 43－46 及 49－51；以及 *Germany: Revolution and Counter-revolution* (London, 1933)。

长了长久的分歧。

1848 年发生的事件表现了马克思与韦伯之间的直接历史联系。对于马克思来说，事件的结果是他流亡英国，并且在思想上认清了具体阐明资本主义作为一种经济体制的“运动规律”的重要性。在德国，1848 年的失败显示了自由主义政治的不合时宜性，相反倒使俾斯麦的强权统治获得了令人注目的成功，这是韦伯整个思想形成的重要背景。①此外，1848 年之后，德国保持了传统的社会与政治结构，这大大影响了工人运动的任务。马克思与拉萨尔(Lassalle)以及由拉萨尔发起的工人运动之间的关系复杂，由于所述背景与这方面的内容关系不大，所以不作分析，但其中的某些方面也很重要。从社会民主运动一开始，就存在着一种内置的对马克思学说的矛盾态度，这形成了党内分裂的永久性根源。虽然一方面拉萨尔的理论观点深受马克思关于资本主义发展的著作影响，但他在实际领导新运动的过程中，常常在一些具体问题上与马克思的看法背道而驰，而且他所采取的策略也难以与其所声称接受的理论相契合。因此，马克思认为德国工人阶级应该与资产阶级相联合，以便形成资产阶级革命，这样就会为无产阶级夺取政权创造条件，而与马克思的观点截然不同的是，拉萨尔领导的工人运动不与自由主义者合作。正如梅林(Mehring)所说，拉萨尔“把他的政策建立在这种假设的基础上，即进步资产阶级的庸俗运动(Philistine movement)绝不可能有任何结果。‘即使我们等待几个世纪或几个地质年代也绝不会有’……”②

拉萨尔于韦伯出生的那一年去世。到这个时候，德国即将到来的未

① 西美尔在其所著 *Schopenhauer und Nietzsche* 一书中说：“社会终究在于个人的作为”，韦伯加注说：“非常正确，参阅俾斯麦”。引自 Eduard Baumgarten：*Max Weber: Werk und Person*(Tübingen，1964)，p. 614。

② Franz Mehring：*Karl Marx* (Ann Arbor，1962)，p. 313.

来已经布置就绪。工人运动与自由主义者相脱离，加上其他因素，一道为俾斯麦统一德国做好了准备，这其中，正如俾斯麦所说："德国看重的不是普鲁士的自由主义，而是其力量。"① 1875年，当马克思在德国的重要宣传者李卜克内西(Liebknecht)和倍倍尔(Bebel)同意与工人运动的拉萨尔派联盟时，德国无论在政治上还是在经济上都是一个与马克思最初在19世纪40年代所阐明的很不相同的国家。政治上的联合获得了成功，不过不是通过资产阶级革命，而主要是推行一种实力政治(*Realpolitik*)和民族主义政策的结果，从根本上来说这一政策基于大胆利用"来自最高层"的政治权力，并出现在这样一种社会体制中：虽然有了"福利国家"的一些外观，但在很大程度上仍保持着其传统的结构。德国政治最初统一的困难阶段和经济开始"起飞"进入工业化，这些都是以与英国的典型发展过程大不相同的方式完成的。马克思从其职业生涯的早期阶段开始，就一直关注形成德、法、英三国社会和经济差异的不同的历史发展过程。如果认为根据马克思的观点，在经济发展水平与资本主义国家的内在特征之间存在着单一的关系，那就错了(参阅本书下文第267页)。然而，马克思著作的基本主张是，根据分析，经济权力普遍是政治支配的基础。因此，在《资本论》中，马克思很合逻辑地认为，英国为资本主义发展的理论提供了基本模式，而且尽管他意识到了德国社会结构的特殊性所带来的复杂问题，他也从未放弃他的基本立场，借他引用的一句熟语来总结就是"*De te fabula narratur*"："这说的正是阁下的事情！""工业较发达的国家向工业欠发达的国家所显示的，

① 玛丽安妮·韦伯(Marianne Weber)已证实，1870年的战争给年轻的韦伯生活的家庭带来了情感上的影响。Marianne Weber, pp. 47–48. 关于近期有关韦伯的人格和心理发展的分析(在某种程度上来说有意要修正玛丽安妮·韦伯所撰写的传记的某些方面)，参阅Arthur Mitzman：*The Iron Cage: An Historical Interpretation of Max Weber* (New York, 1970)。

只是后者未来的景象”。[①]

因此，在19世纪末的德国，无论对马克思主义的社会主义者而言，还是对自由主义者而言，都未建立起可以充分理解他们特殊见解的历史模式。两者都依赖于前一个时代所创立起来的理论，而且主要是依赖于18世纪末到19世纪初英国的经验。在社会民主党内，这种形势使得本来就紧张的党派关系公开化了——马克思强调通过革命的手段推翻资本主义，而拉萨尔派则主张通过取得全面的普选权来消解资本主义国家。伯恩施坦《社会主义的前提》一书虽然有部分内容以英国的模式为基础，但它是对以下认识所做的最具体的理论阐述：资本主义政治与经济发展之间的关系，不能根据大多数马克思主义者所持的《资本论》中的主要论点来加以理解——一个由两大阶级所组成的社会逐渐形成，绝大多数人“贫困化”，以及资本主义将在最后的灾难性危机中从内部瓦解。伯恩施坦的“修正主义”遭到了社会民主党正统派的排斥，但却是以强化机械唯物主义的趋势为代价的，也就是有效地回到了马克思在其早期阶段所批判和抛弃过的“消极”（passive）唯物主义那里。恩格斯在《反杜林论》中系统地阐述了“马克思主义”，所以，无论在其拥护者还是在其自由主义的批评者看来，“马克思主义”已经被确认了，这个事实给予了上述趋势以明确的理论支持。[②]现在，西方学者通常强调马克思思想与恩格斯思想之间的基本差异，这种差异无

---

① 德文第一版《资本论》第一卷的序言，*SW*, vol. 1, p. 449。即便在现在，许多经济学家和社会学家仍继续直截了当或含糊其词地拿英国的经验作样板，用以分析工业或政治的发展。然而，把英国当作“病态的”实例，在某种程度上说，或许更加恰当一些。对于某些相关问题，参阅 Barrington Moore：*Social Origins of Dictatorship and Democracy*（London，1969），pp. 413－432 以及全书各处。从马克思主义的角度来阐述德国的社会思想与这个国家的“落后”之间的关系，见 Georg Lukács：*Die Zerstörung der Vernunft*（Berlin，1955）。

② *Anti-Dühring*（Moscow，1954）；另参阅他去世后出版的 *Dialectics of Nature*（Moscow，1954）。

疑被夸大了。[①]不过恩格斯在其著作中所持观点的含义肯定不同于在马克思系统阐述中占有核心地位的主客体辩证法。恩格斯把辩证法转移到了自然，忽略了马克思观念中最基本的要素，即“历史过程中主体与客体之间的辩证关系”[②]。恩格斯这样做有助于激发这样一种观点：观念不外是物质实在的被动“反映”而已。[③]

马克思的最初著作建基于主客体之间创造性的辩证相互作用的原则，该原则被部分地消除了，这在伦理学理论层次上有两种可能的结果，而这两种结果都发生在德国社会民主党中。一种是朝向哲学唯物主义方向的，把观念看作附带的现象，因而，能够使马克思主义保持一种内在的伦理观念。另一种是修正主义者所走的道路，旨在恢复重构与传统哲学类似的、非历史的理论伦理的可能性。这有利于消除在制约社会变革的过程中给予观念一个独立角色所带来的尴尬，但又提出了一种使理想的存在与其实现的可能性之间出现错位的唯意志论观点，这就是伯恩施坦所持的态度。

韦伯与马克思主义和马克思的关系

关于韦伯多次提及马克思和马克思主义的重要意义，只有参照以上

---

① 用 Laski 的话，更确切地说，应该是“这两个人所涉足的是一个共同的观念库，就好像共同在知识银行里开了一个户头，双方都可以自由地提取”。Harold J. Laski, *CM* 的序言，p. 20。

② 语出卢卡奇，*Geschichte und Klassenbewusstein*, p. 22。

③ 恩格斯自己试图摆脱其观点所导致的理论绝境，这种努力体现在下面的话中：“根据唯物史观，历史过程中的决定性因素归根到底是现实生活的生产和再生产。无论马克思或我都从来没有肯定过比这更多的东西。”“恩格斯致约·布洛赫”, *Selected Correspondence*, p. 475。马克思早些时候被迫带着讽刺的口吻说，他“不是马克思主义者”。有一种有趣的分析显示了恩格斯具有赞同“实证主义”的一贯性，参阅 H. Bollnow:“Engels Auffassung von Revolution und Entwicklung in seinen ‘Grundsätzen des Kommunismus’ (1847)”, *Marxismusstudien*, vol. 1, pp. 77 - 144。

给出了极简单描述的背景才能准确地加以理解。对有别于“经济”力量的“政治”力量，例如俾斯麦成功地用来促进内部团结和发展德国经济的手段(尤其是这一过程中官僚制的重要性)，为其重要意义做出评价，是韦伯政治学方法的关键特征，更笼统地说，是他的社会学方法。韦伯认同民族，毕生强调日耳曼民族的优越性，这也必须在上述情境中加以理解。然而，在韦伯的思想中，确认要运用政治权力的现实决心与他对欧洲古典自由主义价值的坚定信念之间相互冲突，这是韦伯许多著作中具有鲜明情感力量的主要因素。他觉得自己被迫承认的现代社会的典型发展路线，与他所认为的代表西方文化独特精神的价值之间存在着一种日益扩大的差异。但这在一定程度上是整个德国自由主义的特殊困境的表现，尽管其表现形式非常微妙，而且带有一定推理性质。①

1895 年，韦伯在弗赖堡大学发表就职演说，概述了在面对浪漫的保守主义时，他对德国资产阶级自由主义所抱希望，以及他对马克思主义政党所做解释。演说强烈主张民族国家(nation-state)的“帝国主义”利益，而且分析了德国各主要阶级的地位：也就是在面对国际压力时，根据它们在保持德国统一所发挥的政治领导作用的程度来分析。韦伯宣称：“在社会政策上我们努力的目标不是要使世界幸福，而是要把一个被经济进步包围的国家社会性地统一起来……”② 然而，韦伯否认自己

① 有关韦伯政治著作的详尽描述，参阅蒙森。然而，该著作未充分地评价韦伯认同古典自由主义价值和被他称作“人类个体的自由性”“人类的精神与道德价值”的重要意义。引自 Marianne Weber，p. 159。参阅 Eduard Baumgarten，p. 607；以及拙著 *Politics and Sociology in the Thought of Max Weber*。

② “Der Nationalstaat und die Volkswirtschaftspolitik”，*GPS*，p. 23. 比较涂尔干对作为德国保守民族主义之典型的特赖奇克所做的评论，见“*L'Allemagne au-dessus de tout*”(Paris，1915)。韦伯学术生涯中的“左派”政治倾向所具有的意义往往被夸大了(如参阅 Ralf Dahrendorf：*Society and Democracy in Germany* [London，1968]，pp. 41－46)；韦伯改变的是对政治的评价，而不是根本的政治原则。参阅 Gustav Schmidt：*Deutscher Historismus und der Übergang zur Parlamentarischen Demokratie* (Lübeck and Hamburg，1964)。

与保守唯心主义所提出的“神秘”国家概念有关，而且谴责容克地主是经济上没落的阶级，无力领导这个国家。但是，工人阶级在政治上也“极其不成熟”，不能提供必不可少的政治方向资源。因此，对于领导者的主要希望寄托在资产阶级身上，但这个阶级因其臣服于俾斯麦统治的历史而未能得到发展壮大，结果自己没有做好终究要由它来担当的政治使命。韦伯嘲笑资产阶级在面对“红色幽灵”（red spectre）时所表现出的胆怯：

> 然而，我们处境中可怕的事情是，作为国家权力利害关系担当者的资产阶级似乎萎靡不振了，而尚未有迹象表明，工人阶级已开始显示出可以取而代之的成熟度。危险……不在于群众。问题不在于被统治者的经济状况，而是统治和上升阶级的政治资格问题……①

韦伯认为，把激进的革命看作工人阶级政治解放和经济进步的惟一手段，是完全错误的。事实上，工人阶级政治力量的成长和经济地位的改善在资本主义中都是有可能实现的，而且实际上有利于资产阶级。

韦伯在其政治生涯的后期越来越清楚地认识到，自由资产阶级要发展强大，就必须形成一种政府体制，该体制把真正的政治权力赋予议会，而且从中培养出众多名副其实的政治领袖。根据韦伯的观点，俾斯麦统治的结果是使德国议会丧失了培育政治领导层——它能够控制历史留传给这个国家的政府官僚机器——所必需的自主性，使德国遭到“不受控制的官僚制统治”威胁。②对于在德国建立社会主义——包括过渡性的艾斯纳政府——的可能性，韦伯的态度直接与他对德国社会和政治结构的看法相关联。韦伯在其学术生涯的早期便注意到，社会民主运动

---

① *GPS*, p. 23.

② *ES*, vol. 3, p. 1453.

主体中的领袖们所表现的革命狂热性，与该运动发展的真正趋势大相径庭。正如韦伯所表述的那样，德国将征服社会民主党，而不是相反；该党将与既有的秩序相调和，而不是以革命的手段来取代它。①韦伯坚持认为，社会民主党本身已经高度官僚化了。德国面临的主要政治困境是，要避开官僚专制统治的拖累：如果建立起了社会主义政府，实行计划经济，结果就是官僚压制的蔓延。不仅在政治领域内不存在遏制官僚制蔓延的因素，在经济领域内也是如此。在韦伯看来，“这就是社会主义，就像古埃及的‘新王国时期’（New Kingdom）也是社会主义一样。”②

社会民主党是一个“革命”性质的党，韦伯这一看法终生几未改变。然而，随着德国政治结构性质的变化，尤其是作为世界大战的结果，他根据这一政党的政策而对自己的政治观点所做的评估的确发生了某些改变。因此，在韦伯生命接近尾声的时候，他已见证了他先前所预见的情况——社会民主党越来越与盛行的议会体制相融合——他宣称，自己与该党关系密切，以至于难以与其分开。③但是，韦伯对由德国社会民主党所代表的“马克思主义”的一贯看法是，其宣称的目标——以革命的手段推翻政府，实现一个没有阶级的社会——与其在德国政治中注定要扮演的角色是完全不相符的。

对于学术“诠释者”围绕马克思所写的理论和实证著作，韦伯的态度不能简单地从他与社会民主党之间的关系来推断，因为后者在一定程度上是由韦伯对德国政治现实所做的评估来决定的。当然，韦伯也认识

---

① *GASS*, p. 409.

② *ES*, vol. 3, p. 1453；关于韦伯对 20 世纪初期［原书误为 19 世纪初期——译者］俄国革命的看法，参阅 *GPS*, pp. 192 – 210。

③ *GPS*, p. 472；韦伯对更加激进的社会主义重建企图的看法是非常严厉的：“我绝对相信，这些实验能够而且只会导致败坏社会主义的名声达 100 年之久。”（致卢卡奇的信，引自 Mommsen，p. 303）“李卜克内西属于精神病院，而罗莎·卢森堡（Rosa Luxemburg）属于动物园”（引自前书，p. 300）。

到，他那个时代的一些重要的马克思主义作家对经济学、社会学和法学做出了显著的乃至辉煌的贡献。他也与深受马克思影响的学者保持密切的联系。①重要的是要认识到，韦伯有关资本主义与宗教的著作的主体不是简单地或直接地对马克思著作做出的学术反应。毫无疑问，韦伯在其学术生涯的早期就对马克思的著作有了一个大概的了解，但是，其他方面的影响要重要得多。②韦伯的主要兴趣，尤其是在早期，因历史经济学和法学的传统问题而起。此外，当韦伯使用“历史唯物主义”这个术语时，所指的往往是出版于19世纪90年代、奉马克思为鼻祖的大量学术著作。这些著作有时表述的观点被韦伯视为对马克思思想的庸俗化，或者是对韦伯所认定的马克思思想主要原则的显著背离。③因此，《新教伦理与资本主义精神》有一套复杂的谱系。韦伯从年轻时候起就对作为一种社会现象的宗教感兴趣。④虽然他对法律和经济学的研究使他不能在最初的一些学术著作中发展这种兴趣，但在一定程度上来说，这部著作表达了他内心深处始终怀有的关切。

---

① 关于韦伯与桑巴特之间的关系，参阅 Talcott Parsons："Capitalism in recent German literature：Sombart and Weber"，*Journal of Political Economy*，vol. 36，1928，pp. 641－661。关于韦伯与米歇尔斯之间的关系，参阅 Roth，pp. 249－257。关于“讲坛社会主义者”对马克思思想的接受情况，参阅 Lindenlaub，pp. 272－384。

② 正如 Roth 指出的那样，韦伯早期的著作具体体现了对历史唯物主义的初步批评，但这一点直到后来才成为韦伯兴趣的中心。Günther Roth："Das historische Verhältnis der Weberschen Soziologie zum Marxismus"，*Kölner Zeitschrift für Soziologie und Sozialpsychologie*，vol. 20，1968，pp. 433ff.

③ 如参阅韦伯对 Stammlers 的论述，见“R. Stammlers ‘Uberwindung’ der materialistischen Geschichtsauffassung”，*GAW*，pp. 219－383。韦伯在他研究罗马农业史的论文末尾，富有嘲讽意味地提到了倍倍尔，这也算是韦伯在其著作中对当代马克思主义理论家所做各种旁白的典型。*Die römische Agrargeschichte*，p. 275.

④ 有趣的是，韦伯早年在阅读施特劳斯（David Strauss）所著《耶稣传》（*Das Leben Jesu*）时，留下了深刻的印象：同样是这部著作，在青年黑格尔派哲学家们的观点形成过程中也占有重要的地位。参阅 Marianne Weber，pp. 117－120。*Jugendbriefe*（Tübingen，n. d.），pp. 205ff. 除了来自桑巴特著作的刺激之外，Georg Jellinek 所著 *Erklärung der Menschen-und Bürgerrechte*（1895）一书可能在影响韦伯学术兴趣的方向方面也起了重要的作用。

因此，韦伯对马克思原著有效性和实用性的看法，有一部分必须要与他对“庸俗”马克思主义的评价加以区分。然而，从散见于韦伯著作中的无数论及马克思的地方，的确清楚地表明了他们之间的相似和相异的主要根源，正如韦伯所认为的那样。当然，韦伯认为，马克思对于历史学与社会学的分析做出了基本的贡献。但是，按照他的观点，马克思关于发展的概念绝不能只看作一种洞见的来源，或至多是一种理想类型，仅用于说明特定的历史情境。在他看来，马克思加诸历史过程的整个理性“方向”，在马克思所采用的框架内，与它所具体体现的而且从中发展出来的黑格尔哲学一样，是不合理的。虽然韦伯很有保留地承认，把发展“阶段”作为理论概念来用，是一种有助于历史研究的“实用手段”，但他完全反对建立在一般发展理论基础上的“决定论架构”。

如此看来，经济关系构成了历史发展的源泉这种观念，只具有偶然的有效性。“经济”因素的特殊重要性是多变不定的，而且必须通过对特定情境的实证研究才能得到评估。韦伯认为，观念和价值虽然确切地说并非是任何单纯意义上的物质利益的“起源”，但总是必须根据与下面因素的关系来加以分析：

> 过去的观念认为，所有文化现象都能够作为“物质”利益组合的一种产物或功能而推断出来。我们虽然摆脱了这种观念，但还是相信，对社会和文化现象，特别联系其经济先决条件和衍生的结果进行分析，是一个富有创造性成果的科学原则，如果谨慎地加以应用，而且不拘泥于教条的限制，将保持长久的有效性。①

但是，有一种理论企图否定观念的内涵(本身是变化的)具有独立的历史

① *MSS*, p. 68; *GAW*, p. 166.

意义，这是无法令人接受的。韦伯坚称，无论从哪种意义上说，经济因素“最终”可以对历史过程做出解释，“作为科学原理，是完全终结了的”①。

韦伯认为，马克思的著作在复杂性程度上存在着差异，其中包括他对历史所做的唯物主义解释。例如，《共产党宣言》“以其早期天赋中的原始元素”② 阐述了马克思的观点。但是，即便在《资本论》更加透彻的阐述中，马克思也未曾精确地解释，“经济”是如何与社会其他领域划定界限的。韦伯对“经济因素”“与经济有关联的”和“受经济制约”的诸种现象做了区分，其目的是要阐明上述缺陷。人类的行为模式多种多样，例如，各种各样的宗教实践虽然本身并不具有“经济”的性质，却与经济行为有关，因为它们影响了人类获得效用或利用效用的方式。这些是与经济有关联的行为类型。与经济有关联的行为反过来可以与受经济制约的行为分离开来：后者还不属于“经济”行为，但受经济因素的影响。正如韦伯所指出的那样，“如上所述，不言自明的是：首先，‘经济’的界限是模糊的，而且不容易界定；其次，某一现象的‘经济’方面绝不仅仅是‘受经济制约的’或仅仅是‘与经济有关联的’……”③

韦伯还提出了马克思著作中另一个模棱两可的地方，即马克思没有将“经济”方面与“技术”方面清晰地区分开来。韦伯表明，每当马克思或多或少地陷入技术决定论时，其著作就会间或显示出缺陷。马克思有个著名论断：“手推磨产生的是封建主为首的社会，蒸汽磨产生的是工业资本家为首的社会。”④ 根据韦伯的观点，这是“一个技术上的命

① *GASS*, p. 456.

② *MSS*, p. 68.

③ *MSS*, p. 65.

④ *Poverty of Philosophy*, p. 92. 然而，韦伯没有考虑做出本陈述时所处的争辩性语境。关于韦伯本人对“经济”与“技术”之间的区分，参阅 *ES*, vol. 1, pp. 65 – 67。

题，而非经济上的，而且可以清楚地证明，这完全是个错误的论断。因为一直延续到现代的手推磨坊时代，在不同的地区，显示出多种多样的文化‘上层建筑’（superstructure）”①。一种特定的技术形式可以与各种不同的社会组织类型相结合——这是一个隐含在马克思自身观点中的事实，因为社会主义虽然涉及与资本主义基本上一样的技术基础，但对马克思来说，它将是一种很不相同的社会形式。

韦伯承认阶级冲突在历史上的重要意义，但却否认阶级斗争具有马克思所认为的那种重要作用。尽管从某些方面来说，韦伯关于阶级和阶级斗争的观念并不像人们通常认为的那样不同于马克思——韦伯确实十分强调，有产与无产构成了阶级划分的最重要来源——但是，韦伯真正着力强调的是身份垄断的历史意义。然而，对于韦伯来说，身份集团的冲突在历史上并不比政治社团与民族国家之间的冲突更加重要。因此，在韦伯看来，不同领域的“利益”概念不能局限在经济利益上，而必须拓展到社会生活的其他领域。因此，例如，政党具有来自他们作为权力渴求者或支配者的利益，而这种利益并不一定建立在共同阶级状况的基础上。

但是，韦伯与马克思在观点上的差异，最重要的方面还在于构成韦伯全部著作基础的广泛认识论立场上。韦伯所采取的彻底的新康德主义立场建立在事实性命题与规范性命题在逻辑上完全分开的前提假设上。在韦伯的著作中，相互竞争的价值之间的不可化约性是这种观点的必然结果。正是韦伯所持的这种认识论态度，使他的观点与马克思的观点之间有了最具决定性的不同：不论马克思的著作有什么不容置疑的价值，它所认同的都是“终极目的”（ultimate ends）的“科学”伦理，因此必然要接受一种“完整”的历史观念。超凡魅力的概念及其在韦伯著作中

① *GASS*, p. 450.

所起的作用，显示了韦伯坚信历史发展不可能根据一个表达出规范性有效事物的理性架构来加以解释。对韦伯来说，科学回答不了这个问题："我们应该效忠于交战中的哪个神？"①

19世纪的法国：马克思与马克思主义的兴起

马克思和马克思主义是马克斯·韦伯知识世界中的组成部分，但这种情况在涂尔干身上是找不到的。马克思是德国人，而且大部分著作都是用德语撰写的。在19世纪，没有任何国家拥有像德国社会民主党那样庞大或在政治上具有如此重要意义的马克思主义政党。虽然涂尔干在其学术生涯的早期曾在德国求学过一段时间，但他的学术观点几乎顽固地保持为法国式的。然而，有助于涂尔干发展其社会学的社会和政治情况，在某些重要的方面，与影响韦伯的情况类似。像韦伯一样，在涂尔干生活和写作的环境中，两股不同的政治思想和活动的潮流大有淹没由法国大革命所留下的自由原则的危险：一方面是保守的民族主义，另一方面是激进的社会主义。涂尔干和韦伯一样，从这两种相互对抗的思想体系中接受了一些东西，而且将其体现在自己的政治立场中，更宽泛地说，体现在自己的社会理论中。然而，两位作家所得出的结论，在某些方面，却很不相同，这在某种程度上说，可以追溯到19世纪后半期法国相对于德国而言的整个特殊发展方式上。

19世纪40年代，马克思对于法国的态度，很自然地受到法国在政治进步程度上相对德国而言要优越得多的意识支配。不论在法国所激起的反革命力量有多大，很显然，法国社会主义思想家在政治上的成熟根植于与封建时代进行彻底决裂的社会结构。在马克思直接指向绝大多数

① *FMW*, p. 153；参阅韦伯论及社会主义政党时说的话："我不会参加这些教会。"引自 Baumgarten, p. 607。

德国社会主义者的主要批判中，有一种指责是：他们从法国“输入”了观念，却领会不到两个国家之间存在的实质性差异。正如马克思在 1843 年所指出的那样：

> 如果想从德国的现状本身出发，即使采取惟一适当的方式，就是说采取否定的方式，结果依然是时代错乱(*anachronism*)。即使对我国当代政治状况的否定，也已经是现代各国的历史废旧物品堆藏室中布满灰尘的史实。即使我否定了敷粉的发辫，我还是要同没有敷粉的发辫打交道。即使我否定了 1843 年的德国制度，但按法国的纪年，我也不会处在 1789 年，更不会是处在当代的焦点。①

但是，从 1848—1849 年巴黎起义后出现的发展历程中可以清楚地看出，在此之前，法国自由资产阶级在控制政府方面所取得的稳固程度很是令人怀疑。恩格斯比较详尽地记述了对他和马克思先前观点的再思考，那些观点是他们受 1848—1849 年法国事件结果的刺激而形成的。虽然无产阶级在 1848 年的巴黎起义中扮演了主要角色，但结果却是大资产阶级(*grande bourgeoisie*)的一次真正胜利，他们由此巩固了取得的进步，而 1789 年法国大革命之后，由于保守势力的反动作用，这些进步未能完全保住。恩格斯写道：“历史证明，我们以及所有和我们有同样想法的人，都是不对的。历史清楚地表明，当时欧洲大陆经济发展的状况还远没有成熟到可以铲除资本主义生产方式的程度……”②

马克思在两篇长篇分析中论述了 19 世纪中叶法国的状况：《法兰西阶级斗争》和《路易·波拿巴的雾月十八日》（*The Eighteenth Brumaire*

---

① *EW*, pp. 44 – 45；另参阅 *CM*, pp. 167 – 170。

② *SW*, vol. 1, p. 125.

of Louis Bonaparte)。[1]正是因为马克思的著作中缺乏一种经济与国家之间关系的"机械论"观念，尽管他把英国作为《资本论》中的经济理论模式，但他却把法国看作进步的自由资产阶级政治的最纯粹典型。按照马克思的观点，英国历史发展的特殊情况催生了一个国家，该国家建立在资产阶级与旧土地贵族的残余之间联盟的基础上。[2]相比之下，在法国，这种"妥协"并不奏效，而阶级冲突的政治性质也因此更加清晰地显现出来。对于马克思来说，法国的资产阶级和无产阶级是欧洲的"政治家"，就像德国人是"哲学家"，英国人是"政治经济学家"一样。[3]

根据马克思的看法，在路易-菲力普的统治下，只有一小部分资产阶级保持着对政治权力的控制：金融资本家、银行家和食利者。由于路易-菲力普垮台而获得利益的主要团体是大工业家，因为他们先前极少进入政坛。由此形成的结果是阶级斗争明朗化了，工人阶级与资产阶级之间的分界线非常清晰，因此，成了随后两大工业阶级之间直接政治对抗的根源：

> 在革命进程把站在无产阶级与资产阶级之间的国民大众即农民和小资产者发动起来反对资产阶级制度，反对资产统治以前，在革命进程迫使他们承认无产阶级是自己的先锋队而靠拢它以前，法国的工人们是不能前进一步，不能丝毫触动资产阶级制度的。[4]

然而，马克思并不期望法兰西立刻陷入一场新的内战，无产阶级在其中

① *SW*, vol. 1, pp. 139 – 344.
② *We*, vol. 11, pp. 95 – 97.
③ *We*, vol. 1, p. 405.
④ *SW*, vol. 1, p. 149.

以胜利者的姿态出现；这种希望必须推迟到一个不确定的时期。“新的革命，只有在新的危机之后才可能发生。但新的革命正如新的危机一样肯定会来临。”[①] 二十年后，危机的确发生了，但没有像马克思所期待的那样作为英国——“资产阶级世界的缔造者”——经济萧条的结果，而是作为1870年路易·拿破仑与德国之间的那场灾难性战争的结果。

俾斯麦胜利所带来的结果，构成了本书所分析的三位作者思想产生关联的决定性轴心。在德国，军事上的胜利是推动俾斯麦实施以普鲁士来统治整个德国这一计划的主要因素。对于法国而言，结果却是灾难性的，造成了政治上的混乱，广大民众也怀着持久的羞辱感。马克思对于巴黎公社的态度异常复杂，这里不可能详述此事。重要的是，巴黎公社短暂的生命及其遭受的野蛮镇压所带来的直接影响将扩大阶级仇恨，从而进一步加深法国国内的分裂。但是，巴黎公社并不像马克思所希望的那样，是“新社会的光辉先驱”[②]。相反，随之而来的是这样一段时期：法国民族主义的重新抬头为恢复民族统一提供了坚实的意识形态基础，同时在一定程度上说，这个国家也自甘落后了。因为法国外省的大部分在很多方面自18世纪以来就保持不变，教会、有产的食利者和农民中的保守势力坚强有力。虽然马克思在《法兰西阶级斗争》中的描述比其早期的观点严肃了许多，但作为对工业资产阶级进步分子所获得的真正政治权力水平的评价，他的态度明显是乐观的。[③]

然而，在第三共和国时期，这个国家在摆脱保守势力的持久控制方面取得了长足的进步。德雷福斯事件(The Dreyfus affair)使共和主义与教会、军队等反动势力之间的冲突达到了最高潮，而且最终促使各种行政

① *SW*, vol. 1, p. 231.

② *SW*, vol. 1, p. 542.

③ 参阅马克思在“The Eighteenth Brumaire of Louis Bonaparte”中的评论，*SW*, vol. 1, pp. 333－335以及全书各处。

功能从僧侣统治中分离出来：这里具有根本重要意义的是教育世俗化的扩展。这大部分是由激进党(Radical Party)的活动所造成的。法国马克思主义在19世纪晚期的历史是德国社会民主党世纪末强劲复苏的苍白影像。然而，就像在德国一样，在巴黎公社遭受镇压后的几十年里，根植于法国的马克思主义思想的种子与本土的社会主义传统混合在了一起——本来，马克思主义与该传统的联盟是极不稳定的。考虑到法国马克思主义左派所处地位要弱得多，这种联盟的结果不过是一种主义的演化罢了，正如利希特海姆(Lichtheim)所言，它“充其量是一种近似(approximation)，而最坏的话，则是一幅漫画”①。

涂尔干对马克思的评价

在这样的情况下，不难理解，马克思主义为何在涂尔干的早期学术生涯中对他影响甚微。与马克斯·韦伯不同的是，涂尔干没有兴趣主动参与政治活动，而且对“政治事务”(*cuisine politique*)的斗争和争论也保持冷漠和超然的态度。②从一般意义上说，涂尔干政治态度的实质很清楚，他既拒绝保守主义，也拒绝革命的社会主义。像韦伯的情况一样，涂尔干的自由主义思想深受其祖国的特定社会和政治条件的影响。对于涂尔干来说，1870—1871年的灾难之后的国家重建具有根本的重要性，而对于强化道德的一般关注则明显影响了他的全部著作。确实，涂尔干的著作所关注的主题是，使世俗个人主义的成长与维持一个分化的社会统一体所要求的道德之间保持协调。涂尔干为德雷福斯斗争撰文，

① George Lichtheim: *Marxism in Modern France* (New York, 1966), p. 9; 参阅阿尔都塞的评论，他说，马克思的著作最初在法国为人们所知，“并没有民族理论传统的遗产和帮助”。Althusser: *For Marx*, p. 26.

② Georges Davy: “Emile Durkheim”, *Revue de métaphysique et de morale*, vol. 26, 1919, p. 189.

在一篇驳斥一位重要的天主教保守主义者的观点的文章中，他非常清楚地阐述了这些问题。[①]他认为，德雷福斯支持者（*Dreyfusards*）的个人主义，完全不同于教会和军队的狂热信奉者们所认同的那种非道德的自我追求。经济学家提出的作为人类模式的自我追求目标，完全不能等同于理性主义者的个人主义。经济学家把人类行为简化为市场交易。这种功利主义现在已经过时了，新出现的个人主义伦理本身是一种道德现象，而不是一种非道德现象："人……被视为神圣的。"[②] 因此，主张现代社会必须建立在集体道德的统一性上，同时又必须最大限度地体现个人的权利与自由，这其中并不矛盾。人类必须面对的问题，不可能通过重新利用传统形式的权威来抑制个人主义而加以解决。相反，主要的问题是要扩大个人发展其潜能的具体机会，并与现代作为社会秩序建立基础的道德原则相统一。

涂尔干建议在个人与国家之间建立起中间的职业团体，这类主张源于激进社会主义者的社会连带主义（*solidarisme*）。[③]但是，对涂尔干来说，这些主张严格建立在《社会分工论》的结论所衍生出的社会学前提上。虽然涂尔干所阐述的思想对众多主要政治人物无疑有重要的影响力，但如果认为他是由于与社会连带主义者的政治利益密切相关才阐述这些思想的，那就错了。[④]社会连带主义者提出涉及失业、疾病和养老等方面的国家福利计划，涂尔干对此表示赞同。但他坚称，这些都不应

① "L'individualisme et les intellectuels". 德雷福斯事件的发生显示了法国与德国之间的一些主要差异。在德国，一个犹太人绝不可能获得德雷福斯那样的地位，这样的事件也不可能激起一场类似的全国范围内的良心危机（*crise de conscience*）。

② "L'individualisme et les intellectuels", p. 8.

③ 参阅 Hayward。关于涂尔干对革命工团主义的看法，参阅他与 Lagardelle 之间的讨论，载 *Libres entretiens*, 1905, pp. 425 - 434。［社会连带主义是一种社会学理论，认为利害相关的社会组织是以社会成员的相互依存为基础的。——译者］

④ 包括工团主义运动的领袖们。关于索列尔对涂尔干影响的看法，参阅 Georges Sorel："Les théories de M. Durkheim", *Le devenir social*, vol. 1, 1895, pp. 1 - 26 & 148 - 180。

占支配地位，它们必须与工业组织中系统的道德准则相结合。

19 世纪 90 年代，马克思主义在法国劳工运动的各个部门中不断传播，知识分子对马克思著作的学术兴趣也在增长，这最终使涂尔干不得不直面社会学与社会主义之间的关系。在 19—20 世纪之交的法国，马克思主义得到了广泛的传播，其表现是恩格斯、考茨基和拉布里奥拉等人的著作被翻译出版，这些译著更加全面地理解了马克思的思想，因此取代了最初盖德派(Guesdist)粗糙的马克思主义译本。拉布里奥拉对马克思思想做了概要性的阐述，涂尔干对其法译本进行的评论最清晰地表明了他与马克思的不同。[①]涂尔干在 1895—1896 年间所做的关于社会主义的讲演，很显然，在一定程度上说，是由于他的一些学生改信马克思主义所带来的挑战而引起的。虽然他把主要的注意力集中在了圣西门身上，认为这位关键人物的著作才是社会主义和社会学最重要的单一源泉，但他也打算认真关注蒲鲁东，再就是拉萨尔和马克思。但是，1896 年《社会学年鉴》(*Année sociologique*)的创刊，使得这些计划不得不推延，而涂尔干后来根本就无法再回到这上面来。涂尔干在《社会主义》(*Socialism*)中着重强调了社会主义与社会学之间密切的历史关系。他指出，在刚刚步入 19 世纪之后的一段时期中，出现了三组理念："1. 把实证科学(社会学来源于此)的方法和历史的方法(社会学不可或缺的辅助手段)延伸到了社会科学的理念；2. 宗教复兴的理念；3. 社会主义理念。"[②] 涂尔干补充说，19 世纪末就像 1789 年法国大革命后的几十年一样，是一个多事之秋，一个关键时期，这三种思潮在这一时期重又兴起绝不是偶然的。乍一看，这三种思潮相互矛盾，共同点极少。宗教复兴

① Review of Antonio Labriola: *Essais sur la conception matérialiste de l'histoire*, *RP*, vol. 44, 1897, pp. 645-651。拉布里奥拉的著作严重倾向于恩格斯。《反杜林论》被称为"社会主义文献中一部无与伦比的著作", Antonio Labriola: *Socialism and Philosophy*(Chicago, 1918), p. 53。

② *Soc*, p. 283.

运动的鼓吹者们认为，该运动与理性主义和科学格格不入。社会主义运动一般而言建立在拒斥宗教的基础上，而且依据社会学研究必须符合政治行为的规范要求这一思想。但是，事实上，这三种思潮是因为各自仅表现了社会现实的一个方面才显得相互矛盾。每一种思潮都表达了当社会变革剧烈地涤荡着人们已有的习惯时，他们所感觉到的某些需要，诸如“不稳固的集体组织不再以其本能的权威(authority of instinct)产生作用”①。

对社会学的刺激来自对理解变革原因的需要，这些变革促成了对社会进行广泛再组织的态势。但是，科学研究进展缓慢，科学家们也是小心谨慎。涂尔干经常在其著作中强调指出，科学活动如果不能在某种程度上导致实用有效的结果，那就将毫无价值。然而，科学的本质是，其过程和目标要与立竿见影的实用要求相分离：只有保持“无所欲”(disinterested)的态度，科学的探索才能取得最佳的效果。绝不能把科学当成是“一种崇拜的对象或偶像”。它赋予我们的“只是某种程度的知识，除此之外，别无他物”。②然而，解决社会问题的迫切需要，常常超出了依靠科学所建构起来的知识能够满足的程度：因而刺激了社会主义学说的发展，该学说为社会所必要的再组织提供了总的纲领。要求宗教复兴的反动趋势也同样显示了科学的缺点。由于旧的信仰受到怀疑，但尚未被新的信仰所取代，如此形成的道德空隙(moral hiatus)引起了人们对社会道德凝聚的关注：因而要复兴宗教理想。

涂尔干并未将马克思排除在他对社会主义所做的整体性评价之外。马克思的著作提供了一种完整的思想体系，该体系表现为一种科学地建立起来的命题体系。但是，这一体系事实上是以极其丰富的、远远超出

① *Soc*, p. 284.

② “L'enseignement philosophique et l'agrégation de philosophie”, *RP*, vol. 39, 1895, p. 146.

现阶段所能用得上的庞大知识量为先决条件的。即使要对《资本论》中一些比较有限的推论加以证明，也必须进行大量的研究。因此，涂尔干在评论加斯东·理查德(Gaston Richard)的《社会主义与社会科学》时指出:“理查德对马克思的所有批判中，在我们看来最强有力的一点便是，它能够约束自身，鲜明地展现出存在于那个体系的基本命题与它所依据的观察结论之间的差距。”①

在评论拉布里奥拉对马克思思想所做的阐述时，涂尔干进一步阐发了这些观点。涂尔干赞同具体体现在历史唯物主义中的某些最重要的观点。他指出，不仅从个人意识的角度来看待社会生活，而且还审视不以意识为转移并且有助于构成意识的因素的影响，这是一种卓有见地的思想。而且，正如马克思所坚持的那样，这些因素必须到社会的组织中去寻找，这种观点也是恰当可取的。“为了对集体表现做出符合逻辑的解释，肯定地说，它们必须源于某些事物，而且，因为它们不能形成一个自足的封闭圈，所以它们的来源就必须位于自身之外。”② 把观念的起源置于特定的基础之上，这也是相当正确的，但涂尔干反问道，这种基础如果不是由社会成员所交织而成的各种特定社会关系构成，那又能是什么呢?

然而，按照涂尔干的看法，没有理由认为，凡采纳这种观点的人都必须接受马克思的全部思想。他指出，他在形成这种理解时，并未接受构成马克思著作基础的其他原则，而且他自己的表述也根本未受马克思的影响。根据前面有关社会学与社会主义之间关系所得出的一般结论，

---

① Review of Gaston Richard: *Le socialisme et la science sociale*, *RP*, vol. 44, 1897, p. 204. 涂尔干表示赞同德国和意大利的社会主义者，因为他们试图“更新和拓展他们久被禁锢其中的准则”——尤其是“经济唯物论的教条、马克思主义的价值理论、[工资的]铁律……[以及]阶级冲突的极端重要性”。Review of Merlino: *Formes et essence du socialisme*, *RP*, vol. 48, 1889, p. 433.

② Review of Labriola, p. 648.

我们可以以这种方式来研究社会组织，而无须接受马克思主义的社会主义所要求的其他必要前提。审视观念与“物质”本源之间相互作用的观点，就是社会学方法的本质，而且还是科学地研究社会的必要条件。正如韦伯所强调的那样，社会主义不是一种能够按照乘客意愿随意停靠的交通工具——社会主义信仰本身必须服从于社会主义者用于分析其他信仰形式的方法——所以，涂尔干强调，从社会学家的观点来看，社会主义本身必须与其他社会事实一样受到同等的对待。社会主义根植于特定的社会状态中，但不一定准确地反映了促成它的社会条件。[①]

此外，历史唯物主义的核心论点在于把观念的起源直接与经济关系联系在一起，这种论点“看上去似乎与业已成立的事实相反”。涂尔干宣称，已经证明，宗教是所有较具特色的观念体系的发展本源。但是，在最简单的社会形态中，“经济因素是根本的，而相反，宗教生活却是奢侈和隐蔽的”[②]。在这种情形下，经济受宗教实践和象征意义的影响比反过来要大得多。这并不等于说，随着有机团结的发展和宗教无所不包的特性随后的衰退，经济关系的影响就能强有力地决定集体意识中占首要地位的信仰的本质。一旦某一套信仰被建立，“它们因此便成为事实，独具特色、独立存在，而且反过来成为产生新现象的原因”[③]。在结构简单的原始社会中，所有的观念都与单一的宗教表现系统有关，也因此在其内容上与该社会的组织形式紧密相连。但是，随着社会分工差异的进展，以及批判理性的应用，产生了不同观念之间的冲突，信仰与其得以产生的本源之间的关系变得越来越复杂。

在作上述强调的同时，涂尔干拒不接受马克思关于经济关系——阶级结构——是社会中政治权力焦点的看法。根据涂尔干的观点，各种社

---

① *Soc*, pp. 40ff.

② Review of Labriola, p. 650.

③ Ibid. p. 651.

会的政治组织虽然在结构上相似，但其中存在着巨大的差异性。据此，历史发展中，阶级的重要性以及一般来说阶级冲突的重要性，被涂尔干降到了最低限度。当然具有重要意义的是，涂尔干既没有在其著作中使用圣西门的“工业社会”术语，也没有使用经济学家的“资本主义”，而是用了“现代社会”或“当代社会”。涂尔干的发展模式理论虽然承认社会进步的特定“阶段”所具有的重要意义，但更强调历史上累积性变革而不是革命推动力的重要性。按照他的观点，频繁发生政治革命的社会，并不显得最具有变革能力。确实，情况正好相反，在这些社会中，基本的传统保持不变。“表面看来，有一股源源不断的新事件潮流，但这种表面上的变革掩隐着最为单调的统一性。正是在最具有革命性的民族中间，官僚式的例行公事往往是最强有力的。”① 如果社会以往的发展不能根据马克思赋予阶级冲突的首要性来加以理解，那么目前的情形也还是如此。当代社会中阶级冲突盛行，这是现代世界的一大病症，但不是其根本原因。阶级冲突根源于另有出处的无序状态。涂尔干认为：“由此可见，本世纪中发生的经济转型，从小型工业到大型工业的大转变，并不一定就要发生大的动荡和社会秩序的剧烈重组（*renouvellement intégral*）……”②

虽然涂尔干排除了在革命性变化的基础上根本重组当代社会的可能性，但他确实预见到了阶级划分消失的必然趋势。遗产继承权的保留是使工人与资本家之间持续发生阶级冲突的一大主要因素。③遗产继承是古老的集体财产形式的遗迹，那时候，财产归一个亲属集团共同所有，

① *Moral Education*, p. 137; *L'Education morale*(Paris, 1925), p. 156；马克思对这件事的态度不应过分简单化。关于19世纪的法国，马克思表明过类似的观点，见“The Eighteenth Brumaire of Louis Bonaparte”, *SW*, vol. 1, pp. 249－250。

② Review of Labriola, p. 651.

③ *PECM*, p. 123.

但它终究会被废止，就像身份和法律特权的继承转移已被废止一样。[①]当然，对于涂尔干来说，这并不等于财产的集体化一定掌握在国家手中。当代社会的道德个人主义要求消除一切阻止缔结平等契约的障碍，而不是废除私有财产。

然而，在涂尔干看来，经济的重组不可能提供对现代世界中引起社会主义的"危机"的主要解决办法，因为危机的起因并不是经济方面的，而是道德方面的。取消"强制性"的劳动分工本身并不会消除"失范"的劳动分工。这就是涂尔干有别于马克思的最重要意识的基础所在。马克思为减轻资本主义的异常状态而制定的纲领，建立在经济措施的基础之上。在马克思的著作中，维护工人阶级利益与其关于资本主义市场经济的"矛盾"性质息息相关。"市场的无政府状态"源于资本主义的阶级结构，但它将让位于一个由中央调节的经济体系，对生产进行调节："总之，在马克思主义的社会主义中，资本不会消失，它只是由社会而不是由个人管理罢了。"[②] 因此，按照涂尔干的看法，对于作为社会明确特征的主要原则，马克思的著作是认同的：社会的生产能力集中在国家身上。但是，这本身无助于减轻由现代工业失范所带来的道德空虚感，相反，还会使问题加剧，因为社会将进一步被"经济"关系支配。这种将国家与经济合二为一的状况，将会形成与圣西门的工业主义一样的后果。对于马克思来说，就像对圣西门一样，"看起来，实现社会和平的途径一方面要释放受到抑制的经济欲望，另一方面是通过实现它们来满足它们，但这样做是自相矛盾的"[③]。

---

① "La famille conjugale", *RP*, vol. 91, 1921, p. 10；涂尔干在*PECM*中对这一点稍做了修正，p. 217。

② *Soc*, p. 90；事实上，这正是马克思所认为的在资本主义与共产主义之间存在着一个过渡阶段的准确描述。

③ *Soc*, p. 241.

第十四章　宗教、意识形态与社会

马克思在宗教批判方面的著作，最初来源于大卫·施特劳斯、布鲁诺·鲍威尔和费尔巴哈等人的理论。在这些理论后面，隐约可见的是黑格尔的影响，正如费尔巴哈所评论的那样，黑格尔的哲学“以一种神学的方式来否定神学”[①]。黑格尔的哲学体系统一了两个基本因素，这些因素后来被马克思看成作为一种“意识形态”的宗教特性：实际上由人类自身在社会中所创立的变了形的价值表述，以及为现存的社会与政治秩序——在这种情况下，指的是普鲁士王国——提供支持的原则。宗教对社会生活的影响，也是涂尔干和韦伯的首要关注点，而且构成了一个具有重要意义的方面。因此，两位作者的著作中所内含的一些主题也可与马克思进行比较。在对宗教的“意识形态”特征进行对比分析的过程中存在着两组对此很重要的相关问题：宗教象征性内容的起源，以及现代生活“世俗化”的结果。

前者集中探讨几个问题，这些问题涉及19世纪后期对历史进行“唯物主义”解释所引起的盛大而持久的论争。涂尔干和韦伯，以及所有其他自由主义的马克思批评家，都不接受他们所知道的马克思关于观念与“物质利益”之间关系的思想。本章在讨论这个问题时，将注意力集中于审视马克思与韦伯之间的关系上。如前一章提到的那样，韦伯的著作与涂尔干的著作相比，更加直接地对历史唯物主义做了批判性的阐述。此外，《新教伦理与资本主义精神》的出版，也引起了一场至今尚未平息的关于历史发展过程中“观念”作用的争论。[②]

后者涉及“世俗化”的问题，不关涉“观念”与“物质现实”之间相互作用的性质，而是关于当代世界中宗教影响的衰落所隐含的意义。宗教对社会生活影响力的减退所带来的后果备受本书讨论的三位作者关注，无论在实际层面上还是在理论层面上都如此。三位作者在促使理性主义渗透到社会生活的所有领域、逐渐取代宗教的思想和实践方面，起了至关重要的作用。厘清在这个问题上存在的一些相似和相异点，有助于从另一个方面深刻认识马克思著作与涂尔干和韦伯著作之间最具意义的对比。

马克思与韦伯：作为“意识形态”的宗教问题

从对宗教所持观点的角度审视马克思与韦伯之间的关系，主要的困难当然是，马克思的著作在涉及这一问题时显得零散不堪。马克思大部分有关宗教制度影响的论述明显带有敌意，但总的来说是公正无私的。即便在他早期的著作中，马克思主要关注的也是现代资本主义以及社会主义对它的超越。1845 年之后，他没有仔细地研究宗教，因为他与青年黑格尔派哲学家决裂了，也与费尔巴哈决裂了，而且意识到有必要从社会学角度分析经济、政治与意识形态之间的关系，这时候，他有效地克服了——就他自己的目标而言——对宗教做细致分析的需要。正如《神圣家族》一书中清楚表明的那样，青年黑格尔派的哲学家们继续把主要精力投入到对宗教的批判上，因此总是受到具有宗教性质的——哪怕是

---

① Feuerbach：*Sämmtliche Werke*，vol. 2，p. 275.

② 围绕《新教伦理与资本主义精神》所开展的许多争论，忽视了韦伯对其早期批评者所做的回应。参阅其“Antikritisches zum ‘Geist des Kapitalismus’ ”，*Archiv für Sozialwissenschaft und Sozialpolitik*，vol. 30，1910，pp. 176 – 202；以及“Antikritisches Schlusswort”。

从反面——世界观的禁锢。

因此，任何要对马克思和韦伯关于特定宗教现象的观点做详细比较的企图，都注定是要失败的。例如，马克思关于东方社会的论述过于简单，与韦伯对印度和中国的宗教所做的详尽论述相比，不足以形成一个能够做细致比较的基础。即使是有关欧洲社会发展过程中基督教的兴起和意义，我们也必须从马克思在批判黑格尔和青年黑格尔派的哲学家们所做的各种隐晦论述中，才能推断出来。然而，与韦伯的观点相比，两者的确显示出相似和相异的地方。作为黑格尔的亲密弟子，马克思显然清楚史学家和哲学家认为基督教在西方具有根本重要性的观点。马克思对这一点的正确性毫不怀疑。他所攻击的是用唯心主义的观点来分析基督教的影响。因此，他反对施蒂纳(Stirner)完全从观念层次上对早期基督教兴起所做的分析。[①]马克思指出，基督教最先是四处漂泊、居无定所的游民的宗教，其扩展的原因一定与罗马帝国的内部衰败有关："最后，古希腊与古罗马世界消亡于基督教中(从唯心的角度来说)和民族大迁徙中(从唯物的角度来说)。"[②] 然而，韦伯认为，基督教一直主要是城市工匠(urban artisanate)的宗教。[③]马克思却强调，相对于罗马的道德衰退，基督教的伦理观构成了一股充满活力的新潮流。基督教用单一宇宙之神的观念代替了罗马泛神论，其权威建立在独特的基督教原罪和救赎观念的基础上。后来在欧洲基督教的演变过程中，宗教改革是对应于封建社会的内部分裂而形成的一次类似的道德复兴。"路德战胜了信神的奴役制，只是因为他用信仰的奴役制代替了它。他破除了对权威的信仰，却恢复了信仰的权威。……他把人从外在宗教解放出来，但又把宗

① *GI*, pp. 143ff.

② *GI*, p. 151(脚注)。

③ *ES*, vol. 2, pp. 481ff；关于考茨基有关基督教的"无产阶级"性质的理论，韦伯不予接受，参阅其 *Der Ursprung des Christentums* (Stuttgart, 1908)。

教变成了人的内在世界。”[①] 马克思对宗教的敌视态度不应掩盖这样的事实：虽然宗教思想使人安于接受尘世间的苦难境遇，但它也积极地鼓励人们向往一个更加美好的世界。它形成了“对这种现实的苦难的抗议”[②]。

但是，如果我们要超出这种相对没有系统的比较层次的话，就必须回到一个更具有概括性的分析层面上去。要解决马克思是如何处理宗教的这个诠释性问题，只有联系韦伯著作中所提出的问题，把它们置于马克思整个“唯物主义”思想的语境中，才能得到令人满意的答案。在评价马克思的“唯物主义”时，必须牢记两个中心论点：其一，马克思从未有意去建构一种纯学术的理论。他的那句名言充分表达了他的态度：“哲学家们只是用不同的方式解释世界，而问题在于改变世界。”[③] 在马克思的观念中，社会思想家的理论本身，构成了社会生活“改变人”也被“人改变”的辩证法的一部分。其二，马克思毕生完成的著作只是他刚步入成年时为自己设想的计划的一部分。马克思理论著作的主体实际上是由《资本论》的一系列初稿构成的，即使是这部著作，马克思生前也未完成。但是，按最初计划，《资本论》旨在对资产阶级的经济学进行初步的分析，这种经济学以一种精确的方式建立了资产阶级社会的阶级特征。《资本论》虽然有四卷,[④] 内容却简明扼要，如果把它看作对资产阶级社会结构的全面研究和批判，那是一种误解，尽管绝大多数马克思主义者和批评家就是这样看待这部著作的。马克思在 1844 年《手稿》中写了一篇跋(rider)，以修正其意图的性质，该跋同样非常适用于

① “Contribution to the critique of Hegel's Philosophy of Right”，译文依照 *On Religion* (Moscow, 1957), p. 51。无论如何，马克思态度明确地敌视路德和路德教派；路德“把肉体从锁链中解放出来，但又给人的心灵套上了锁链”。

② *EW*, p. 43.

③ *WYM*, p. 402.

④《资本论》的第四卷是《剩余价值理论》(*Theorien über den Mehrwert*)。

《资本论》:“在本著作中谈到的国民经济学同国家、法、道德、市民生活等的关系，只限于国民经济学本身所专门涉及的范围。”①

因此，马克思并未对其历史唯物论的思想加以系统地阐述，即便应用到其全力关注的资产阶级社会形态时，也依然如此。然而，根据其早期的著作，毋庸置疑，马克思的历史唯物论思想并不是对黑格尔唯心主义哲学的一次简单“倒转”(inversion)。另一方面，费尔巴哈的著作也建立在这种倒转的基础之上，但是，他的唯物主义哲学局限在一种变形的宗教人道主义范围内。费尔巴哈观点所导致的结果是，宗教是人的象征性“体现”，而且，为了消除人的自我异化，就必须消除宗教的神秘性，并将它建立在一个理性的层次上。马克思的观点则不同，在他看来，费尔巴哈的错误在于抽象地谈论“人”，因而不能理解人只存在于历史变革过程中的特定社会情境里。另一个错误是，把观念和“意识”只看作物质世界中人类活动的“反映”。

换句话说，费尔巴哈坚持“唯物论”的哲学内涵，而马克思却要与之决裂。用马克思的话来说:“从前的一切唯物主义——包括费尔巴哈的唯物主义——的主要缺点是:于对象、现实、感性，只是从客体的或者直观的形式去理解，而不是把它们当作人的感性活动，当作实践去理解，不是从主体方面去理解。”② 存在于观念只是一种“附带现象”这一观点背后的，正是这样一种唯物主义的思想，结果，对意识形态内容的分析与对人类行为的解释变得不相关了。必须承认，在马克思的著作中，这种思想并不仅仅只有一点踪迹。因此，马克思在《德意志意识形态》中也指出:“在全部意识形态中，人们和他们的关系就像在照相机中一样是倒立成像的……”但是，很明显，这样的论断必须在某个历史

① *EW*, p. 63.

② *WYM*, p. 400; *We*, vol. 3, p. 5; 关于近期对费尔巴哈的讨论，参阅 Eugene Kamenka: *The Philosophy of Ludwig Feuerbach*(London, 1970)。

情境中加以理解。在社会发展的早期，人类的意识是物质活动的“直接结果”，它还“纯粹是畜群意识”。然而，随着社会差异的扩大，“意识才能摆脱世界而去构造‘纯粹的’理论、神学、哲学、道德等等”。(观念绝不可能完全摆脱其产生的社会条件，从这个意义上来说，这里所说的“解放”［emancipation］实为谬误。)这种情况的出现，首先是社会分工使得从事“精神劳动”的阶层出现了，历史上表现为教士阶层的发展。①下面这段文字清楚地表述了马克思的观点：

> 这种历史观就在于：从直接生活的物质生产出发来考察现实的生产过程，并把与该生产方式相联系的、它所产生的交往形式，即各个不同阶段上的市民社会，理解为整个历史的基础；然后必须在国家生活的范围内描述市民社会的活动，同时从市民社会出发来阐明各种不同的理论产物和意识形式，如宗教、哲学、道德等，并在这个基础上追溯它们产生的过程。这样做当然就能够完整地描述全部过程了(因而也就能够描述这个过程的各个不同方面之间的相互作用)。②

因此，意识形态“根源于物质的生活关系”，但这并不等于说，在社会的“现实基础”——生产关系——与“法律的和政治的上层建筑”之间，存在一种普遍的或单方面的关系。马克思在批判费尔巴哈时所得出的独特结论是，观念是社会的产物，它不可能被站在历史之外的哲学

① *GI*, pp. 37 & 43; *We*, vol. 3, pp. 27 & 31; 正如 Poulantzas 指出的，根据这种分析，“‘神圣’领域会比‘法律’领域显得更加接近社会的下层结构，至少从我们所说的法律现实开始变得清晰的那一刻起，以下事实就开始变得很明显：宗教层面是使法律在与下层结构发生关联时，让人可以懂得它的最重要媒介”。Nicos Ar. Poulantzas: *Nature des choses et du droit* (Paris, 1965), p. 230.

② *GI*, p. 50.

家所理解。马克思唯物论的明显特征在于阶级结构与意识形态之间的联系。虽然这一点看起来简单和显而易见，但却是马克思“唯物论”的根本所在，而绝不是将观念看作物质附带现象的观点。马克思对意识形态与物质“基础”(substructure)之间的关系进行了概括，但这是从特定意义上说的，即阶级结构是这两者的主要中介。社会的阶级结构对于该社会中起主导作用的观念具有决定性的影响。同样，能够对主导秩序形成有效挑战的观念的兴起，也有赖于为新意识形态提供结构基础的阶级关系的形成。因此，虽然“共产主义”理论在历史上已被“表述过千百次”，但共产主义革命的真正可能性还要“以革命阶级的存在为前提”。①

可以这么说，即使在费尔巴哈的哲学中，宗教也不只是完全反映物质现实的东西：它同时还是人类所应该追求的理想的源泉。神是人类应该成为的样子，因此，神的形象带来了人类有可能变成那样的希望。马克思将这种思想与辩证的观点紧密结合起来，认为这些观念与必须成为历史观核心的“世俗人”(earthly men)的社会组织彼此相互作用。这种相互作用必须根据对社会具体形态进行实证研究的角度来加以理解，如果我们“从历史过程中抽象出来”，② 那是无法把握的。因此，阶级结构与意识形态之间关系的特殊性质，在历史上是变化不定的。资本主义废除了封建主义的一切人身依附关系，而代之以非个人化的市场运作，而且通过把科学应用到理性技术的建设中去，去除了传统秩序中意识形态的装饰——这样一来，宗教信仰对资本主义秩序的起源所产生的影响便越来越为人所忘记了：

---

① *GI*, pp. 51 & 62；由于未能理解透马克思对这个问题的看法，近来社会学中许多所谓“整合”(integration)与“强制”(coercion)理论的争论显得混乱不堪。参阅拙文“‘Power’ in the recent writings of Talcott Parsons”, *Sociology*, vol. 2, 1968, pp. 268 - 270。

② *WYM*, p. 40.

[资产阶级社会]完全埋头于财富的创造与和平竞争，竟忘记了古罗马的幽灵曾经守护过它的摇篮。但是，不管资产阶级社会怎样缺少英雄气概，它的诞生却是需要英雄行为，需要自我牺牲、恐怖、内战和民族间战斗的。……例如，在一百年前，在另一发展阶段上，克伦威尔和英国人民为了他们的资产阶级革命，就借用过《圣经·旧约》中的语言、热情和幻想。当真正的目的已经达到，当英国社会的资产阶级改造已经实现时，洛克就排挤了哈巴谷。①

以上的论述清楚地表明，熊彼特认为，“韦伯(在他的宗教社会学中)列举的全部事实和论据完全适合于马克思的体系”,② 这很有道理。也就是说，如果理解了主观与客观之间存在着积极的相互作用的辩证关系，那么，意识形态或“意识”便提供了一套必要的意义，通过它，个人作用于世界，同时，世界也作用于他。现实不仅仅“外在于”人，塑造人的意识，而且通过积极地应用人的意识，预先存在的环境也会得到改善，从而适合于人的目的。通过这种方式，可以相当肯定地说，意识形态不能被看作一种可以从物质现实中“推衍”出来的“结果”。另一方面，韦伯采用马克思的思想观念，正是在19世纪末期的社会思想领域对马克思进行了独特的“诠释”。恩格斯晚期的著作在为马克思思想的这一演变提供正当性基础方面，的确扮演了非常重要的角色。但是，正如前一章所指出的那样，这种“诠释”的产生，也是由于欧洲主要马克思主义政党在其诞生国所处的实际危急状况所致。如果像《反杜林论》中所说的那样，辩证法只存在于自然界，那么，通往哲学唯物主义的途径无疑被打开了，而把作为社会变革积极资源的观念的作用从历史舞台中驱除出去了，即意识形态是“果”，物质条件是“因”。这就引发了哲

① *SW*, vol. 1, p. 248.

② Joseph A. Schumpeter: *Capitalism, Socialism and Democracy* (New York, 1962), p. 11.

学唯物主义的独特问题，马克思在其早期学术生涯中就已认识到这一问题：如果意识形态仅仅是对物质环境的消极“反映”的话，那么，人类便无法发挥作为社会现实创造者的积极作用了。①

韦伯的宗教论著雄辩地驳斥了将“反映唯物论”(reflective materialism)作为社会学分析的切实可行的起点这种观点。但是，在这一方面，如果结合马克思的情况来加以考虑，可以说，韦伯的著作几乎是全面的。韦伯拒绝穿上那件哲学唯物主义的紧身衣——这是马克思的追随者们在历史唯物主义的名义下试图强加在历史上的束缚。从这一方面来说，韦伯的宗教社会学著作，通过把主观唯心主义的立场作为其起点，部分昭雪了马克思的门徒们给其导师带来的玷染。意识形态可以理性地转换，从而显现其“真实”的内容，韦伯把这个论点看作马克思的前提假设。但实际上，马克思在与青年黑格尔派哲学家们的决裂过程中，拒绝接受的正是这种观点。因此，韦伯在分析观念体系与社会组织之间的关系时，运用了“选择性亲和力”(elective affinity)的概念，② 这正好与马克思有关意识形态的观点相切合。通过运用这一概念，韦伯所表明的是，个人“选择”遵循的信仰的象征性内容，与坚持这些信仰所必然导致的社会行为之间，具有某种偶然的性质。反之，特定社会阶级或身份集团的生活模式会产生接受某种宗教伦理的亲和力，而不是去“决定”有关信仰的性质。因此，城市中的工匠和商人，其生活建立在对经济运作的周密筹划的基础上，他们的“亲和力”便表现在“积极的禁欲主义态度和按神的旨意去行动的态度上，这种行动之所以被激发起来，是因为有了作为神的‘工具’的情感，而不是占有了神性，或者在

① *WYM*, p. 401；有关这一点的重要性，在 Norman Birnbaum 的精彩讨论中未能完全发挥出来：“Conflicting interpretations of the rise of capitalism: Marx and Weber”, *British Journal of Sociology*, vol. 4, 1953, pp. 125-141。

② 如参阅 *PE*, pp. 90-92。

内心沉思默想着神，后者往往表现为受上流社会知识分子阶层影响的宗教所具有的终极价值”。[①]然而，“积极的禁欲主义”并不局限于城市阶层的宗教信仰，也不是所有城市团体都信奉这种类型的宗教伦理。

马克思表达其观点时的措辞，与韦伯所使用的措辞实际上常常非常相似。例如，用马克思的话说：“思想根本不能实现什么东西。为了实现思想，就要有使用实践力量的人。”[②] 韦伯则强调，某种意识形态的内容与作为该意识形态“持有者”的集团的社会地位之间，总是具有某种偶然的性质，但是，与马克思一样，他也通常指出，观念以非常直接的方式表现了物质利益。对于马克思和韦伯来说，宗教体系表现了对人类价值的创造，因为后者不是人类生物构建中的“既定”的东西，而是历史演进的结果。他们两人都同意，稳定的宗教秩序代表了支配关系的正当化，而且还赞同，在现代以前，根本社会变革中的“突破”是在一个宗教象征主义的框架中实现的。此外，马克思也不否认在前资本主义社会，宗教为接受它的人提供了一种能够理解其生存的宇宙观。

人们普遍认为，通过阐明意识形态对于社会变化所具有的“独立”影响作用，韦伯的宗教社会学构成了对马克思历史唯物论的“反驳”，以上的比较分析清楚地表明，这种观点实际上是一种误解。从这一点来看，熊彼特的观点必须适当加以考虑。不能因此而掩盖了马克思与韦伯之间存在的根本差异因素，而实际上，这些因素——在其著述所处的争辩性语境中——使得韦伯对哲学唯物论的批判成为可能。因为根据韦伯的前提假设，建构马克思所试图建立的理性的历史发展计划，不会存在什么问题。但韦伯否认，在社会和历史研究的基础上可以建立起客观的、可以检验的规范，从这个意义上说，那些强调他与存在主义(existentialism)之间存在着相似之处的人是完全正确的。个人的道德信

---

① *FMW*, p. 285.

② *Holy Family*, p. 160.

仰——至少就接受终极价值这一方面来说——不可能由科学来加以证明。从另一方面来说，认为在历史中可以发现理性，这是马克思思想中的根本要素。正如马克思所言："我的辩证方法，从根本上来说，不仅和黑格尔的辩证方法不同，而且和它截然相反。"[①] 这并不是说，马克思的思想仅仅以"倒转"的形式保留了我们在黑格尔著作中可以找到的黑格尔式意识形态。实际上，马克思颇费苦心地拒斥了这一观点。按照他的看法，把后期历史看作"前期历史的目的"，这是一种"思辨的扭曲"："前期历史的'使命''目的''萌芽''观念'等词所表示的东西，终究不过是从后期历史中得出的抽象，不过是从前期历史对后期历史发生的有效影响中得出的抽象。"[②] 然而，只要韦伯认定，马克思的著作构成了一种历史哲学，而且这种哲学指代的是这样一种理论立场，即可以从对历史过程的实证研究中得出明确的发展"逻辑"，那么，他的看法显然是完全正确的。

在更直接的经验层次上，这些差异根据"超凡魅力"在韦伯著作中的作用和"阶级"在马克思著作中的作用得到体现。马克思坚持认为，阶级关系形成了一个基本轴心，围绕着这一轴心，意识形态才在社会中得到普遍接受。因此，从一个很重要的意义上说，意识形态是"虚幻的"（illusory）：这并不是说，观念体系的内容只是物质生活的"表现"，因而与主体的活动无关，而是说，那些被认为一般或普遍有效的观念，实际上是局部阶级利益的体现。[③]然而，按照韦伯的观点，意识形态不能在这个意义上被视为虚幻的，因为这种判断所假定的价值立场，无法被理性地证明在伦理上优于其他的价值。例如，韦伯所使用的超凡魅力概念就正好与这一点密切关联。超凡魅力的革新对于先前的社会秩序来

① *SW*, vol. 1, p. 456.
② *GI*, p. 60.
③ *GI*, p. 52.

说是“非理性的”，因为在其纯粹形式上来说，它只是建立在对某个领袖的超凡禀赋的信念之上。因此，超凡魅力型权威下的合法性关系与一个超凡魅力组织所能提供的实际利益同样无关：最残暴的恐怖主义可能与最慷慨大方的美德一样，都属于“超凡魅力”。这是韦伯思想的焦点，而且在其解释社会学观念和其新康德主义的方法论立场之间形成了一种紧密的逻辑联系。这样一来，韦伯力图证明：对“意义综合体”(complexes of meaning)的理解，不仅对社会行为——它符合已被接受的文化信仰——的解释是必要的，而且对通过革命的手段来背离例行状况的解释也是必要的。由于这样的革新行动建立在领导者所具备的非理性的超凡魅力特质的基础上，因此，新创立的规范便不可能从随之而来的社会或经济变化中“演绎”出来。[①]从经验层次上说，这与从事实性知识中演绎出价值判断的逻辑不可能性相关联，这是韦伯所特别强调的抽象原理。因此，韦伯虽然认可马克思关于观念与团体局部利益之间关联的重要观点，但他不赞同阶级利益与意识形态之间存在规范的不对称性(*normative* asymmetry)。对韦伯来说，坚信一套特定的理想——不管它们是宗教的、政治的、经济的，还是别的什么——所产生的利益只有根据理想本身的内容才能得到界定。从另一方面来说，在马克思的理论纲要中，把理性归属于历史是可能的，完全是因为他接受了“局部”(阶级)利益与“社会”利益之间的二分法，这种二分法在由封建主义经历资本主义发展到社会主义的过程中，将朝着有利于社会利益的方向，逐渐得到解决。[②]在一种经验层次上，这种分歧明显表现在马克思关于阶级关系构成政治力量的来源的看法上。经济力量与政治力量的融合是马克思

① 重要的是要认识到，虽然尼采对韦伯的影响非常深远，但韦伯拒绝“奴隶的反叛”这种尼采式的观点，把它看作一种宗教化约论。但是，就在韦伯去世前，他指出，马克思和尼采都是现代思想界的两位最重要的人物，他对尼采的重视由此可见。

② *Gru*, pp. 438 - 439.

著作中的一个关键原理。相反，对韦伯来说，政治力量与军事力量二者都和经济力量一样具有重要的历史意义，而不一定就是由后者衍生出来的。

世俗化与现代资本主义精神

现在应该转入“世俗化”(secularisation)问题了。这一术语，当然，很难正确地说明马克思和韦伯所认为的随着资本主义发展而来的宗教信仰衰退所导致的多重结果。对韦伯来说，世界逐渐“去魅”这一过程本身也受到了由宗教预言激发的理性化的推动。随着加尔文教的兴起，巫术仪式被彻底废除了，但该宗教反过来却与资本主义生产的成熟显得越来越不相干。对于韦伯所论述的有关新教伦理与现代资本主义企业“精神”之间的亲和力的具体内容，我们很难确定马克思在多大程度上会赞同。但是，马克思认可这种联系的历史重要性，而且也特别强调现代资本主义的“禁欲理性”(ascetic rationality)。根据马克思的观点，这一点体现在由市场所支配的人际关系中，也体现在以获取金钱为目的的追求中。金钱是资本主义条件下人类自我异化的表征，因为它把所有人类特质化约为交换价值的量。因此，资本主义具有一种“普遍化”的特征，它扫除了传统文化的种种特性，催生了其自身的“金钱道德”(money morality)：“资本按照自己的这种趋势……克服流传下来的、在一定界限内闭关自守地满足于现有需要和重复旧生活方式的状况，又要克服民族界限和民族偏见。”① 资本主义是“禁欲式的”，因为资本家的行为是建立在“自我舍弃”(self-renunciation)和利润的持续再投资基础上的。马克思指出，这一点体现在国民经济学理论中：“国民经济学这门关于

① *Gru*, p. 313；马克思在此表明了一个观点，韦伯后来在研究教士阶层的“理性化”活动时，对此进行了详细的阐述。

财富的科学，同时又是关于克制、穷困和节约的科学……它的真正理想是禁欲的却又进行重利盘剥的吝啬鬼和禁欲的却又进行生产的奴隶”①。为财富本身而追求财富，作为一种普遍的道德精神，是一种只存在于近代资本主义中的现象。关于这一点，马克思与韦伯一样，进行了明确的说明：

> 致富欲望本身是一种特殊形式的欲望，也就是说，它不同于追求特殊财富的欲望，例如追求服装、武器、首饰、女人、美酒等的欲望……贪欲在没有货币的情况下也是可能的；致富欲望本身是一定的社会发展的产物，而不是与历史产物相对立的自然产物。②

马克思和韦伯都认为，在成熟的资本主义世界中，宗教被社会组织所取代，而技术理性则在组织中占据了至高无上的地位。马克思常常强调资本主义进步所带来的世俗化结果。资本主义“把宗教虔诚、骑士热忱、小市民伤感这些情感的神圣发作，淹没在利己主义打算的冰水之中”。正因为如此，作为资产阶级社会理论的国民经济学，才能成为科学地解释和评价资本主义发展的基础。在资产阶级社会中，“一切神圣的东西都被亵渎了。人们终于不得不用冷静的眼光来看他们的生活地位，他们的相互关系”③。

在马克思的观念中，宗教的衰弱使信仰有可能真正得到实施，后者在传统秩序中是处于“虚幻”状态的——完美的天堂生活神秘地取代了

---

① *EW*, p. 171.

② *Gru*, pp. 133－134；马克思在这里的立场接近于后来西美尔所详尽阐明的立场：Georg Simmel：*Philosophie des Geldes*（Leipzig，1900）。韦伯评价西美尔的著作时说道：“货币经济与资本主义之间过于趋同，从而对他的具体分析造成损害。”*PE*, p. 185.

③ *CM*, p. 136.

所有人在尘世间谋求心满意足生活的可能性。然而，这在资本主义社会也是不能得到实现的。资本主义秩序只会更将迷魅除去，而且使人的异化加剧，但在这一过程中，也为形成一个新的社会创造了条件，在这一社会中基督教宗教形式所体现的价值将得以实现。“废除作为人民的虚幻幸福的宗教，就是要求人民的现实幸福。”① 对马克思来说，这并不等于道德价值的“消失”，而是价值信仰(value-commitments)的废除，价值信仰首先具有使局部阶级利益正当化的作用，其次它不能用理性的言辞表述出来(“意识形态”兼有这两方面的特点)。人们常说，马克思在其著作中所预期的作为“共产主义社会高级阶段”的未来社会只不过是功利主义的翻版而已，而且这种仅仅以哲学唯物主义为基础的理论也的确如此。但是，如果理解了马克思建立在主客观辩证法基础上的意识的观点，这种批判就站不住脚了。换句话来说，共产主义衍生其内在的道德，这种内在的道德，肯定不是根据只追求自我利益的个人的集合体来界定的。

在宗教对社会生活影响力的减弱所造成的结果上，马克思与韦伯的看法存在差异的主要根源不在于人们通常所寻求的“理想”的消失。实际上，对于受资本主义刺激而形成的独特生活模式，两人在著作中所做的批判性评价明显相似(即技术理性的支配)。但对韦伯来说，一个“世俗”社会组织的技术危机(exigency)是，它们必然会抹杀或否定推动该社会发展的一些主导价值：不存在任何其他的可能选择。从另一方面来说，在马克思的思想中，现代资本主义的异化特性源于其阶级特性，并将通过社会的革命性重组来消除。韦伯对官僚例行化结果的描述与马克思对资本主义异化后果的描述几乎一致：

---

① *EW*, p. 44.

从一种特定的意义上来说，发展成熟的官僚制置于一种不受愤怒或偏见影响(*sine ira ac studio*)的原则之下。它那种为资本主义所欢迎的特性越是得到发展，官僚制就越是完全“非人性化的”(dehumanised)，它也就越成功地把不能计算的爱、恨以及所有纯属个人的、非理性的、情感的因素从官僚事务中根除。①

因此，韦伯看到了资本主义中原本具有的非理性。虽然官僚制的形式理性可以使大规模的管理工作在技术上有实施的可能，但它实际上与西方文明中某些最有特色的价值相抵触，抹杀了个性和自发性。但要克服这一点，不存在任何理性的途径：这是“时代的命运”，必须生活在一个以“机械僵化”为特征的社会中。要想有别的办法，除非想象新神灵的超凡魅力的再生。②

然而，诚实使我们不得不指出，对于当今等待新的先知和救星的许多人来说，情形与收录在《圣经·以赛亚书》中关于流亡时期以东守望者那首美妙的歌所描述的一样：“有人声从西珥呼问我说：‘守望的啊，夜里如何？守望的啊，夜里如何？’守望的说：‘早晨将到，黑夜也来。你们若要问就可以问，可以回头再来。’”③ 听这话的人询问并等待了两千多年……④

因此，马克思与韦伯之间最根深蒂固的分歧在于，马克思所说的异化特性作为阶级社会特定形态的资本主义的特性，实际上在多大程度上

① *ES*, vol. 3, p. 975; *WuG*, vol. 2, p. 571.

② *PE*, p. 182.

③ 译文引自《圣经·以赛亚书》21:11－12。——译者

④ *FMW*, p. 156.

来源于官僚理性，即现代社会形态的必然伴随物，不论该社会是“资本主义的”还是“社会主义的”。[1]这一点将在下一章中得到详述。

马克思与涂尔干：宗教与现代个人主义

当然，在宗教社会学方面，涂尔干的关注点与韦伯存在着许多的不同，后者著作的旨趣并不在于系统地建构起一种普遍的宗教“理论”。不过，很容易误解涂尔干在《宗教生活的基本形式》中所关注的焦点。人们普遍认为——而且事实也的确如此——书中所阐发的宗教思想是涂尔干思考现代社会结构的基本所在。但是，他的间接诠释者们往往未能做出这样的相关推论:《社会分工论》中分析的演化维度，必须置于对原始社会宗教功能的描绘及其与当代社会秩序的关系之中来思考。涂尔干所重点强调的一点是，现代社会中的“神圣”信仰的特征与典型的传统形态的特征存在着明显的不同。很显然，《宗教生活的基本形式》中的一个主要论题是指明宗教的功能意义，这是传统社会凝聚力的至关重要的基础。这正是大多数声称起源于涂尔干思想的人类学和社会学研究所关注的焦点。但是，在涂尔干的著作中，还存在着另一个同等重要的主旨(motif)，但在所谓的涂尔干的“知识社会学”(sociology of knowledge)中，并没有通过将观念“静态地”联结在社会结构范畴上而得以表述出来。也就是说，社会，尤其是那些在季节性祭典中滋长起来的集体热情中展现出来的社会，是新的信仰和象征的源泉。宗教祭典不仅强化了现存的信仰，它还是进行创造与再创造的情境。[2]“现在，这种集中带来了道德生命的提升，后者又呈现为一组理想观念的形式，其中被唤醒的新生

① 参阅E. Jürgen Kocka：“Karl Marx und Max Weber, Ein methodologischer Vergleich”, *Zeitschrift für die Gesamte Staatswissenschaft*, vol. 122, 1966, p. 328。

② *EF*, p. 464.

命得到了描画；它们呼应着这组新的精神力量，这又壮大了我们在处理日常生活事务时所凭借的精神力量。”①

这种观念与《社会分工论》中所提出的社会变迁的“机械”理论之间并不存在必然的矛盾。涂尔干在那部著作中，把人口变化看作导致社会分工扩大的主要因素。但是，这种结果的产生只是一个中介性变量——既是一种社会现象，又是一种道德现象的“动力密度”——发挥作用的缘故。这一过程所显示的道德特性，涂尔干通过将“道德密度”和“动力密度”这两个术语用做同义词的方式显示出来。环节型社会结构解体了，与此相关联的是“社会主体的各部分间的交互运动，此前它们彼此之间并不产生影响……这种道德联合只有当个人间的真正距离在一定程度上缩小了的时候才会产生它的效力……企图找到是哪一个决定了另一个，那是徒劳的；只要说相互间密不可分就够了”②。导致社会分工日益分化的变迁，既是社会性的，也是道德性的，两者相互依存。道德个人主义即“个人崇拜”是社会分工复合体的规范性对应物：“当个人与个人之间的差异越来越明显，而个人的价值也因此得到提升的时候，个人崇拜便会在整个宗教生活中占据更加重要的地位……”③

涂尔干强调社会组织与观念体系之间的对应关系，以此表明其立场与马克思的不同：

> 因此，有必要避免的是，将这种宗教理论简单地理解为历史唯物主义的再生：那将是对我们的想法的明显误解。在阐明宗教从根本上

---

① *EF*, p. 476; *FE*, p. 603；因此，像“为什么对社会的崇拜终究会比对神的崇拜更容易解释”这样的问题，那是一种明显的误解。W. G. Runciman：“The sociological explanation of ‘religious’ beliefs”, *Archives européennes de sociologie*, vol. 10, 1969, p. 188.

② *DL*, p. 257; *DTS*, pp. 237 – 238.

③ *EF*, p. 472.

来说是属于社会的东西时，我们绝不是说，它可以被翻译成另一种语言，即社会的物质形式是其直接的必需物。①

这其中的历史意蕴是明显的：涂尔干否认自己与这样一种知识理论有关，即观念与其社会“基础”之间存在着单向的关系。在思考涂尔干的论点与马克思在其著作中所阐明的论点事实上存在着多大程度的不同时，这一问题必须被置于重要的地位。因而，《宗教生活的基本形式》所清楚阐明的是最简单的宗教形式，其知识理论不可能完全应用于更加分化的社会类型中。将最简单的社会类型与更加复杂的社会类型联系在一起，由此形成理论上的关联，可以说，这构成了涂尔干自其学术生涯早期就已阐明的理论原则：虽然传统社会与现代社会之间存在着巨大的差别，但是，在机械团结和有机团结之间，仍然存在着明确的道德连续性。②

根据涂尔干在《宗教生活的基本形式》中所提出的论点，图腾崇拜中的思想范畴是由社会事实的表征形成的：“空间”“时间”等概念源于“社会空间”“社会时间”等。正如涂尔干所指出的那样，它们建立在宗教信仰的内容“不可能是纯粹虚幻的”这个一般性前提之上。③由于涂尔干拒不接受这样的观点，即宗教生活的基本形式建立在表征自然现象的基础上，或者，建立在人类心灵“固有的”范畴基础上，那情况必然是它们仅仅建基于别的“现实”——事实的秩序，也即社会。涂尔干坚持在“自然”与“社会”之间作严格的界分，明确地使两者对立起来。这就导致了涂尔干与马克思所强调重点的不同。关于在简单社会中，社会现象与观念之间存在着相对直接的关系这一点，马克思与涂尔干之间

① *EF*, p. 471; *FE*, p. 605.

② Review of Tönnies, p. 421.

③ *EF*, p. 464.

并没有多大的不同。在这样的社会，“意识……只是对直接的可感知的环境的一种意识，是对处于开始意识到自身的个人之外的其他人和其他物的狭隘联系的一种意识”[1]。但是，对马克思来说，这不可避免地建立在生产过程中人与自然之间相互作用的基础上。原始社会的人几乎完全异化于自然，因此，他们想要控制自然的微小力量，较之于他所面对的、非他所能控制的宇宙力量，使他们完全被一种无能为力的感觉淹没了。自然界像是“一种完全异己的、有无限威力的和不可制服的力量与人们对立的，人们同自然界的关系完全像动物同自然界的关系一样，人们就像牲畜一样慑服于自然界，因而，这是对自然界的一种纯粹动物式的意识(自然宗教)”。然而，马克思并不把“自然宗教”看作“人”与“自然界”之间自发对抗的结果。“这种自然宗教……是由社会形式决定的，反过来也是一样。”[2]

马克思和涂尔干一样，把人口密度的增加看作超越“这种绵羊意识或部落意识”状态的根本所在。[3]这会导致社会分工的发展，并且如我们前面所提到的那样，对马克思来说，这反过来又成为使阶级社会正当化的观念体系形成的先决条件。然而，涂尔干的分析主要在于强调集体礼仪中宗教信仰所滋生的特殊的社会性质，经济与社会之间关系的重要性被降到了最低。他也承认经济活动对简单社会中的观念体系可能存在影响，但他认为，经济关系大体上是从属于宗教观念的。[4]这种强调同样适用于对更加复杂的社会形态的描述。在涂尔干的类型学体系中，排序的主要原则是结构的分化程度。因此，经济阶级的存在并不具有特殊的重要意义：对涂尔干来说，阶级关系当然不构成分工明显的社会的结

① *GI*, p. 42.
② *GI*, p. 42.
③ *GI*, p. 43.
④ *EF*, p. 466(脚注)。

构轴心。在他的社会类型学中，即便是政治权力的分配，对于分门别类的基本类型学标准而言，也是次要的。那么，涂尔干与马克思之间分歧的主要根源不在于观念“独立”于其社会“基础”(infrastructure)的程度，而是那一基础的组成特性。有关这一点的进一步论述也将在下一章再谈。

宗教信仰的“虚幻”性质的问题，在关于原始宗教的理论与涂尔干、马克思关于宗教在现代社会中的意义的看法之间，架起了一座恰当的桥梁。从某种意义上来说，两位思想家在这个问题上的分歧，如同韦伯与马克思之间的分歧一样，源于他们各自伦理立场上的不同。涂尔干拒不接受新康德主义哲学，而偏爱他自己所独有的、以社会“病态”概念为基础的伦理相对主义思想。根据这种观点，对某一社会类型“有效”的道德并不一定适合于另一种不同类型的社会：不存在任何普遍有效的道德理想。马克思在很大程度上也认可类似的观点。然而，对涂尔干来说，衡量一套道德理想有效性的主要标准，是它们普遍“适应于社会有机体需要”的程度，而在马克思的著作中，这一点是与阶级关系相关联的，所以，道德规范体现了社会中经济权力分配的不对称性。在马克思的著作中，而不是在涂尔干的著作中，这一点反过来又与对历史地解决“局部”与“一般”利益(阶级结构或异化)之间划分问题的潜在强调浑然一体。

因此，对马克思来说，宗教的“虚幻”性是放在异化的历史发展中来衡量的。原始人与异化于自然，这种异化以“自然宗教”的形式体现出来。随着社会分工的扩大，对自然的控制增强了，宗教信仰也变得复杂化了，成为表达人类自我异化的越来越清晰的“理性化”观念体系(按照韦伯的定义)。资本主义大大推动了人类控制自然的进程，自然因人类的技术和科学活动而日益“人性化”了——但这是以自我异化的剧增为代价的，而自我异化又以社会分工的扩大(资本主义生产的刺激所引起的)为条件。宗教的“虚幻”性可见于这样一种事实:它通过把人类在资本主义中潜在的但并不能实现的能力,转移到一个虚构的领域(mythical universe),从而使现有的(异化的)社会秩序合法化。

马克思指出宗教是人类的“鸦片”①,因为宗教信仰使被统治阶级的从属地位合法化了,马克思这一贬义论断的直接社会学要旨与涂尔干的主张一致,后者也认为,宗教慰藉穷人,“而且告诉他们社会秩序的天意性质,以便教他们安于自己的命运……”② 但是,在马克思以异化为主题的语境中,宗教信仰却是建立在“幻想”的基础上,因为它把人类的能力伪装为具有超人力量的。与此相反,在涂尔干看来,宗教在这方面不可能是虚幻的,除非某种宗教信仰在功能上不再适合于某种社会类型的存在。传统宗教在现代社会中的情形就的确如此。涂尔干承认,基督教,更加具体地说,基督教新教,是现代个人崇拜的直接来源。涂尔干充分强调古代宗教崇拜与基督教象征性意义之间的对比:古代世界的宗教,“尤其是那些仪式制度,主要的目的是为了确保宇宙有规律地运行”,因此,它们的焦点被“转移到了外在世界”。但是,基督教所强调的却是对个人灵魂的救赎:

> 由于,对基督徒来说,美德和虔诚不存在于物质性仪式(material rites)中,而是存在于内在的灵魂中,所以他必须时刻不停地监视自己……因此,在所有思想的可能的两极上,自然是一极,人类则是另外一极,基督教社会的思想必须围绕着后者才能发挥其作

---

① *EW*, p. 44.

② *Su*, p. 254;这就是为何在涂尔干对宗教的“赞成”态度与马克思对宗教的“敌视”态度之间以其“表面价值”做社会学比较是错误的。关于这种简单化观点的例子,参阅 Robert A. Nisbet:*The Sociological Tradition*(London, 1967), pp. 225 – 226 & 243 – 251。

用……①

然而，道德个人主义虽源于此，但也体现了一系列变化的情况，这些变化改变了18世纪末以来的现代社会，而且还使理性主义渗透到了社会生活的所有方面。虽然这些信念有一种真正“神圣”的性质，但它们却不再被保证能回复到先前由教会所支配的状态中。国家必须日益负起主要责任，以全面维系当代的道德秩序。

虽然涂尔干在先前时代的宗教与现代道德需求之间建立了理论联系，但这一点并不能掩盖传统社会与当代社会之间存在的同等重要的差异。他彻底否定回归到传统自然神论（deism）的保守诉求。正因为涂尔干从一种广义意义来界定“宗教”，把它等同于神圣，而且等同于他所认为的道德准则，因此，他一方面能够强调象征与价值之间的连贯性，同时又强调过去与现在之间不连贯的重要因素。建立在“个人崇拜”基础上的未来道德完全就是将宗教转化为世俗的人道主义。使得这种观念与马克思（和费尔巴哈）的观念有所不同的，并不是传统宗教必须由一个人文主义的伦理来取代的思想——这种立场是19世纪早期法国和德国社会思想界所共有的——而是这种伦理与具体的社会结构（即社会分工）之间关系的性质。提到这一点时，有必要简要论述一下方法论上的问题。

涂尔干认为社会事实“外在于”个人，而且对个人产生“约束”，而马克思则强调，我们必须“首先应当避免重新把‘社会’当作抽象的东西同个人对立起来”，在解释他们思想之间的关系时，重要的是要记住，马克思对异化和对象化做了区分。对马克思来说，社会“事实”——在资产阶级社会——在两种意义上是“外在于”个人的。首先，与人们创造的物质产品一样，社会关系也客观化了，因为它们是

① *L'évolution Pédagogique*, p. 323.

“现实”：因此，马克思始终如一地批判乌托邦式的社会主义（和一般意义上的理想主义），因为它把社会看作由思想所创造的，从而剥夺了社会生活的现实性。从这个意义上说，人人都是他成为其一部分的社会关系的产物，又是其生产者。当然，这一点适用于每一种社会类型，其中包括社会主义。但是，在资产阶级社会中，社会事实还具有“外在”的和约束的性质，这与历史有关，而且源于异化的关系结构。因此，从这一点上说，个体工人被迫进入马克思在分析异化时明确阐述的以各种不同方式“外在于”他的关系中，但是，这种个人与社会之间的二重性将随着对资本主义的超越而消解。因此，在涂尔干的方法论中，虽然外在性与约束力必然是相互关联的，但在马克思的思想中，从异化的意义上说，外在性和约束力不是社会现象的普遍特征。在社会主义社会中，道德权威的性质将不再要求保持义务或责任这些康德哲学的要素，因为这牵涉到每个人必须去遵循他生性厌恶的道德规范。

这些理论上的思考形成了马克思和涂尔干著作中对世俗化结果的不同看法的基础。按照马克思的看法，宗教总是一种异化的形式，因为宗教信仰涉及把实际上人类所具有的能力或力量归结于神秘的存在物。根据这种观点，废除宗教不单纯是要用理性的、科学的知识来取代宗教象征，而是要有意识地恢复先前通过神秘的形式来表达的那些人类的能力或属性。超越宗教是可能的，因为个人与社会之间的对立和对抗是可以消除的。从涂尔干的观点来看，就当代社会的组织而论，这完全是乌托邦式的。涂尔干与马克思观点上的一致只存在于一层意义上，即个人与社会之间不存在分歧的社会只有一种形式，即机械团结的情况。机械团结“把个人与社会直接联系在了一起，不存在任何中间形态”①。但是，这种社会形态已经让位于有机团结，而且已经不可能再返回了，即使有

① *DL*, p. 129.

可能，马克思所设想的那种社会形态也只有在集体意识再度盛行的情况下才可以想象。集体意识的再度盛行必然要求神圣领域的再度扩展。

关于现代社会中世俗化所产生的结果，涂尔干与马克思之间的对比在他们对现代社会所出现的各种主要发展趋势的判断上具有重要的意义。这样一来，便进入了马克思、涂尔干和韦伯著作中的一个主要论题，该论题接合并表达了他们著作中的一些主要不同点：关系到对于社会分工复杂性的增长必然导致的社会分化的结果，他们所做的各自不同的解释。

第十五章　社会分化与分工

马克斯·韦伯和涂尔干的著作以其各不相同的方式融合了对现代社会的分析和道德的批判。韦伯坚持认为，经验知识或科学知识与以价值为导向的行动之间存在绝对逻辑上的分野，但他同样强调，这不应掩盖将历史分析和社会学分析应用在政治和社会批判上所具有的重要意义。马克思和涂尔干都拒绝接受康德的伦理二元论，而且试图更加直接地把对当代社会秩序的特征所做的事实评价与道德评价结合起来。涂尔干毕生孜孜不倦地要阐明的是一种科学性基础，以便对先进社会的“病态”特征做出诊断性解释。马克思的著作及其政治活动则以这样的论断为基础：“人应该在实践中证明自己思维的真理性，即自己思维的现实性和力量，自己思维的此岸性。”①

在后两位作者的著作中，“异化”和“失范”概念分别提供了他们对现代社会所做批判性解释的重点。异化概念是马克思批判资本主义的主要支柱，因而也是他关于资产阶级秩序将会被一种新型社会所超越的论题的支柱，它所代表的不仅是马克思后来抛弃了的早期乌托邦思想，也不应被简化到马克思在《资本论》中论述的“商品拜物教”(fetishism of commodities)所具有的那种相对不重要的地位。涂尔干的失范概念也是如此：它是对现代“危机”及其可能的解决模式进行整体分析时不可或缺的部分。

异化、失范与“自然状态”

很显然，马克思和涂尔干分别采用的异化概念和失范概念之间的根本差异在于，对“自然状态”中的人的内在的不同看法。人们习惯于认为，马克思的异化概念建立在这样的假设前提上：人“天生”是善良的，但被社会腐化了。而相反，失范概念则源于这样的假设：人“天生”是个倔强执拗的生命体，其自负自大的品性必须由社会来严格约束。上述第一种观点被认为与卢梭的观点接近，第二种观点则接近霍布斯的观点。[2]但这样看问题在很大程度上使相关的问题过于简化了。主要根据一种假定的自然状态来揣摩异化和失范这两个概念，那就忽视了马克思和涂尔干著作的最根本特性：人的历史本质。正如涂尔干所表述的：“现代把自己置于过去的对立面，然而源自过去，并使之长存。”[3] 两位思想家清晰而又果断地将他们的观点与置于历史之外的抽象哲学加以区分。涂尔干站在这个立场上明确具体地批判了卢梭和霍布斯。按照涂尔干的看法，这两个人都以“个人与社会之间连贯性的中断”这个假设为出发点，而且认为，“人因此天生不顺从于共同生活，只有在被迫的情况下，才使自己顺从它”。涂尔干在此强调的是，他赋予“约束”（constraint）这个术语的意义与霍布斯的大不相同。[4]

确实，涂尔干把利己主义的需求建立在个人有机体的生物（也就是“前社会”）结构中，但是，他也清楚地表明，利己主义在很大程度

---

① *WYM*, p. 401; *We*, vol. 3, p. 5.

② 如参阅 John Horton：“The de-humanisation of anomie and alienation”, pp. 283 – 300; Sheldon S. Wolin：*Politics and Vision* (Boston, 1960), pp. 399 – 407；更加详尽的论述见 Steven Lukes：“Alienation and anomie”，载 Peter Laslett 和 W. G. Runciman：*Philosophy*, *Politics and Society* (Oxford, 1967), pp. 134 – 156。

③ *L'évolution pédagogique*, p. 21.

④ *RSM*, pp. 121 & 124.

上也属于社会的产物——例如，对于经济上自我进步的欲望，在涂尔干看来，就像马克思的看法一样，是现代社会的产物。①在现代社会中，个性得到了高度发展，但随之而来的是，利己主义成了社会统一的更大威胁。很显然，个人主义与利己主义并不是一回事，但其发展却会扩大利己主义倾向的范围。盛行于现代社会某些部分的失范状态反映了个人动机和情感幅度的巨大提升，这是长期以来社会发展过程的结果。换句话说，现代人在体验一种失范情境的时候，其存在迥异于前社会自然状态中的(假定)野蛮人。后者不处于一种失范的境况。同样，人类新生的婴儿就是一个自我存在，但却不是一个失范的存在，因为其需求限于生物的范围。随着孩子成为社会化存在(socialised being)，其利己主义的欲望范围也扩大了，因此，他被置于失范状态中的可能性也增大了。“如果所有的社会生活都消失，那道德生活也会随之消失，因为不再存在客观性了。18 世纪的哲学家们所谓的自然状态，即便不是不道德的(immoral)，至少也是非道德的(amoral)。”②

这个总的观点几乎不像人们通常认为的那样与马克思的观点有很大的不同。马克思和涂尔干一样清楚，18 世纪的理性主义者给处于自然状态中的人赋予了事实上来源于社会的能力。人类社会的早期形态为相对无法控制的自然情况所主宰，所以当时人类的特质和能力的程度受到限制。在马克思看来，正是人的社会特性使其成为“人”：也就是，使人与动物相区别。人类所有感官和生物冲动都有这种转变的可能。例如，性行为、吃、穿等，对于人类而言，不单纯是满足生物上的欲望，而是在社会发展过程中，被转化为可以满足多重需求的行

① *Su*, p. 360；另参阅 *DL*, vol. 11, 272－274 & 403－404。

② *DL*, p. 399；“虽然小孩天生是个利己主义者……文明的成人……有许多与官能需求无关的观念、情感和实践行为。” *Su*, p. 211.

为。正如马克思所指出的那样："我们的需要和享受是由社会产生的，因此，我们对于需要和享受是以社会的尺度，而不是以满足它们的物品去衡量的。因为我们的需要和享受具有社会性质，所以它们是相对的。"①

那么，从这个意义上说，异化概念和失范概念背后的"不变的事物"（constants）之间，其相似性要比表面比较起来大得多。②马克思和涂尔干都强调如下事实，人类的特质、需求和动机在很大程度上属于社会发展的产物。两人都看出了国民经济学理论的固有缺陷，即把利己主义当作一种社会秩序理论的基础。正如马克思评论的："分工和交换是这样的两个现象，国民经济学家在考察它们时夸耀自己的科学的社会性，同时也无意中说出了其科学所包含的矛盾，即依靠非社会的特殊利益来论证社会。"③ 同样，涂尔干批判滕尼斯，因为后者的社会（*Gesellschaft*）观念用功利主义理论的方式把社会看作独立的、个别"原子"（atoms）的集合体，该集合体只有在由国家的"外在"影响的协调作用下，才会构成统一体。根据涂尔干的观点，这是完全不恰当的：个人缔结契约的活动表明了分工中的一个宽泛的社会联系网络，而这实际上就是国家的基础。马克思在一个不同的争辩性语境中表达了几乎完全一致的观点。市民社会中的个人不能比作一个原子，因为原子"没有需求"，而且"是自给自足的"。经济学家们所谓的原子个体观是谬误的，因为市民社会的成员通过相互依存的关系与他人联系在一起。正是这些未知的关系构成了国家的真正基础：实际上，国家是由"市民生活结合

---

① *SW*, vol. 1, p. 94.

② 人们常常在弗洛伊德与涂尔干之间进行过于表面化的比较，这也忽视了涂尔干对人类需求的历史和社会特性的强调。在相关的方面，涂尔干的观点与霍布斯的观点有多大程度的可比性，这取决于后者实际上对自然状态所持的看法。参阅 C. B. Macpherson：*The Political Theory of Possessive Individualism*（London, 1962）, pp. 19ff。

③ *SW*, vol. 1, p. 187；亦参阅对施蒂纳利己主义哲学的批判，*GI*, pp. 486 – 495。

在一起的”。[①]资产阶级社会中分工发展的综合性特征事实上是马克思批判国民经济学的一极：资本主义的扩展摧毁了自主的地方共同体，而把人们带入了一个无所不包的相互依存的框架中——虽然根据马克思的观点，这只有在导致异化结果的情况下，才会发生。

此外，马克思的“自由”（freedom）观念事实上与涂尔干所持的自我自主控制观念很接近，而明显与功利主义的观点不一致。“自由的”和“理性的”这些词在马克思的著作中就像在黑格尔的著作中一样，是密切相关的。黑格尔抛弃了功利主义中所固有的观念，即人可以自由地去做他想做的事。“一般人如果想做什么就做什么，那他就认为自己是自由的，但他的任意性意味着，他不是自由的。”[②] 自由不是利己主义的实践，而事实上与其相反。如果一个行为仅仅涉及个人面临的多个行为的非理性选择，那它便是“任意的”，而不是“自由的”。一只处于困境中的动物选择与敌人搏斗，而不是逃跑，并不就因此说它在“自由地”行动。自由意味着是自主的，因此不受超出理性控制的外在或内在力量的驱使；这就是为什么自由是人类的天赋优势（prerogative），因为只有作为社会成员的人类才不仅有能力控制选择的形式，而且还有能力控制选择的内容。在黑格尔看来，如果个人与理性的理想一致，上述情形是可能的。对马克思来说，这要以具体的社会重组为先决条件，即共产主义社会的建立。个人在社会中的地位也将与这一特征相似，例如科学共同体中的科学家（涂尔干在一个类似的情境中也举了该例）。一个接受界定科学活动的规范的科学家并不比拒绝接受该规范的科学家享有更

① *Holy Family*, p. 163；马克思也认为，市民社会中个人的“原子的”地位被契约和财产的规范正当化了。与封建社会形成对照的是“这里，代替了特权的是法”（p. 157）。

② *Philosophy of Right*, ed. Knox (London, 1967), p. 230；关于韦伯的“自由”观念，参阅其在 *GAW* 中对罗舍尔和克尼斯的评述。

少的自由，相反，由于他是科学共同体中的一名成员，他能够参与集体的宏伟事业，这能使他增长并且创造性地施展属于他自己的能力。这样一来，接受道德要求并不是接受外在的约束，而是对合理事物的认同。

当然，这并不等于说，在马克思和涂尔干可以各自视为具有“非历史性”(ahistorical)意义的立场中，不存在重大的差异。涂尔干坚称，人的个性极大地受他在其中生活并社会化的社会之形态特征的影响。但在这方面，他并不接受一种彻底的历史相对论：每个人，不论“原始人”还是“文明人”，都是双重人(*homo duplex*)，因为每个人身上都存在着一种利己主义的欲望与具有“道德”内涵的冲动之间的对立。马克思没有采用这种心理学模式：在马克思的观念中，这种个人与社会之间固有的对立，并不存在任何非社会性(asocial)的基础。对马克思来说，“个人是社会存在物……人的个人生活和类生活并不是各不相同的。”[①] 在资产阶级社会中，这种以特别明显的形式表现出来的个人与社会之间的利己主义对立是社会分工的发展结果。从另一方面来说，涂尔干对人类性格中的双重性的界定建立在这样一种假设的基础之上：源于婴儿与生俱来的生物性冲动的利己主义，绝不可能因为孩子后来在道德上的发展而完全转变或消除。

这又可以与生产活动在涂尔干和马克思分别应用的社会模式中所起的不同作用联系起来。对涂尔干来说，强调“社会性因素”的因果特性——社会学解释的自主性——导致了对社会与自然之间相互关系的普遍忽视。从某种特定意义上来说，这一点清楚地表现在这样的论点上：在物质世界中，与肉体生存有关的需求并不等同于那些基于社会认同的欲望。比较而言，马克思把社会与自然世界之间的相互作用作为其分析的焦点，并因此而强调在个人有机体与个人对物质环境的适应之间起中

① *EW*, p. 158.

介作用的“感官需求”(sensuous needs)所具有的社会化特征。但这一点绝不能夸大：正如上文所表述的那样，马克思和涂尔干都强调对人类需求的限制中的历史维度。对涂尔干来说，只有在人类情感大为扩展的社会情境中，利己主义才会威胁到社会的统一：“所有的迹象都迫使我们在我们身上的两种特质间的斗争中付出努力，以便随着文明的成长而提升。”①

社会分工的未来

在马克思对资产阶级社会的分析中，根植于资本主义生产方式中的异化存在着两种直接相关但又部分相异的根源：一是工人在生产活动和劳动过程中的异化；二是工人与其生产产品的异化，也就是与控制劳动过程的结果的异化。为了方便起见，我把上述情况分别称为“技术性异化”(technological alienation)和“市场性异化”(market alienation)。②这两种异化都源于资本主义生产中的分工。后者体现了这样的事实：生产关系的组织构成了阶级体系，后者建立在一个阶级对另一个阶级进行剥削性统治的基础上；而前者则把职业上的专门化看成是把工作分解为常规化的和要求不高的任务的根源。

对马克思来说，两种类型的异化对于分工的扩大来说都是不可或缺的：历史上阶级社会的出现依赖于社会分工的发展，后者使生产过剩成为可能。因此，无阶级社会的形成会导致人们所知道的资本主义条件下的社会分工的废除。在马克思的观念中，市场性异化和技术性异化都与

① “The dualism of human nature”, p. 339.

② 这并不确切地对应于马克思区分的异化的各种含义，而是为本章论述提出的一个基本区分。

分工密不可分：“分工也无非是人的活动……的异化的、外化的设定。”[①] 以革命的手段实现社会重组可以消除市场性异化，从而改善因专门化所造成的支离破碎的结果，因为专门化把个人固定在有限的任务范围内，导致个人没有机会在劳动中施展其才智和能力。

涂尔干的分工理论使他走向了大不相同的方向。对涂尔干来说，分工的发展是根据专门化的综合结果而不是阶级制度的形成来刻画的。因此，涂尔干不把阶级冲突看作以革命手段实现社会重构的基础，而把它看作不同职业团体在分工中的道德合作方面不充分的症状。在涂尔干的论题中，“强制性”分工与“失范性”分工是很不相同的，缓和前者并不能解决后者所引起的问题。按照他的观点，马克思的社会主义所关注的是强制性分工所导致的异化后果，这种分工是通过调节市场——生产的社会化——来完成的。但是，涂尔干所阐述的观点与此相反，他认为，由于经济关系日益占据主导地位，作为原来社会形态道德支柱的传统制度趋于瓦解，这才真正是现代“危机”的主要原因。

实际上涂尔干错误地认为，调节市场(消除市场性异化)是马克思兴趣的惟一焦点。马克思从一开始就更加本质性地关注着与涂尔干相同的问题：经济关系对现代社会的非道德性支配。而且认为，生产的社会化作为一种手段，会消除使人屈从于经济生产而将其“非人性化”(dehumanise)的各种劳动条件(技术性异化)。涂尔干本人肯定认识到了现代劳动过程中的异化特征，工人在其中“重复着单调而有规律的动作，但对其毫无兴趣，而且不理解”，他也赞同，这是“一种对人性的糟蹋”(a debasement of human nature)。[②]但是，涂尔干所提出的减少或消除对工人的非人性化建议，建立在对分工中的专门化进行道德整合

---

① *EW*, p. 181; *We*, *Ergd*, p. 557.

② *DL*, p. 371.

(moral consolidation)的基础上，而马克思却希望并期待这种分工本身会被根本改变。这实际上是马克思运用异化概念与涂尔干运用失范概念之间最重要差异的关键。对涂尔干来说，生产活动的非人性化这样一种现象并非源于分工本身所带来的支离破碎的结果，而是源于工人的道德失范状态的结果。换句话来说，劳动过程的非人性化之所以发生，是因为作为个体的工人并没有清晰的统一目标的概念，即将其生产活动与社会的整个生产活动紧密地连在一起的统一目标的概念。因此，唤醒个人的道德意识，使他认识到自己在分工中所起的特殊作用的社会重要性，这种状况是可以纠正的。这样，他就不再是异化了的自动机器，而是有机整体中的一个有用部分："从那个时候起，不管他的活动是特殊活动还是一般活动，那都是一个有理智的生命发起的，因为它有方向，而他也清楚它。"① 这与涂尔干对分工的发展及其与人类自由的关系的总体解释是完全一致的。个人只有在道德上认同他在分工中所起的特殊作用，他才能够作为一个有自我意识的人享有高度的自主性，才能够既免受无差别社会中那种严厉的道德一致性的专制，又免受不可实现的欲望的压抑。

马克思思想的前提条件不是个体在分化的劳动分工中的道德整合，而是把有效地消灭分工作为人类社会交往的一条组织原则。马克思没有在任何地方具体明确地阐述过如何恰当地组建这种未来社会，但无论如何，这种视角与涂尔干的观点是截然不同的。对高度分化的社会分工的想象建立在个人义务和整体团结的道德规范的基础上，这与马克思对未来社会形态的期望大异其趣。②

---

① *DL*, p. 373；*DTS*, p. 365；对于涂尔干观点的批评，参阅 Georges Friedmann：*The Anatomy of Work* (London, 1961), pp. 72－81 以及全书各处。

② 然而，恩格斯提出的观点与涂尔干的很接近，参阅 Engels："On authority", *SW*, vol. 1, pp. 636－639。

按照涂尔干的立场，在马克思消除技术性异化的希望后面，所隐含的是回归不再适宜于现代社会形式的道德原则。这正是涂尔干在《社会分工论》一开始就提出的问题："我们的责任是设法成为一个完全彻底的人、一个自给自足的人呢，还是仅为整体的一个部分、有机体的一个器官？"① 在涂尔干看来，该著作中的分析很有说服力地表明了，有机团结是现代社会的"常态"类型，因此，"通才"（universal man）时代已告结束了。后一理想直到17—18世纪的西欧还占据主导地位，但已经与当代秩序的多样性不相适宜了。②相反，马克思坚持这一理想，他认为：正在使资本主义走向灭亡的趋势本身就能够有效地恢复人的"全面"（universal）素质，这是每一个体都拥有的：

> 只有交往和生产力已经发展到这样普遍的程度，以致私有制和分工变成了它们的桎梏的时候，分工才会消灭……私有制只有在个人得到全面发展的条件下才能消灭……在共产主义社会中，即在个人的独创的和自由的发展不再是一句空话的惟一的社会中，这种发展正是取决于个人间的联系，而这种个人间的联系则表现在下列三个方面，即经济前提，一切人的自由发展的必要的团结一致以及在现有生产力基础上的个人的共同活动方式。③

与人们通常所认为的相反，这种观念并不是非要认同人的形而上的"完美性"（perfectibility）不可。把这样一种观点归咎于马克思，是因为

① *DL*, p. 41; *DTS*, p. 4.

② *L'évolution pédagogique*, pp. 374ff；涂尔干还在别的地方说过："在《社会分工论》中，我们评估了古典人文道德的理想，即做文明人的道德理想：我们表明了，这一理想在当今是如何被视为越来越不合时代潮流的，以及一种新的理想如何随着社会功能的日益专门化而形成和发展。" *AS*, vol. 10, 1907, p. 355.

③ *GI*, p. 495；黑格尔和席勒（通过黑格尔）的影响在此显而易见。参阅席勒的 *On the Aesthetic Education of Man* (1795)(Oxford, 1967), pp. 31 - 43（第六封信）。

混淆了异化与对象化两者的关系——这正是马克思对功利主义学派的指责。如果消除异化指的是彻底消除对作为主体的人(subject-man)的活动存在的任何障碍，那么，这就确实假定了一个乌托邦式的世界，在那儿，人的自主性具有至高无上的地位，人的所有潜能最终都可以发挥出来。但是，超越异化并不涉及对象化的中止，社会(以及物质环境)将继续“外在于”个人。然而，它们不会像在异化的条件下一样，呈现出与有意识的实践相对立或相分离的世界，而是与其相统一的世界。按照马克思的观点，在过去的所有时代中，通才的理想要么是以人与自然的异化为代价而实现的——如在原始社会中那样——要么就仅局限于少数(minority)阶级。随着资本主义被推翻而社会分工也随之被消灭，人们就可以从职业类型化——这种职业类型化使得一项专门化工作成为个人的主要社会特质(某个人“是”教师，或者“是”个雇佣劳动者)——的局限当中解放出来。这样，由于每个人身上都有了人性的普遍特质，那么，人与其“类存在物”之间的异化也就被消除了。①

马克思和涂尔干的观点在更加广泛意义上的差异必须置于这种情境中来加以阐明。对涂尔干来说，现代社会的社会结构加剧了利己主义和集体成员对个人提出的道德要求之间的对立。这种对立不可能消除，因为正是当代社会的组织结构使得个性和自我意识有可能发展，这必然增强了个人的利己主义倾向。此外，由于涂尔干的分工理论中含有这样的论点：有机团结——分工中的功能性相互依存——是个“常态的”现代类型，那么，道德统一的问题(失范)必须是首要关注的问题。“限制人的范围(horizon)”的问题，或者反过来说，缓和得不到满足的欲望的问题，在以下社会秩序中尤其尖锐，这种社会秩序在组织上要求保持分工中的专门化和限制性的工作任务，同时又不为使个人服从于集体的强有

① 参阅 Thilo Ramm：“Die Künftige Gesellschaftsordnung nach der Theorie von Marx und Engels”, *Marxismusstudien*, vol. 2, 1957, pp. 77 – 179。

力伦理所主导。涂尔干预见到了一种具有众多职业地位的社会，在该社会中，进入领导阶层不取决于继承来的特权，而取决于能者通过所受教育进行的竞争性选拔。这样的社会高度重视个人公开展示的能力，这显然对于不相容的利己主义的扩大具有抑制作用。在这样的社会，“一切人对一切人的战争”是个随时存在的威胁，必须以利己主义与利他主义之间的平衡来加以遏制，两者注定要持久抗争下去。

官僚制问题

马克思在分析资本主义企业的分工扩展时，对工人被剥夺了生产工具的情况给予了高度的重视。在马克思看来，这是资产阶级社会兴起的最根本条件，而且就历史的发展脉络来看，指认了暗含在资本主义生产模式中的资本家与工人之间阶级关系的形成。由于这种劳动分工与阶级结构之间关系的内在性质，马克思便得出了这样的结论：消灭了资本主义，便可以超越异化。涂尔干和韦伯都不否认建构社会主义社会的可能性：但两人都坚称，向社会主义过渡不会根本改变现有的社会形态。然而，涂尔干对于这点的看法与韦伯的有着本质的不同，可以说，韦伯关于分工在西方社会发展的思想构成了马克思和涂尔干所持观点之外的第三种观点。

韦伯的认识论使他对社会发展的总体看法与另外两位作者迥然相异。虽然后者也各有差异，但在从原始社会到现代社会的社会发展“阶段”方面，他们都认同一种特定的总体模式。人们常常认为，在韦伯的著作中，“世俗理性化的总体趋势”① 与其他学者提出的发展框架互为补充。但不应该忘记的是，从韦伯的观点来看，对理性化发展的分析并不

① Gerth and Mills：“Introduction：the man and his work”, *FMW*, p. 51.

等于对历史作“惟一的”或“正确的”表述，而仅是来自某种文化“视角”的知识而已。然而，记住了这个重要的先决条件，便有可能将韦伯对资本主义发展典型过程的分析与马克思所做分析加以比较。

韦伯著作中的一个重要部分便是，在宗教信仰领域中，描画出“意义层次上”促进理性化的因素。然而，韦伯总是坚持认为，要探寻不但影响理性化的发展而且也受其影响的社会关系的交叉点。从这个意义上来说，最重要的问题便不只是涉及理性化的“程度”，而且还涉及其结果在促进社会关系与制度形成之间的特殊联结模式。因此，在西方，或者更确切地说，在资本主义中，不仅仅是理性化的程度，而且是理性的“方向”都不同于其他主要文明的情况。在现代西方资本主义的许多不同领域，理性化发展的方向及其发展程度是其他地方未曾有过的。首先是在科学传播方面，这是一种具有根本重要性的现象：它不仅完成了“去魅”的过程，而且能够把理性的技术逐步应用到生产上。此外，“科学工作与进步过程联系在了一起……每一件科学工作的‘完成’都会导致新的‘问题’，它要求被‘超越’和被淘汰”①。因此，科学的制度化（institutionalisation）使现代生活与革新和变化的固有动力交融在一起，但其本身不可能提供“意义”（除了职业的科学工作者之外，即除了那些科学探究就是其活动组织规范的人）。把科学上的创新应用到技术上，在现代经济中，就是与引进理性计算的方法相结合，簿记就是一个例证，它使得企业的经营活动成为有方法可循的行为，表现出当代资本主义的鲜明特色。理性资本主义的行为反过来导致了社会组织领域内不可避免的结果，同时不可避免地造成了官僚制的蔓延。

当然，韦伯并不否认现代资本主义必然会形成一个以资本和劳动力为基础的阶级制度，并且也认识到剥夺农民利益在历史上的重要性，马

① *FMW*, p. 138.

克思十分强调这一点。但根据韦伯的观点，这本身并不是作为资本主义特征的、分化的社会分工的主要结构轴。韦伯强调作为现代资本主义生产特征的活动理性化的重要意义，也强调它部分独立于阶级关系，因此，他把资本主义的阶级制度与社会分工的分化加以区分(但与涂尔干的方式不同)。换句话说，韦伯把官僚制中的任务专门化看作资本主义最基本的特征。韦伯对在经济和政治中可以部分区分开来的官僚化进程进行了分析，因此使这一点在更为经验性的层次上得到了加强：拥有官僚制的理性国家的发展并不完全源于经济上的理性化，而是在一定程度上先于资本主义的发展，而且还的确创造了促使它兴起的条件。

因此，韦伯明确否认，剥夺工人的生产工具仅限于直接的工业领域，他认为应把这一观念应用到其他的相关领域。在韦伯的论述中，任何具有权威等级的组织形式都可能经历一个“剥夺”的过程：韦伯将马克思“生产工具”的概念替换成了“管理工具”(means of administration)。有点过于简单地说，韦伯突出的是支配与服从关系的组织，而马克思突出的则是生产关系。前者认为，任何政治群体都可以以一个“地位集团”的形式组织起来，其中，官员本身拥有自己的管理工具。这样，在中世纪，诸侯直接控制着各自辖区内的金融，并各自负责提供士兵和军事设备。古代君主将这些管理方式集中到自己手中，从而加速了现代国家机器的形成。

> 没有哪个官员个人拥有他所付出的金钱，或他控制的房屋、仓储、工具和武器。在当代“国家”——而且这一点是国家概念的根本——管理人员、行政官员和工人都与管理组织的物质工具完成了“分离”。①

① *FMW*, p. 82.

这些发展是促使现代国家兴起的最重要因素。在现代国家，“建立在社会分工基础上的专门官僚”[①] 与其管理工具的所有权完全分离了。总的来说，社会分工的发展进程是与管理工具的不断集中同步的，而且也与对官员的“剥夺”相伴相随。韦伯指出，这一点在军事组织中可以得到证明。在封建军队中，每位士兵都自己提供武器，各种类型的民兵也都属于这种情况。但在需要有一支常备军以供君主调度的国家里，比如古代埃及，一种官僚式的机构便开始形成了，其中由国王占有和提供武器和其他军事设备。在西方资本主义制度下，由于管理不断集中和工作任务的理性配置的双重影响，剥夺过程由管理工具渗透到了其他许多领域，不仅包括军事领域，还进入到其他专业分工更明确的大学和医院等机构中。由于在协调管理工作中比其他类型的组织更具有技术上的优势，这便导致了官僚制专门化的蔓延。这反过来又部分依赖于根据所持专业学历来进行的官僚任职。“只有在现代官僚化获得完全发展的条件下，才会使理性的、专门化的考试制度不可避免地置于首要地位。”[②] 因此，官僚化的扩展必然导致对专家教育的需求，并日益割裂人道主义的文化，这种文化在过去使“通才”成为可能，“通才”即涂尔干所提到过的“通达而完整的人”。韦伯表达了一种基本相似的观点，认为早些时期的“文化人”正被现在接受过训练的专家所代替。既然资本主义的官僚化趋势是不可逆转的，职能专业化的成长也就成了现代社会秩序发展的必然伴生物。

韦伯认为，“官僚机制的进一步发展”是现代社会“不可抗拒”的潮流。[③]但是，正如前一章指出的，在韦伯看来，官僚化的进程日益彰显了一种张力：一方面要求管理技术的效率不断提高，另一方面人的主

① *FMW*, p. 88.

② *ES*, vol. 3, p. 999; *WuG*, vol. 2, p. 585; 另参阅 *GASS*, pp. 500 - 501。

③ *GASS*, p. 413.

动性和自主性价值受到压制。官僚制的劳动分工形成了一个“牢笼”，现代职业人被迫在里面生存：“清教徒想有个职业；我们却被迫这样。”① 为迎合劳动的专门化以促进现代生产效率的提高，浮士德式的“通才”不得不被放弃——代之以“没有精神的专家，没有情感的享乐者”。按照韦伯的观点，主要的问题并非官僚化的进程如何被扭转，因为在一个各部门的管理都需要精确计算的社会中，这是不可能的：“于是，最大的问题是……我们怎样才能对付这种机械化，才能在支离破碎的灵魂里，以及在这种完全处于支配地位的官僚式生活的理想中，保留住一点点人性？”②

显而易见，在韦伯看来，通过发生社会主义革命来转化官僚化的社会生活是不可能的。准确地说，情况正好相反。在资本主义经济中，许多运作都是通过市场力量来实现的；而在一个社会主义化的经济中，这些都将由国家来完成，这样就要受制于官僚制的管理。因此，社会主义社会不可避免地要比已经官僚化的资本主义社会更加受制于官僚制的约束：消灭生产工具的私有制并不能扭转这一过程，反而会进一步加速这一过程。马克思的官僚政治观点与此大相径庭，差异首先体现在马克思所建立的市场异化和技术异化之间的联系方面——也就是说，阶级结构和官僚专门化之间的关系。马克思关于官僚制问题的思想实质在他早期评论黑格尔关于同一问题的著述时有所阐释。

在黑格尔对这一问题的论述中，国家官僚制表现为“普遍阶级”(universal class)，该阶级负责实现社会的总体利益，因此也就影响到了存在于市民社会中利己主义式的一切人对一切人的战争。按照黑格尔的观点，“政府事务上的分工”，即行政部门的官僚制，构成了市民社会中

① *PE*, p. 181；当今个体工人是官僚制机器中的“一个小齿轮”，而他“只能问自己，能不能由这个小齿轮进步到一个大一些的齿轮”。*GPS*, p. 413.

② *GASS*, p. 414.

人们特殊的、个体的利益与国家的普遍特征之间的组织中介。官僚制层级特点的必要性被解释为，要在市民社会中个人的“具体”利益与国家政策的“抽象”性质之间建立起合作的层面。依据考试来任命官员，然后分派到领取薪水的工作岗位中去，再辅之以非个人的道德“义务”观念，这样就确保了“普遍阶级”的成员不会“任性地追求主观目的……于是也就从这方面建立了普遍利益和特殊利益间的联系，这种联系构成国家的概念和内部巩固性”①。然而，马克思认为，黑格尔关于官僚制的论述仅仅以一种特别直接的方式展现了黑格尔式国家概念中的一般性错误。官僚制所代表的并非普遍利益，而是一种特殊利益。官僚制权威建立在虚幻的普遍性基础上，实际上这种普遍性掩盖了一种特定的阶级利益。这样一来，国家官僚制便是管理机关，通过这一机关，统治阶级的局部权力得以制度化。因此，体现在官僚组织中的权威层级便不能形成黑格尔所界定的市民社会与国家之间的中介，而是有助于集中政治权力，从而使其从市民社会的公民手中“分离”出去：官僚制国家是“高高凌驾于社会之上的国家政权”②。此外，由于官僚制具有高度整合的特点，它是一种特别不负责任的政治管理形式：“官僚政治是一个谁也跳不出的圈子……官僚机构掌握了国家，掌握了社会的唯灵论实质：这是它的私有财产。官僚机构的普遍精神是秘密，是奥秘。保守这种秘密在官僚界内部是靠等级制组织，对于外界则靠它那种闭关自守的公会性质。”③

于是，对于马克思来说，国家官僚制就是官僚行政组织的典型，只有通过革命过渡到社会主义之后才可能将其废除。按照马克思的观点，

① 马克思引自黑格尔，*WYM*，p. 181。

② *SW*，vol. 2，p. 32.

③ *WYM*，pp. 185 - 186；参阅 Iring Fetscher：*Karl Marx und der Marxismus*（Munich，1967），pp. 164 - 173。

在高度发达的官僚制国家里——法国和德国都属于这种情况——资产阶级为夺取政权而反抗贵族地主的斗争异常激烈。法国的官僚机器源于君主专制时期，1789 年的大革命将其有力地向前推进了。关于官僚制的历史内涵，马克思与韦伯的某些重要观点是一致的。马克思同意，欧洲官僚制国家是作为服务君主政体以削弱封建地方分权的工具而兴起的：国家权力集中在君主手中，是资产阶级利益兴起的主要条件，并因此而将权力摄取在了自己手中。[①]但是，马克思认为，这并非社会生活各领域内朝着分工的官僚专门化发展的不可逆大趋势中的一部分，而韦伯却是这样认为的。在马克思看来，官僚制集权是资产阶级政权的一种特殊表现形式，并且像资本主义本身一样，是一种过渡性的社会形式。

从马克思对法国官僚化体制的一些评述可以看出，他是如何设想在社会主义社会中消除官僚制的。在法国，这个“寄生体”获得了“一种普遍存在性，一种全知性”，这一点比德国有过之而无不及。马克思对 18 世纪晚期以来法国官僚制的持续发展有过专门的论述：“所有的革命只是使国家机器更加完善，而没有屏弃这个令人窒息的梦魇。”[②] 但是，这种独立的官僚秩序对于维持集中的经济形式并没有内在的必要性。社会主义将有可能“简化国家管理”，并且“让市民社会和舆论界创立本身的、不依靠政府权力的机关”。[③]正如马克思在《法兰西内战》（*The Civil War in France*）中论述巴黎公社时所清楚表明的那样，这种变化方案等于将资产阶级国家一起废除。组成巴黎公社的官员将由“普选选出……并且随时可以罢免”。法官和警察也要“变为负责任的、随时可以罢免的”公社代理人。在这种情形下，作为独立于市民社会政治权力的代理机构，官僚制国家就不复存在了：“社会公职已不再是中央政府

---

① *SW*, vol. 1, p. 516.

② *SW*, vol. 1, p. 333.

③ *SW*, vol. 1, p. 284.

走卒们的私有物。”①

马克思的这一观点与韦伯观点之间的差异是显而易见的。韦伯把官僚体制的发展与管理上的理性权威要求联系在一起，在这个基础之上，概括了官僚化的影响。因此，对韦伯来说，对官僚制国家的发展所做的分析为解释官僚化在所有领域中的进展提供了一个范式。然而，对马克思而言，国家行政管理中“系统的和等级的分工”② 意味着政治权力的集中化。而当资产阶级国家自身被超越时，这种集中的政治权力也将被废除。马克思没有联系官僚制国家的问题来讨论工业领域的官僚化问题，但他仍然用类似的方式来论述它。根据马克思的观点，现代工厂的权威体系本质上与资本主义经济的必然要求相联系。但是，业已建立的各种形式的合作工厂表明，可以创造出一种大不相同的权威结构类型，这将打破官僚等级制度。在这些合作工厂里，不再只有一种单向的权威分配。③

结　　论

本结论章的目的是要强调，马克思、涂尔干和韦伯的社会学观点都牢固地建立在对现代社会基本结构和发展趋势的不同认识的基础上。马克思对资本主义的分析完全建立在下面两个相关的假设上：一方面是社会分工的扩大(以及由此而来的异化形式的衍生物)，另一方面是两极化

① *SW*, vol. 1, p. 519；参阅马克思在《法兰西内战》初稿中的评论，*We*, vol. 17, pp. 538－549。马克思指出，巴黎公社是“社会解放的政治形式”(Ibid. p. 545)。

② *SW*, vol. 1, p. 516；马克思在涉及政府机器官僚化问题时，对资产阶级社会政治体制所做的阐述与韦伯的观点极为相似。因此，在讨论19世纪的法国时，马克思指出，“轮流争夺霸权的统治阶级中的各集团各党派，都把占据(控制)(夺得)和左右这个庞大的政府机器看作胜利者的主要掠夺品”。*We*, vol. 17, p. 539.

③ *Cap*, vol. 3, p. 431.

阶级结构的出现。对马克思来说，早期西欧资本主义起源的首要因素是剥夺生产者对生产工具控制的历史过程。因此，从本质上来说，资本主义是一个阶级社会。资产阶级的存在以一个由不占有财产的工人所组成的从属阶级的存在作为先决条件，且反之亦然。然而，在欧洲，资本主义社会的阶级制度与其先前社会形式中的阶级制度都截然不同。在封建社会，支配当然是建立在对生产工具（即地产）控制的差异程度上。但是，身份（*Stände*）差异所体现出的封建阶级结构，并没有完全使个体脱离与共同体的关系，“社会”领域与“经济”领域之间并没有明确的分界线。资本主义的出现把市民社会关系转换成纯市场关系：个体只是抽象意义上的“社会共同体”成员，在该共同体中，个体在一个独立的“政治”领域中享有作为公民的权利。因此，现代社会秩序将“人的主体本质”与人类的控制相“分离”，从而把人自身的能力转为“外化”的形式。[①]工人在物质上被剥夺了生产工具——从历史的角度来说，这与资产阶级社会中阶级制度的形成是一回事——因此，这与工人同其“类存在物”异化，与工人同其才能和技艺运用的异化是共生共长的，这些才能和技艺本来是他们在参与社会活动时可能获得的。换句话说，资本主义极大地提高了社会生产力，但只是以异化的最大化为代价来实现的。在资产阶级社会，用科学对世界进行理性的解释，这大大地削弱了宗教的世界观，根据后者，现实世界最终是由神灵来统治和控制的。但是，这种形式的异化被另外一种形式取代了，在这种形式中，人被市场的经济力量所控制。“神灵准则”被“市场准则”所取代：人们的目标和意图因此似乎建立在经济力量的外部表现基础上。具体说来，这明显表现在服从社会分工的专职人（*Fachmensch*）的无助上。

《资本论》从经济的角度表明了这一点，资本主义是一个商品生产

① *We*, vol. 1, p. 285.

体系，该体系的驱动力是要寻求交换价值的最大化。交换价值，而非使用价值，是资本主义生产逻辑的基本点，而这一点甚至适用于人类劳动本身：劳动只有作为劳动力、作为抽象的能量消耗时才有价值。资本主义经济所固有的基本“矛盾”直接来源于它建立在交换价值生产基础上的体制特征。维持或扩大利润率的需要与利润呈不断下降趋势的规律相对立；生产者与消费者的分离(即资本主义生产是要使交换价值最大化，而非为已知的需求进行生产)成为资本主义周期性危机发生的主要原因；而资本主义市场的运作则既需要劳动力不能以高于其交换价值的价格出售(这样使劳动阶级的大多数处于持续的经济困境中)，也需要产生大量生活贫困的“剩余劳动大军”。资本主义生产的“运动规律”(laws of movement)所导致的经济转变，既从内部改变了该体制，同时，也为它被一种新的社会秩序辩证地取代做好了准备。按照马克思的观点，资产阶级社会的阶级制度的超越会带来一种新的社会发展，在该社会中，现行的社会分工将会发生根本性变化。

在另一方面，对涂尔干和韦伯来说，阶级结构与社会分工的不断分化并不存在必然的联系。两位学者都接受现代社会形式是一个阶级社会的观点，但是他们都否认这些阶级的划分表明了阶级社会的内在本质这一观点。在涂尔干看来，“强制性”社会分工是一种“病态的形式”，但并不是社会分化本身的必然结果。当代社会中的阶级斗争是这样一种事实的结果：“阶级制度……不对应于或者不再对应于天然才智的分配。”① 换句话来说，它主要是利用经济力量来实施不公平的契约，这些不公平的契约导致了阶级冲突的发生。现代社会形式中的特定阶级特征不是形成它与传统社会类型之间差异的因素，普遍的有机团结才是。现代社会的基本组织原则不应该到作为一个由有产者和无产者构成的阶

① *DL*, p. 375; *DTS*, p. 368.

级体系的“资本主义”特征中去寻找，而应该到职业分工合作的“有机”专业化中去寻找。

在涂尔干的观点看来，马克思将社会分工中的阶级结构与个人异化相联系，是因为把“利己主义”和“个人主义”混淆了。现代社会秩序的“个人主义”与国民经济学家和功利主义哲学家所说的“利己主义”不应混为一谈：个人主义——道德上认可的劳动分工中的专业化——是现代社会发展不可避免的伴生物。现代社会秩序特有的“病态”因素正是社会分工中缺乏道德效力的表现。这种道德效力无法得到传统资源——宗教——的保护。在一个理性化的世界中，道德控制的旧有象征和旧有形式已经过时了。因此，国家和职业团体必须成为道德上支持“个人崇拜”的主要来源。想要凭借某种社会运动而缔造一个新社会，使现行的分工发生根本性改变，并使作为一个独立政治领域的国家也相应地消失，这完全是不可能的。相反，国家从社会中分离出来是减少失范的必要条件。对于涂尔干来说，国家当然不应该仅仅是一个“政治”机构，但是，只有在它保持为与市民社会既有联系又有区别的统一体时，才能履行其道德职能。①

与涂尔干形成对照的是，韦伯使用了“资本主义”这个术语，② 但他对现代社会形式的基本特征的界定一样不同于马克思。在韦伯看来，理性计算是现代资本主义企业的主要因素，一般说来，社会生活的理性化是现代西方文化最本质的属性。马克思形容为资本主义支点的阶级关系事实上只是更为普遍的理性化的一个因素而已，普遍的理性化使“剥夺工人生产工具”的进程延伸到当代社会的大多数机构中。从“资本主义”向“社会主义”过渡可能会给工人阶级带来经济收益，但只有在官僚制进一步发展的情况下才能实现。官僚化的社会分工所带来的人性的

① *PECM*, pp. 55 - 69.

② 参阅 Parsons：“Capitalism in recent German literature”。

"分割"是这种人类行为理性化的必然产物。世界的"去魅"既是理性资本主义出现的前提条件，又因为它的出现而得以完成，这将先前仅是人类活动"手段"的东西（专门职业中对利益的理性追求）转变为人类活动的"目的"。①

在一个基于例行化分工而组织起来的社会世界中，体现个人自主性和自发性的途径被限制在社会机构的有限空间里。②在当今世界，任何别的事情都在逃离理性的非理性控制。一个"无法忍受时代命运"的个人可以在已有的宗教或在新的神秘主义形式中寻求庇护，但这些都只能是对现代社会秩序的要求的一种逃避。韦伯自己的社会科学方法论要求与这种分析紧密契合：一个面对"时代命运"的人应当具有"正视现实生活时训练有素的冷静，以及面对该现实以及内在地适应该现实的能力"。③

因此，资本主义内部的"矛盾"并不形成解决这种"矛盾"的历史必然性。相反，理性化的推进虽然创造了极其充裕的物质财富，④但也不可避免地进一步加剧了西方文明的特有价值观（即自由、创造性和主动性）与禁锢现代人的"铁笼"这一现实之间的分离。

---

① 见 Karl Löwith："Max Weber und Karl Marx", *Archiv für Sozialwissenschaft und Sozialpolitik*, vol. 67, 1932, part 1, p. 85。

② 因此，韦伯强调指出："我们最伟大的艺术都是精巧细致的，而不是雄伟巨大的，这绝非偶然。今天只有在最小和最亲密的圈子内，在人类交往的关系中，在极弱地演奏的乐章中，才有某种相应于先知性神灵的东西在搏动，这不是偶然的，在过去的时代，先知性神灵像燃烧的木柴一样把广大公众融合在了一起。" *FMW*, p. 155.

③ *FMW*, pp. 126 - 127；参阅 Löwith："理想型'建构'以一种明显'去魅'的人性为基础……" Löwith, part 1, p. 75.

④ "《共产党宣言》相当正确地强调了资产阶级资本主义企业的事业在经济上——而非政治上——的革命性质。" *GPS*, p. 448.

后记　马克思与现代社会学

对于马克思的著作与本书详细讨论的两位作者的著作之间的关系，历来存在着两种截然对立的正统观点。其一，许多西方社会学家认为，马克思的著作属于社会思想的“史前阶段”，真正开创社会学历史的是涂尔干和韦伯所属的那一代学者。[①]其二是马克思主义者们的观点，他们认为，马克思之后这一代社会思想家的著作只是对马克思著作做了资产阶级式的回应——因此，绝大部分所谓“社会学”领域只不过是自由派资产阶级意识形态的后期表达而已。这两种正统观点都超出了真实的本质，而且都具有误导的危险。

第一种观点直接接受了涂尔干和韦伯那一代学者提出的论点，认为他们自己的著作在架构上是“科学的”，因此与 19 世纪早期的学者们华丽的“玄思”结构有着本质的区别。大体上而言，接受这种观点的人认为，涂尔干、韦伯和他们同时代的学者发展其思想的社会环境与政治环境是无关紧要的，因此也就大量忽视了与这两位思想家的学术著作内在地联系在一起的更广泛的世界观（*Weltanschauung*）。相比之下，后来的马克思主义者在对社会学进行批判时，都集中于指认涂尔干和韦伯著述时所处的社会情境及其著作所力图掩饰的政治利益。[②]在某种更粗鲁的攻击性说法中，他们著作的内容被视为“荒谬的”，因为他们在面对马克思主义的挑战时，或多或少是为自由资本主义社会进行直接的党派性辩护的。

后一种观点甚至与马克思本人的认识论也是不一致的，后者就克服了这种幼稚的相对主义。例如，马克思接受了许多能有效地解释资本主义发展的资产阶级经济理论，只是认为它们的真实性是片面的，并且在某种程度上被歪曲了而已。在马克思主义者看来，涂尔干和韦伯都认同"资产阶级"的政治观点，但这又不足以构成认定其著作是错误的以至于不可信的充分理由。事实上，韦伯以新康德学派的唯心主义的假设前提为出发点，他自己对马克思主义的批评所得出的结论，在某些方面，比一些宣称是马克思主义忠实追随者的决定论学说更加接近原始的马克思辩证法。传统的自由主义和社会主义分类法很难对涂尔干和韦伯的政治观点进行归类，这绝非偶然。在方法论上，韦伯比涂尔干更具"个人主义"的特点。但像在他们之前的马克思一样，他们都反对功利主义理论的唯我主义(solipsism)，也反对19世纪某些政治自由主义的假定。正如我试图在前几章所要表明的那样，这一点的社会背景和政治背景可以根据该世纪后期英、法、德的发展状况来理解。这既是涂尔干和韦伯在著作中对马克思进行批评的背景，也是本书未曾分析的形成前两位学者之间主要差异的背景。

涂尔干和韦伯的著作之所以有意护卫——或者说重新解释——政治自由主义的主张，主要源于两方面的压力：一是浪漫的极端国家主义的保守主义；二是革命的社会主义。从另一方面来说，马克思的著作则是对早期资本主义的分析和批判。然而，作为政治群众运动的理论源泉，马克思的著作在19世纪后半期的资本主义巩固阶段占据了主导地位。这一情形发生的语境使马克思的原有观念更像是对19世纪知识界的主流思想的直接表述，而不是对它的批判性分析或超越。由此形成的结果是，

① 参阅 Talcott Parsons："Some comments on the sociology of Karl Marx"，载 *Sociological Theory and Modern Society* (New York, 1967), pp. 102－135。

② 参阅 Herbert Marcuse："Industrialisierung und Kapitalismus", pp. 161－180。

马克思的著作与涂尔干和韦伯著作之间存在的共同点显然比后两位作者所能看出的更多：三者的论证手段是一样的，因为与涂尔干和韦伯的著作一样，马克思的著作试图转变和超越（德国哲学中的）浪漫保守主义和表现在古典经济学中的功利主义。

当然，如前所述，必须承认，马克思与另外两位作者在理论视角和经验阐释方面都存在着互不相容的差异。我已试图表明，一些最基本的差异主要集中在对现代社会中社会分工发展所造成后果的不同解释上——分工的发展不是从纯粹经济的视角，而是从社会分化的视角去理解。然而，一些人认识到马克思对社会学的贡献具有重要的意义，而且视他为“活着的思想家”而非“逝去的圣者”，[①] 对于他们来说，许多很有意义的问题通过把马克思的著作与其他社会思想家的著作从思想内容的方面进行比较分析，就能很方便地进行讨论了。

可以毫不夸张地说，今天，马克思主义和学院派社会学都正在经历一次重要的理论再思考。[②]从很大程度上说，这一过程是由于相同的社会条件所激发的：资本主义社会和社会主义社会在社会结构上有明显“趋同”（convergence）的现象。在涂尔干和韦伯撰写其主要著作的时候，还不存在自称为“社会主义”的社会，或声称从马克思那里获得其主要精神动力的社会。然而，在法国和德国，都发生了自称具有革命性质的大规模工人运动，而发生一场社会主义革命也绝不是没有可能的。但是，俄国十月革命却发生在欧洲经济最落后的国家中的一个。马克思在其学术生涯的后期接受了村社（*mir*）共产主义组织可能把俄国直接引向社会主义的观点，但这并不是他所期待的、用革命的手段推翻西欧资本

① Erich Fromm：“Foreword”，*EW*，p. i；参阅 Iring Fetscher，pp. 9ff。

② 参阅 Norman Birnbaum：“The crisis in Marxist sociology”，载 Hans Peter Dreitzel：*Recent Sociology No. 1*（London，1969），pp. 12－42。另参阅 Jürgen Habermas：*Theorie und Praxis*（Neuwied and Berlin，1967），pp. 261－335。

主义的号角。相反，这导致了一些经济发展与俄国同等或更加落后的国家的革命性变化。

如果先进的资本主义国家发生了变化的话，那也不是通过革命的方式，而是其自身内部不断变化累积所导致的结果。今天，诸如国家在经济领域内日益增强的干预、白领阶层的壮大、更为无形而多元的精英人物部分取代了旧有的上层资产阶级，这些内部完善所具有的深远意义是不可能被否认的。但是，正像欧洲资本主义国家在过去三四十年间发生了巨大变化一样，俄国和追随它而历经了社会主义革命的欧洲国家也都发生了改变。在这些国家里，马克思所期望的秩序——即阶级统治将被一种理性的秩序所取代，其中“每个人的自由发展是一切人的自由发展的条件”① ——就如同在西方自由民主国家一样难以实现。事实上，这些国家已采取了一种在认识论上被曲解的马克思主义来合法化它们对工业化的认同，其中，“赶上”（overtaking）西方发达国家的经济水平成为首要目标。

结果，至少到目前为止，马克思主义社会思想完全没有解决过去几十年间资本主义和社会主义发展趋势所引发的问题。霍布森-列宁的“帝国主义”理论被用来支持这样一种假设：这些发展趋势不能根据这些社会结构中的任何重大的内在调整来加以解释，而是源于这些社会与“欠发达”国家之间的剥削关系。任何对社会主义社会自身发展进行理论上再评价的可能性都已被意识形态的教条排除了，因为马克思主义已成了这些国家的意识形态教条。这种状况的讽刺性结果是：这些国家的“社会学”逐渐被人们理解成为一种十分狭隘的描述性学科。然而，西方社会学家们也没有解决这些问题。总的说来，那些试图阐明发生在资本主义社会中的变化的著作，也都只是对涂尔干和韦伯所属的那一代社

① *CM*, p. 162.

会思想家的著作所表达观点的外推而已。然而，最重要的关注点却被放在对建构一种非历史的“通论”（general theory）的尝试上，同时也就有意回避了对社会变化和发展问题的关注。①直到最近，就如对马克思主义社会思想的研究一样，从事发展研究的学者一直把他们的兴趣集中放在非工业国家上。

于社会学的理论和研究领域而言，西方技术和文化对非工业化国家的影响显然具有重要的意义。但以这种途径进行研究的框架通常显露出这样一种隐含的假设：“发达社会”的主要特征是已知的，问题只是“第三世界”如何在未来某个时间成功地实现这种模式。社会学中几乎普遍使用“工业社会”或更晚近的“后工业社会”术语来表示名义上的“资本主义”社会和“社会主义”社会，这种用法表明了在上述观点基础上所做的假设。但是，近期出现了各种争论，涉及资本主义社会与社会主义社会“趋同”的问题，② 以及消灭以传统方式构想的阶级关系的问题，③ 这些争论显示，人们对“发达”社会发展趋势进行分析的兴趣复苏了。

从重要层面来说，这表明了一种对本书所述三位作者在各自著作中所提出的具有极端重要意义的问题的回归。如果这一点将要影响到社会理论的重新定位的话，那么，这三位作者的著作仍然形成了主要的出发点。也许人们认为，马克思的资本主义模式总体来说“已不再适合于我们今天所生活的后资产阶级工业社会……”④ 但这并不等于说，马克思对资产阶级社会的分析的一些主要观点在今天已不再重要了，也不意味

① 尤其参阅 Talcott Parsons：*The Social System*（London，1951）。

② 参阅 John H. Goldthorpe：“Social stratification in industrial society”，载 Paul Halmos：*The Development of Industrial Society*，Sociological Review Monograph，no. 8，1964，pp. 97－122。

③ Ralf Dahrendorf：*Class and Class Conflict in Industrial Society*；Norman Birnbaum：*The Crisis of Industrial Society*（New York，1969）.

④ George Lichtheim：“On the interpretation of Marx's thought”，载 Lobkowicz，p. 4。

着我们在重述马克思曾准确“预言”过的当代社会的某些重要特征，或者他的某些预言结果被证明是错误的这个为人熟知的主题。应当认为，对现代社会学而言，马克思的分析提出的问题至今仍必须视为有效的问题，涂尔干和韦伯的著作也是如此。重新关注社会学奠基者所关注的问题乃是当代社会学的主要任务之一，这并不等于要完全走回头路。相反，在重新思考这些为他们当初所关注的问题的过程中，我们可望能最终从对他们所建构观念的严重依赖中将自己解放出来。

参考书目

Marx and Engels : original works

Marx and Engels: *Werke*. Vols. 1–41, plus supplementary volumes. Berlin, 1956–67.

Marx and Engels: *Historische-kritische Gesamtausgabe*. Vols. 1–11. Frankfurt–Berlin, 1929–31.

Marx: *Grundrisse der Kritik der politischen Ökonomie*, Berlin, 1953.

T. B. Bottomore: *Karl Marx, Early Writings*. New York, 1964.

Loyd D. Easton and Kurt H. Guddat: *Writings of the Young Marx on Philosophy and Society*. New York, 1967.

Marx and Engels: *Selected Works*. Vols. 1–2. Moscow, 1958.

Capital. Vols. 1–3. Vol. 1, London, 1970; vol. 2, Moscow, 1957; vol. 3, Moscow, 1962.

The German Ideology. London, 1965.

The Communist Manifesto. New York, 1967 (Laski's edition).

The Holy Family, or Critique of Critical Critique. Moscow, 1956.

Selected Correspondence. London, 1934.

On Religion. Moscow, 1957.

T. B. Bottomore and Maximilien Rubel: Karl Marx: *Selected Writings in Sociology and Social Philosophy*. London, 1963.

Marx: *Pre-Capitalist Economic Formations*. London, 1964.

Marx: *The American Journalism of Marx and Engels*. New York, 1966.

Marx: *Articles on India*. Bombay, 1951.

Marx: *Marx on China, 1853–60*. London, 1951.

Marx: *A Contribution to the Critique of Political Economy*. Chicago, 1904.

Marx: *The Poverty of Philosophy*. London, n.d.

Marx: *Theories of Surplus Value* (ed. G. A. Bonner and E. Burns). London, 1951.

Marx: *Theories of Surplus Value*. Vols. 1–2. London, 1964 & 1969.

Engels: *Anti-Dühring*. Moscow, 1954.

Engels: *The Dialectics of Nature*. Moscow, 1954.

Engels: *The Condition of the Working Class in England in 1844*. Oxford, 1968.

Engels: *Germany: Revolution and Counterrevolution*. London, 1933.

Durkheim : original works

The Division of Labour in Society. London, 1964.

De la division de la travail social. Paris, 1960.

The Elementary Forms of the Religious Life. New York, 1965.

Les formes élémentaires de la vie religieuse. Paris, 1960.

Professional Ethics and Civic Morals. London, 1957.

Leçons de sociologie. Paris, 1950.

The Rules of Sociological Method. London, 1964.

Les règles de la méthode sociologique. Paris, 1950.

Socialism. New York, 1962.

Le socialisme. Paris, 1928.

Suicide, a Study in Sociology. London, 1952.

Le suicide, étude de sociologie. Paris, 1960.

(with E. Denis): *Qui a voulu la guerre ?* Paris, 1915.
'*L'Allemagne au-dessus de tout*'. Paris, 1915.
L'évolution pédagogique en France. Paris, 1969.
Sociology and Philosophy. London, 1965.
(with M. Mauss): *Primitive Classification*. London, 1963.
Montesquieu and Rousseau. Ann Arbor, 1965.
Moral Education. London, New York, 1961.
L'éducation morale. Paris, 1925.
Education and Sociology. Glencoe, 1956.
Pragmatisme et sociologie. Paris, 1955.
Journal Sociologique. Paris, 1969.
Review of Schäffle: *Bau und Leben des socialen Körpers, Revue philosophique*, vol. 19, 1885, pp. 84–101.
Review of Gumplowicz: *Grundriss der Soziologie, Revue philosophique*, vol. 20, 1885, pp. 627–34.
'Les études de science sociale', *Revue philosophique*, vol. 22, 1886, pp. 61–80.
Review of Guyau: *L'irréligion de l'avenir, Revue philosophique*, vol. 23, 1887, pp. 299–311.
'La science positive de la morale en Allemagne', *Revue philosophique*, vol. 24, 1887, pp. 33–58 ; 113–42 ; and 275–84.
'Le programme économique de M. Schäffle', *Revue d'économie politique*, vol. 2, 1888, pp. 3–7.
'Suicide et natalité, étude de statistique morale', *Revue philosophique*, vol. 26, 1888, pp. 446–63.
Review of Tönnies: *Gemeinschaft und Gesellschaft, Revue philosophique*, vol. 27, 1889, pp. 416–22.
'L'enseignement philosophique et l'agrégation de philosophie', *Revue philosophique*, vol. 39, 1895, pp. 121–47.
Review of Labriola: *Essais sur la conception matérialiste de l'histoire, Revue philosophique*, vol. 44, 1897, pp. 645–51.
Review of Richard: *Le socialisme et la science sociale, Revue philosophique*, vol. 44, 1897, pp. 200–5.
'L'individualisme et les intellectuels', *Revue bleue*, vol. 10, 1898, pp. 7–13.
'Deux lois de l'évolution pénale', *Année sociologique*, vol. 4, 1899–1900, pp. 65–95.
'La sociologie en France au XIXe siècle', *Revue bleue*, vol. 13, 1900, part 1, pp. 609–13, part 2, pp. 647–52.
'Sur le totémisme', *Année sociologique*, vol. 5, 1900–1, pp. 82–121.
Review of Merlino: *Formes et essence du socialisme. Revue philosophique*, vol. 48, 1889, pp. 433–9.
Debate with Lagardelle, *Libres entretiens*, 1905, pp. 425–34.
Review of works by Fouillé, Belot and Landry, *Année sociologique*, vol. 10, 1905–6, pp. 352–69.
Review of Deploige: *Le conflit de la morale et de la sociologie, Année Sociologique*, vol. 12, 1909–12, pp. 326–8.
'La famille conjugale', *Revue philosophique*, vol. 91, 1921, pp. 1–14.

Weber : original works

Economy and Society. New York, 1968.
Wirtschaft und Gesellschaft. Tübingen, 1956.
H. H. Gerth and C. Wright Mills: *From Max Weber : Essays in Sociology*. New York, 1958.

Gesammelte Aufsätze zur Religionssoziologie. Vols. 1–3, Tübingen, 1920–1.
Gesammelte Aufsätze zur Soziologie und Sozialpolitik. Tübingen, 1924.
Gesammelte Aufsätze zur Wissenschaftslehre. Tübingen, 1968.
Gesammelte politische Schriften. Tübingen, 1958.
The Methodology of the Social Sciences. Glencoe, 1949.
The Protestant Ethic and the Spirit of Capitalism. New York, 1958.
The Religion of China. London, 1964.
The Religion of India. Glencoe, 1958.
Gesammelte Aufsätze zur Sozial – und Wirtschaftsgeschichte. Tübingen, 1924.
Jugendbriefe. Tübingen, n.d.
Die römische Agrargeschichte in ihrer Bedeutung für des Staats – und Privatrecht. Stuttgart, 1891.
Die Verhältnisse der Landarbeiter im ostelbischen Deutschland. Leipzig, 1892.
General Economic History. New York, 1961.
'Antikritisches zum "Geist des Kapitalismus"', *Archiv für Sozialwissenschaft und Sozialpolitik*, vol. 30, 1910, pp. 176–202.
'Antikritisches Schlusswort zum "Geist des Kapitalismus"', *Archiv für Sozialwissenschaft und Sozialpolitik*, vol. 31, 1910, pp. 554–99.

Secondary works

H. B. Acton: *The Illusion of the Epoch*. London, 1955.
Lord Acton: *Lectures on Modern History*. London, 1960.
Guy Aimard: *Durkheim et la science économique*. Paris, 1962.
Martin Albrow: *Bureaucracy*. London, 1970.
Erik Allardt: 'Emile Durkheim: sein Beitrag zur politischen Soziologie', *Kölner Zeitschrift für Soziologie und Sozialpsychologie*, vol. 20, 1968, pp. 1–16.
Harry Alpert: *Emile Durkheim and his Sociology*. New York, 1939.
Louis Althusser: *For Marx*. London, 1969.
Louis Althusser *et al.*: *Lire le Capital*. Paris, 1967.
Carlo Antoni: *From History to Sociology*. London, 1962.
Raymond Aron: *Main Currents in Sociological Thought*. Vols. 1 & 2. London, 1968 & 1967.
Shlomo Avineri: *The Social and Political Thought of Karl Marx*. Cambridge, 1968.
J. A. Barnes: 'Durkheim's *Division of Labour in Society*', *Man* (New series), vol. 1, 1966, pp. 158–75.
Eduard Baumgarten: *Max Weber: Werk und Person*. Tübingen, 1964.
Georg von Below: *Der deutsche Staat des Mittelalters*. Leipzig, 1925.
Reinhard Bendix: *Max Weber, an Intellectual Portrait*. London, 1966.
'Social stratification and the political community', *Archives européennes de sociologie*, vol. 1, 1960, pp. 181–210.
Norman Birnbaum: *The Crisis of Industrial Society*. New York, 1969.
'Conflicting interpretations of the rise of capitalism: Marx and Weber', *British Journal of Sociology*, vol. 4, 1953, pp. 125–41.
H. Bollnow: 'Engels Auffassung von Revolution und Entwicklung in seinen "Grundsätzen des Kommunismus" (1847)', *Marxismusstudien*, vol. 1, 1954, pp. 77–144.
Roger Caillois: *Man, Play and Games*. London, 1962.
A. Cornu: *Karl Marx et Friedrich Engels*. Vols. 1–3. Paris, 1955.
Ralf Dahrendorf: *Class and Class Conflict in Industrial Society*. Stanford, 1965.
Society and Democracy in Germany. London, 1968.

Georges Davy: 'Emile Durkheim', *Revue française de sociologie*, vol. 1, 1960, pp. 3–24.
'Emile Durkheim', *Revue de métaphysique et de morale*, vol. 26, 1919, pp. 181–98.
Phyllis Deane and W. A. Cole: *British Economic Growth*. Cambridge, 1969.
Simon Deploige: *The Conflict between Ethics and Sociology*. St Louis, 1938.
Maurice Dobb: *Studies in the Development of Capitalism*. London, 1963.
Hans Peter Dreitzel: *Recent Sociology No. 1*. London, 1969.
Jean Duvignaud: *Durkheim, sa vie, son oeuvre*. Paris, 1965.
Iring Fetscher: *Karl Marx und der Marxismus*. Munich, 1967.
Louis Feuer: 'What is alienation? The career of a concept'. *New Politics*, 1962, pp. 116–34.
Ludwig Feuerbach: *The Essence of Christianity*. New York, 1957.
Sämmtliche Werke. Vols. 1–10, 1903–11.
Julien Freund: *The Sociology of Max Weber*. London, 1968.
Georges Friedmann: *The Anatomy of Work*. London, 1961.
Walter Gagel: *Die Wahlrechtsfrage in der Geschichte der deutschen liberalen Parteien*. Düsseldorf, 1958.
Charles Elmer Gehlke: *Emile Durkheim's Contributions to Sociological Theory*. New York, 1915.
Anthony Giddens: 'A typology of suicide', *Archives européennes de sociologie*, vol. 7, 1966, pp. 276–95.
'"Power" in the recent writings of Talcott Parsons', *Sociology*, vol. 2, 1968, pp. 268–70.
'Durkheim as a review critic', *Sociological Review*, vol. 18, 1970, pp. 171–96.
'Marx, Weber, and the development of capitalism', *Sociology*, vol. 4, 1970, pp. 289–310.
Politics and sociology in the thought of Max Weber. London, 1972.
'The suicide problem in French sociology', *British Journal of Sociology*, vol. 16, 1965, pp. 3–18.
John H. Goldthorpe: 'Social stratification in industrial society', Paul Halmos: *The Development of Industrial Society*. Sociological Review Monograph, No. 8, 1964, pp. 97–122.
Fred M. Gottheil: *Marx's Economic Predictions*. Evanston, 1966.
Georges Gurvitch: *La vocation actuelle de la sociologie*. Paris, 1950.
Georges Gurvitch and Wilbert E. Moore: *Twentieth Century Sociology*. New York, 1945.
Jürgen Habermas: *Theorie und Praxis*. Neuwied and Berlin, 1967.
R. M. Hartwell: *The Causes of the Industrial Revolution in England*. London, 1967.
J. E. S. Hayward: 'Solidarist syndicalism: Durkheim and Duguit', *Sociological Review*, vol. 8, 1960, parts 1 & 2, pp. 17–36 & 185–202.
G. W. F. Hegel: *Philosophy of Right*. London, 1967.
Donald Hodges: 'The "intermediate classes" in Marxian theory', *Social Research*, vol. 28, 1961, pp. 241–52.
John Horton: 'The de-humanisation of anomie and alienation', *British Journal of Sociology*, vol. 15, 1964, pp. 283–300.
Henri Hubert and Marcel Mauss: 'Théorie générale de la magie', *Année Sociologique*, vol. 7, 1902–3, pp. 1–146.
H. Stuart Hughes: *Consciousness and Society*. New York, 1958.
Jean Hyppolite: *Etudes sur Marx et Hegel*. Paris, 1955.

Barclay Johnson: 'Durkheim's one cause of suicide', *American Sociological Review*, vol. 30, 1965, pp. 875–86.
Z. A. Jordan: *The Evolution of Dialectical Materialism*. London, 1967.
Eugene Kamenka: *The Philosophy of Ludwig Feuerbach*. London, 1970.
Karl Kautsky: *Die Agrarfrage*. Stuttgart, 1899.
Der Ursprung des Christentums. Stuttgart, 1908.
Helmut Klages: *Technischer Humanismus*. Stuttgart, 1964.
E. Jürgen Kocka: 'Karl Marx und Max Weber. Ein methodologischer Vergleich', *Zeitschrift für die gesamte Staatswissenschaft*, vol. 122, 1966, pp. 328–57.
René König and Johannes Winckelmann: *Max Weber zum Gedächtnis*. Cologne and Opladen, 1963.
Karl Korsch: *Marxismus und Philosophie*. Leipzig, 1930.
Leopold Labedz: *Revisionism*. London, 1963.
Antonio Labriola: *Socialism and Philosophy*. Chicago, 1918.
Roger Lacombe: *La méthode sociologique de Durkheim*. Paris, 1926.
David S. Landes: *The Unbound Prometheus*. Cambridge, 1969.
V. I. Lenin: *Selected Works*. London, 1969.
George Lichtheim: 'Marx and the "Asiatic mode of production"', *St Antony's Papers*, No. 14, 1963, pp. 86–112.
Marxism, an Historical and Critical Study. London, 1964.
Marxism in Modern France. New York, 1966.
Dieter Lindenlaub: *Richtungskämpfe im Verein für Sozialpolitik*. Wiesbaden, 1967.
Nicholas Lobkowicz: *Marx and the Western World*. Notre Dame, 1967.
Karl Löwith: 'Max Weber und Karl Marx', *Archiv für Sozialwissenschaft und Sozialpolitik*. Vol. 67, 1932, part 1, pp. 53–99 and part 2, pp. 175–214.
Georg Lukács: *Der junge Hegel*. Zurich and Vienna, 1948.
Geschichte und Klassenbewusstein. Berlin, 1932.
Die Zerstörung der Vernunft. Berlin, 1955.
Steven Lukes: 'Alienation and anomie', in Peter Laslett and W. G. Runciman: *Philosophy, Politics and Society*. Oxford, 1967, pp. 134–56.
Ernest Mandel: *Marxist Economic Theory*. Vols. 1 & 2. London, 1968.
Marcel Mauss: 'Essai sur les variations saisonnières des sociétés eskimos', *Année sociologique*, vol. 9, 1904–5, pp. 39–130.
David McLellan: *Marx Before Marxism*. London, 1970.
The Young Hegelians and Karl Marx. London, 1969.
C. B. Macpherson: *The Political Theory of Possessive Individualism*. London, 1962.
Ronald Meek: *Studies in the Labour Theory of Value*. London, 1956.
Franz Mehring: *Karl Marx*, Ann Arbor, 1962.
István Mészáros: *Marx's Theory of Alienation*. London, 1970.
Alfred G. Meyer: *Marxism, the Unity of Theory and Practice*. Ann Arbor, 1963.
Arthur Mitzman: *The Iron Cage: An Historical Interpretation of Max Weber*. New York, 1970.
Wolfgang J. Mommsen: *Max Weber und die deutsche Politik, 1890–1920*. Tübingen, 1959.
Barrington Moore: *Social Origins of Dictatorship and Democracy*. London, 1969.
Robert A. Nisbet: *Emile Durkheim*. Englewood Cliffs, 1965.
The Sociological Tradition. London, 1967.
Stanislaw Ossowski: *Class and Class Structure in the Social Consciousness*. London, 1963.

Melchior Palyi: *Erinnerungsgabe für Max Weber*. Munich and Leipzig, 1923.
Talcott Parsons: 'Capitalism in recent German literature: Sombart and Weber'. *Journal of Political Economy*, vol. 36, 1928, pp. 641–61.
Sociological Theory and Modern Society. New York, 1967.
The Social System. London, 1951.
The Structure of Social Action. Glencoe, 1949.
Alessandro Pizzorno: 'Lecture actuelle de Durkheim', *Archives européennes de sociologie*, vol. 4, 1963, pp. 1–36.
John Plamenatz: *Man and Society*. Vols. 1 & 2. London, 1968.
Heinrich Popitz: *Der entfremdete Mensch*. Frankfurt, 1967.
Nicos Ar. Poulantzas: *Nature des choses et du droit*. Paris, 1965.
J. A. Prades: *La sociologie de la religion chez Max Weber*. Louvain, 1969.
Thilo Ramm: 'Die künftige Gesellschaftsordnung nach der Theorie von Marx und Engels', *Marxismusstudien*, vol. 2, 1957, pp. 77–179.
Hanns Günther Reissner: *Eduard Gans*. Tübingen, 1965.
Reminiscences of Marx and Engels. Moscow, n.d.
Joan Robinson: *An Essay on Marxian Economics*. London, 1966.
Günther Roth: *The Social Democrats in Imperial Germany*. Englewood Cliffs, 1963.
'Das historische Verhältnis der Weberschen Soziologie zum Marxismus', *Kölner Zeitschrift für Soziologie und Sozialpsychologie*, Vol. 20, 1968, pp. 429–447.
Maximilien Rubel: 'Premiers contacts des sociologues du XIXe siècle avec la pensée de Marx', *Cahiers internationaux de sociologie*, vol. 31, 1961, pp. 175–84.
W. G. Runciman: 'The sociological explanation of "religious" beliefs', *Archives européennes de sociologie*, vol. 10, 1969, pp. 149–191.
Alexander von Schelting: *Max Webers Wissenschaftslehre*. Tübingen, 1934.
F. von Schiller: *On the Aesthetic Education of Man*. Oxford, 1967.
Alfred Schmidt: *Der Begriff der Natur in der Lehre von Marx*. Frankfurt, 1962.
Gustav Schmidt: *Deutscher Historismus und der Übergang zur parlamentarischen Demokratie*. Lübeck and Hamburg, 1964.
Joseph A. Schumpeter: *Capitalism, Socialism and Democracy*. New York, 1962.
Alfred Schutz: *The Phenomenology of the Social World*. Evanston, 1967.
Georg Simmel: *Philosophie des Geldes*. Leipzig, 1900.
Georges Sorel: 'Les théories de M. Durkheim', *Le devenir social*, vol. 1, pp. 1–26 & 148–80.
Leo Strauss: *Natural Right and History*, Chicago, 1953.
Paul Sweezy: *The Transition from Feudalism to Capitalism*. London, 1954.
The Theory of Capitalist Development. New York, 1954.
Böhm-Bawerk's Criticism of Marx. New York, 1949.
F. Tenbruck: 'Die Genesis der Methodologie Max Webers', *Kölner Zeitschrift für Soziologie und Sozialpsychologie*, vol. 11, 1959, pp. 573–630.
Edward A. Tiryakian: 'A problem for the sociology of knowledge', *Archives européennes de sociologie*, vol. 7, 1966, pp. 330–6.
Robert C. Tucker: *Philosophy and Myth in Karl Marx*. Cambridge, 1965.
Verhandlungen des 15. deutschen Soziologentages: *Max Weber und die Soziologie heute*, Tübingen, 1965.
Marianne Weber: *Max Weber: ein Lebensbild*. Heidelberg, 1950.
Johannes Winckelmann: 'Max Webers Opus Posthumum', *Zeitschrift für die gesamten Staatswissenschaften*, vol. 105, 1949, pp. 368–97.

Karl A. Wittfogel: *Oriental Despotism*. New Haven, 1957.
Kurt H. Wolff: *Emile Durkheim et al., Essays on Sociology and Philosophy*. New York, 1964.
Murray Wolfson: *A Reappraisal of Marxian Economics*. New York, 1964.
Sheldon S. Wolin: *Politics and Vision*. Boston, 1960.
P. M. Worsley: 'Emile Durkheim's theory of knowledge', *Sociological Review*, vol. 4, 1956, pp. 47–62.

图书在版编目（CIP）数据

资本主义与现代社会理论：对马克思、涂尔干和韦伯著作的分析/（英）吉登斯（Anthony Giddens）著；郭忠华，潘华凌译. —上海：上海译文出版社，2018. 1（2025.1重印）
（睿文馆）
书名原文：Capitalism and Modern Social Theory
ISBN 978-7-5327-7663-4

Ⅰ. ①资… Ⅱ. ①吉… ②郭… ③潘… Ⅲ. ①政治社会学—研究 Ⅳ. ①D0-05

中国版本图书馆 CIP 数据核字（2017）第 274891 号

Anthony Giddens
CAPITALISM AND MODERN SOCIAL THEORY
AN ANALYSIS OF THE WRITINGS OF MARX, DURKHEIM AND MAX WEBER

根据剑桥大学出版社 1971 年版译出

图字：09-2005-110 号

资本主义与现代社会理论——对马克思、涂尔干和韦伯著作的分析
［英］安东尼·吉登斯 著 郭忠华 潘华凌 译
责任编辑/莫晓敏 装帧设计/张志全工作室

上海译文出版社有限公司出版、发行
网址：www. yiwen. com. cn
201101 上海市闵行区号景路159弄B座
常熟市人民印刷有限公司印刷

开本 890×1240 1/32 印张 11. 75 插页 6 字数 258,000
2018 年 1 月第 1 版 2025 年 1 月第 7 次印刷
印数:18,001—20,000册

ISBN 978-7-5327-7663-4
定价：68. 00 元